비국가행위자의 테러행위에 대한 무력대응

도경옥 저

경인문화사

비국가행위자의 테러행위에 대한 무력대응

책머리에

테러행위에 대한 대응방안의 모색은 오늘날 국제사회의 당면 과제 중 하나이다. 특히 2001년 미국에서 발생한 9.11 테러사건은 비국가행위자의 독자적 테러행위에 의해서도 정규군의 무력행사 못지않은 대규모의 살상이 가능하다는 것을 보여주었고, 국제사회에 테러 위협에 대한 경각심을 일깨우는 중요한 계기가 되었다. 이 사건으로 인해 21세기의 첫 10년 동안 테러에 대한 대응 내지 예방에 대한 관심은 그 이전의 어느 시기보다 높았으며, 국제법과 국제정치학 등의 분야에서 이에 관한 많은 논의가 이루어져 왔다. 테러행위에 대한 적절한 대응방안의 모색은 어느 학문분야에서도 쉽지 않은 일이겠지만, 특히 국제법은 국가 간의 관계를 중심으로 발전해 왔기 때문에 비국가행위자의 테러행위와 이에 대한 국가의 대응과 관련하여 기존의 법을 해석하고 적용하는 데 있어서 어려운 문제가 제기되고 있다. 오늘날에는 비국가행위자도 막대한 인명 및 재산 피해를 야기하는 테러행위를 자행할 수 있게 되었고 이에 대해 국가가 비국가행위자를 상대로 무력행사에 나아가는 사례들도 계속 증가하고 있는데, 이러한 현실과 국가 간의 무력행사 및 무력충돌을 주로 규율해온 기존 국제법 사이에 중대한 괴리가 발생하고 있는 것이다.

이 책에서는 이러한 점에 주목하여 공격의 강도와 피해의 규모 면에서 상당한 수준에 이르는 비국가행위자의 테러행위와 이에 대한 피해국의 무력대응과 관련하여 문제가 될 수 있는 주요한 국제법 분야를 종합적으로 검토하였다. 그리고 각 분야에서 제기되고 있는 문제점들을 구체적으로 제시한 후, 이를 해결하기 위해 국제법에서 어떠한 방향으로의 변화와 발전이 이루어질 필요가 있는지를 모색하고자 하였다. 연구를 진행하는 동안 비국가행위자의 대규모 테러행위에 효과적으로 대응하면서도 무력행사가 남용되거나 무력충돌이 불필요하게 확대되지 않도록 하기 위하여 어떠한 법적인 틀이 마련되어야 할 것인지 고민하였다. 이러한 고민의 궁극적인 지향점은 테러조직과 국가가 무력을 행사하는 상황에 무방비상태로 노출될 수밖에 없는 민간인의 보호 문제였다.

비국가행위자의 테러행위에 대한 무력대응은 무력사용에 관한 국제법 분야뿐만 아니라 국제법 전반에 큰 변화를 가져올 수 있는 매우 중요한 문제임에도 국내에서는 그동안 이에 대한 연구가 그다지 이루어지지 않았는데, 이는 한국이 대규모의 테러행위에 직접적인 영향을 받은 사례가 없었다는 사실에 기인하는 것으로 보인다. 반면 외국에서는 특히 9.11 테러사건 이후 테러행위의 주된 표적이 되어 온 국가의 학자들을 중심으로 이 주제에 대한 연구가 활발하게 이루어져 왔다. 하지만 테러 피해국의 학자들이 주로 이 주제에 관심을 갖고 연구를 진행하다 보니 테러행위에 대한 효과적인 대응의 측면에 치중한 연구가 큰 비중을 차지하고 있는 것도 사실이다. 이러한 접근에 의하면 국제법상 허용가능한 무력행사의 범위가 지나치게 확대되어 무력행사 및 무력충돌 상황이 빈번하게 발생할 수 있으며 이로 인해 국제사회에 더 큰 혼란이 초래될 수도 있다. 이에 이 책에서는 오늘날 국제사회가 처한 현실을 직시하면서도 객관적인 시각에서 문제에 접근하고 해법을 찾고자 노력하였고, 이러한 점에서 이 주제에 대한 연구에 기여하는 바가 있을 것으로 믿는다.

마지막으로 이러한 결과물을 완성하기까지 조언과 격려를 아끼지 않으시고 때로는 날카로운 지적으로 부족함을 일깨워주신 서울대학교 법과대학의 정인섭 교수님과 이근관 교수님, 그리고 대학원 과정 내내 많은 가르침을 주신 이상면 교수님께 감사의 마음을 전하고 싶다. 연구를 진행하면서 성실한 자료조사와 객관적인 분석은 물론이고 연구가 기여하는 바에 대해 진지하게 고민하고 글의 전달력을 높이기 위해 많은 노력을 기울여야 한다는 교수님들의 가르침을 실천하고자 노력하였다. 이러한 과정에서 체화된 연구자로서의 자세는 향후 연구수행에 있어서 가장 큰 자산이 될 것이다.

2010년 12월 30일
도 경 옥

⊙ 책머리에
⊙ 약어표

제1장 서 론 1

　　제1절 문제의 제기 3
　　제2절 연구의 목적 10
　　제3절 연구의 범위 13

제2장 테러행위에 대한 무력대응론의 등장배경 17

　　제1절 비국가행위자의 테러행위 19
　　　　1. 비국가행위자 개념의 출현 및 시사점 19
　　　　2. 테러행위의 정의 25
　　　　3. 비국가행위자 테러 위협의 증대 31
　　제2절 테러행위에 대한 접근방식 35
　　　　1. 전통적 접근방식 35
　　　　2. 무력대응 접근방식 44

제3장 비국가행위자의 테러행위로 인한 국가책임 51

　　제1절 비국가행위자의 사적 행위로 인한 국가책임 54
　　　　1. 이론 및 관행의 발전 54
　　　　2. 국가로 귀속될 수 있는 사인의 행위들 61
　　　　3. 상당한 주의 원칙 67

제2절 테러행위에 대한 테러조직 수용국의 책임 여부 70

　　1. 9.11 테러행위에 대한 아프가니스탄 책임론 70

　　2. 9.11 테러 이전의 국가관행 73

　　3. 9.11 테러 이전의 이론적 논의 79

　　4. 9.11 테러 이후의 이론적 논의 85

　　5. 국제적 의무 위반에 대한 책임 107

　　6. 소결 115

제4장 비국가행위자의 테러행위에 대한 자위권 행사 119

제1절 비국가행위자에 대한 자위권의 원용가능성 122

　　1. 유엔 헌장 제51조 122

　　2. 무력공격의 주체 127

　　3. 국가관행 130

　　4. 국제사법재판소(ICJ)의 최근 결정 153

　　5. 이론적 논의 160

　　6. 자위권 적용범위 확대의 필요성 178

　　7. 소결 183

제2절 자위권 행사의 적법성 판단기준 186

　　1. 무력공격 해당 여부 186

　　2. 필요성 및 비례성 충족 여부 192

제5장 국가와 테러조직 간 무력충돌 시 국제인도법의 적용 199

　제1절 국제인도법의 적용범위와 주요 원칙 202
　　1. 국제인도법의 적용범위 202
　　2. 국제인도법의 주요 원칙 206

　제2절 국제인도법의 적용 여부 211
　　1. 테러조직 소속 피억류자의 법적 지위 211
　　2. 국가와 테러조직 간 무력충돌의 법적 성격 227
　　3. 국제인권법의 적용가능성 239
　　4. 국제인도법의 변화 모색 242
　　5. 소결 253

제6장 결 론 257

◉ 참고문헌 265
◉ 찾아보기 297

□ 약 어 표

ADF	Allied Democratic Forces
AUMF	Authorization for Use of Military Force
CTC	Counter-Terrorism Committee
ECHR	European Court of Human Rights
EU	European Union
FARC	Revolutionary Armed Forces of Colombia
ICC	International Criminal Court
ICJ	International Court of Justice
ICRC	International Committee of the Red Cross
ICSID	International Centre for Settlement of Investment Disputes
ICTR	International Criminal Tribunal for Rwanda
ICTY	International Criminal Tribunal for former Yugoslavia
ILC	International Law Commission
IMF	International Monetary Fund
LAS	League of Arab States
NATO	North Atlantic Treaty Organization
NGO	Non-Governmental Organization
OAS	Organization of American States
OAU	Organization of African Unity
OIC	Organization of the Islamic Conference
PKK	Partiya Karkaren Kurdistan
PLO	Palestine Liberation Organization
PSI	Proliferation Security Initiative
SAARC	South Asian Association for Regional Cooperation
SWAPO	South-West Africa People's Organization
WMD	Weapons of Mass Destruction
WTO	World Trade Organization

제 1 장

서 론

제1절 문제의 제기

2001년 9월 11일 오전, 미국 동부에서 캘리포니아로 향하던 민간항공기 4대가 19명의 괴한들에 의해 납치되는 사건이 발생하였다.[1] 괴한들의 통제 하에 첫 번째 비행기와 두 번째 비행기는 각각 뉴욕의 세계무역센터 북쪽 건물과 남쪽 건물에 부딪히며 폭발하였고, 세 번째 비행기는 워싱턴에 위치한 미국 국방부 건물 펜타곤과 충돌하였으며, 네 번째 비행기는 펜실베니아 외곽 들판에 추락하였다.[2] 이 사건으로 세계무역센터 건물 두 동이 모두 붕괴되면서, 추락한 비행기 탑승객 및 승무원을 포함하여 2,749명이 사망하였다.[3] 펜타곤에서는 건물의 주요 부분이 파손되면서 추락한 비행기 탑승객 및 승무원을 포함하여 184명이 사망하였으며, 펜실베니아에서는 추락한 비행기의 탑승객 및 승무원 40명이 사망하였다.[4] 그리고 세계무역센터 건물이 붕괴되면서 현장에 있던 403명의 소방관 및 경찰관들이 희생되었다.[5] 19명의 납치범들은 모두 중동 출신의 외국인들이며 알카에다(Al Qaeda)[6]라는 국

---

1) The 9/11 Commission, *Final Report of the National Commission on Terrorist Attacks upon the United States*, Official Government Edition (2004), pp.4-14.

2) *Id.*

3) *Id.*, p.552, footnote 188 참조. 이후에도 사건 후유증으로 사망한 자와 판결을 통해 9.11 사건에서 사망한 것으로 인정된 실종자가 2007년과 2008년에 각각 사망자 명단에 추가되면서 2009년 현재 세계무역센터 건물에서 희생된 민간인 사망자수는 2,751명인 것으로 확인되고 있다. The New York Times (May 24, 2007), <http://www.nytimes.com/2007/05/24/nyregion/24dust.html> (2009.12.10. 최종 방문).; *USA Today* (July 10, 2008), <http://www.usatoday.com/news/sept11/2008-07-10-list_N.htm> (2009.12.10. 최종 방문).

4) *Id.*

5) *Id.*, p.311.

6) 알카에다에 대해서는 United States Department of State, *Country Reports on Terrorism*

제 테러단체의 조직원들인 것으로 밝혀졌다.[7] 이 사건은 당시 피해국인 미국을 비롯하여 전 세계를 혼돈과 공포로 몰아넣었고 수년이 경과한 현재까지도 그 파장이 계속되고 있다. 그리고 이 사건은 향후에도 국제사회 전반에 걸쳐 중대한 영향을 미칠 것으로 예견된다.

테러리즘[8]은 새롭게 나타난 현상이 아니며 그동안 크고 작은 테러사건들은 끊이지 않고 발생해 왔다. 그럼에도 불구하고 특히 9.11 테러사건이 주목을 받는 이유는 공격의 강도 및 피해의 정도 면에서 국가의 무력행사에 버금가는 테러행위가 어느 국가의 사주에 의해서가 아니라 테러조직에 의해 독자적으로 자행되었기 때문이다. 이와 같은 이른바 '비국가행위자(non-state actors)[9]의 테러행위'는 9.11 테러사건 이전부터 이미 존재하였지만 시간이

2008 (April 2009), pp.317-319 참조.

7) The 9/11 Commission, *supra* note 1, pp.215-253.

8) 사전적으로 '테러리즘(terrorism)'은 어떤 정치적 목적을 달성하기 위해서 직접적인 공포 수단을 이용하는 주의나 정책을 의미하고 '테러행위(act of terrorism, terrorist act)'는 그러한 주의나 정책을 추구하기 위한 구체적인 행위를 의미한다. 국내문헌이든 외국문헌이든지 간에 대부분의 국제법 문헌들에서는 이에 대한 명확한 구별 없이 '테러리즘'과 '테러행위'를 혼용하고 있다. 그러나 엄밀한 의미에서 법 적용의 대상이 되는 것은 어떠한 주의나 정책이 아니라 행위 자체이므로 법적인 논의를 하는 데 있어서는 '테러행위'라는 용어를 사용하는 것이 보다 적절할 것으로 보인다. 따라서 본 논문에서는 주의나 현상을 나타내고자 하는 경우를 제외하고는 '테러행위'라는 표현을 주로 사용할 것이나, 다만 인용한 원문 자체에서 '테러리즘' 등 그 밖의 다른 용어를 사용하고 있는 경우에는 그 표현을 그대로 따를 것임을 밝혀 둔다.

9) 'non-state actor'라는 용어는 비교적 최근에 나타난 것인데, 국가 이외의 모든 행위자들이 전체로서 국가와 대비를 이루는 이러한 표현의 출현은 국제사회에서 이제 이들에 대한 본격적인 논의가 필요하게 되었음을 시사한다. 유엔 안전보장이사회 역시 2004년에 채택한 결의 제1540호에서 이러한 표현을 처음으로 사용하였고, 비록 해당 결의만을 위한 것으로 한정하고 있기는 하지만 다음과 같은 정의를 제시한 바 있다: "Non-State actor: individual or entity, not acting under the lawful authority of any State in conducting activities which come within the scope of this resolution." UN Doc. S/RES/1540 (2004). 외국문헌에서는 'non-state actor' 외에

흐르면서 점차 그 빈도가 증가하고 위력이 강화되고 있는 추세이다. 이처럼 테러조직의 영향력이 증대되고 있는 것은 현대에 이르러 다양한 무기의 개발 및 확산과 교통 및 통신의 발달이 빠른 속도로 이루어지고 있기 때문이다.

테러행위에 대한 전통적이고 일반적인 대응방식은 테러행위자를 일반 범죄자로 취급하여 국내형법에 따라 기소 및 처벌하는 것이었다.[10] 이에 국제적인 차원에서의 노력 또한 국가들 간의 합의 및 협력을 촉진시킴으로써 국

'non-state entity'라는 표현이 사용되기도 하는데, 검토한 결과에 따르면 전자의 표현이 압도적으로 많이 사용되고 있다. 한편 국가 이외의 국제적 행위자를 나타내는 국문 표현으로는 '비국가행위자', '비국가실체', '비국가적 조직', '비국가주체' 등이 사용되고 있다. 그런데 유엔 안전보장이사회 결의 제1540호에서 제시된 정의에서도 알 수 있는 것처럼 국가 이외의 국제적 행위자에는 개인이 포함됨에도 불구하고 '비국가실체'나 '비국가조직'의 경우에는 집단만을 지칭하는 것으로 받아들여질 소지가 있다. 그리고 '비국가주체'의 경우에는 마치 행위자가 법인격을 보유하고 있는 듯한 뉘앙스를 줄 수 있기 때문에 국제법 주체성이 전혀 인정되지 않는 행위자까지 포함하는 표현으로는 적절치 않다. 따라서 본 논문에서는 여러 가능성을 모두 포함하는 것으로서 '비국가행위자'라는 용어를 사용하고자 하는데, 이는 유엔 안전보장이사회 결의나 이 주제에 관한 외국문헌에서 주로 사용되는 'non-state actor'의 가장 정확한 우리말 번역이기도 하다.

10) 이러한 접근방식은 'law enforcement approach' 또는 'peaceful response'로 지칭된다. 'law enforcement approach'가 사용된 예로는 Richard J. Erickson, *Legitimate Use of Military Force against State-Sponsored International Terrorism* (Air University Press, 1989), p.57; William K. Lietzau, "Combating Terrorism: Law Enforcement or War?", in Michael N. Schmitt and Gian Luca Beruto (eds.), *Terrorism and International Law: Challenges and Responses* (International Institute of Humanitarian Law, 2003), p.76; Jackson Nyamuya Maogoto, *Battling Terrorism: Legal Perspectives on the Use of Force and the War on Terror* (Ashgate, 2005), p.52; Michael N. Schmitt, "*Bellum Americanum* Revisted: US Security Strategy and the *Jus Ad Bellum*", 176 *Military Law Review* 364, 2003, p.380; Greg Travalio and John Altenburg, "Terrorism, State Responsibility, and the Use of Military Force", 4 *Chicago Journal of International Law* 97, 2003, p.98. 'peaceful response'가 사용된 예로는 Antonio Cassese, "The International Community's "Legal" Response to Terrorism", 38 *International and Comparative Law Quarterly* 589, 1989, p.590.

내법 집행을 향상시키는 방향으로 이루어져 왔다. 그러나 9.11 테러사건 발생 이후에 유엔 안전보장이사회는 그 결의들에서 테러행위에 의해 초래된 국제평화 및 안전에 대한 위협에 모든 수단을 사용하여 대응할 것이며 유엔 헌장에 따른 개별적 또는 집단적 자위의 고유한 권리가 인정된다는 점을 명시적으로 언급하였다.11) 피해국인 미국 역시 테러행위에 대한 대응에 있어서 중대한 전환을 시도하였다. 즉, 전통적인 대응방식만으로는 테러행위에 효과적으로 대응할 수 없다는 위기의식 속에서 무력으로 대응하는 방안을 적극적으로 모색하기로 한 것이다.12)

미국이 이러한 입장을 취하게 된 것은 알카에다의 근거지가 있었던 아프가니스탄의 탈레반(Taliban) 정부의 태도와 상당 부분 관련이 있다. 탈레반 정부는 알카에다의 자국 영토 사용을 묵인해 왔을 뿐만 아니라 9.11 테러사건 직후 알카에다의 주요 조직원들을 인도해 달라는 미국의 요청도 거부하였다. 이처럼 이른바 '테러조직 수용국(host state)'의 태도로 인해 법집행 자체가 불가능하게 되자 미국은 전통적인 접근방식만을 고수할 수는 없다고 판단하였다. 결국 미국은 자위권을 주장하며 아프가니스탄에 있는 알카에다의 근거지와 탈레반 정부의 군사시설에 대해서 무력대응조치를 취하였고, 이에 대해서는 상당수 국가들이 지지의사를 표명하였다.13)

무력대응 접근방식을 취한다는 것은 무력의 사용에 관한 국제법의 적용을

---

11) UN Doc. S/RES/1368 (2001); UN Doc. S/RES/1373 (2001).

12) 이러한 접근방식은 'law of armed conflict approach', 'conflict management paradigm', 'use of armed force approach', 'coercive response' 등으로 지칭된다. 'law of armed conflict approach'가 사용된 예로는 Richard J. Erickson, *supra* note 10, p.58. 'conflict management paradigm'이 사용된 예로는 Jackson Nyamuya Maogoto, *supra* note 10, p.53. 'use of armed force approach'가 사용된 예로는 Greg Travalio and John Altenburg, *supra* note 10, p.98. 'coercive response'가 사용된 예로는 Antonio Cassese, *supra* note 10, p.590.

13) 9.11 테러사건 및 미국의 대응과 이에 대한 국제사회의 반응에 대해서는 본 논문 제2장 제2절 2, 제3장 제2절 1, 제4장 제1절 3 (4) 참조.

받게 된다는 것을 의미한다. 무력의 사용에 관한 국제법은 무력행사에 관한 법과 무력충돌에 관한 법으로 다시 세분될 수 있는데, 이들 각각을 지칭하는 것으로 'jus ad bellum'과 'jus in bello'라는 라틴어 표현이 사용되기도 한다.[14] 즉, jus ad bellum이 언제 국가들이 무력을 행사할 수 있는가를 다루는 법이라 면, jus in bello는 전투 과정에서 무력이 어떻게 사용될 수 있는가를 다루는 법이다. 자위권을 비롯하여 무력행사에 관한 유엔 안전보장이사회의 권한, 인도적 개입 등이 jus ad bellum에 의해 규율되는 대표적인 분야라고 할 수 있 다. 한편 국제인도법 또는 무력충돌법으로도 불리는 jus in bello는 무력충돌의 발생을 전제로 그 과정에서의 적법한 공격 대상 및 방법, 사용될 수 있는 무 기, 포로의 대우, 점령국의 권리 및 의무 등을 규율한다.

그런데 상대가 테러조직과 같은 비국가행위자인 경우에는 국가 간의 관계 를 중심으로 발전해 온 국제법이 국가와 비국가행위자 간의 무력행사 및 무 력충돌을 규율하는 적절한 틀을 제공할 수 있는가 하는 문제가 제기된다. 표 면적으로는 비국가행위자가 어느 국가에 대해 테러공격을 가한 상황이지만 실제로는 국가가 배후에서 이를 사주한 경우와 같이 국가가 테러행위의 주 체로 간주되는 경우에는 결국 국가 대 국가의 관계가 성립하므로 기존의 국 제법이 적용될 수 있다. 그러나 비국가행위자가 어느 국가를 상대로 독자적 으로 테러행위를 자행함으로써 국가 대 비국가행위자의 관계가 성립하는 경 우에는 현 시점에서 적용 여부가 검토될 수 있는 국제법적 틀이 명확하게 확 립되어 있지 않다. 이러한 점을 고려한다면 먼저 비국가행위자가 테러행위를 자행하였지만 특정 국가가 그러한 행위의 주체로 간주될 수 있는 경우와 비 국가행위자 자체가 테러행위의 주체로 간주될 수 있는 경우를 구별하는 것

---

14) 무력대응 접근방식에 대한 기존의 논의들이 모두 'jus ad bellum'이 적용되는 무력행 사 측면과 'jus in bello'가 적용되는 무력충돌 측면을 함께 다루는 것은 아니다. 즉, 무력대응 접근방식을 검토하면서 전자에만 초점을 맞추는 경우도 있고 후자에만 초점을 맞추는 경우도 있다. 그러나 본 논문에서는 무력대응 접근방식에 무력행사 측면과 무력충돌 측면이 모두 포함되는 것으로 본다.

이 필요하다.

국가책임법상의 '귀속 이론(doctrine of attribution)'은 어떠한 경우에 비국가행위자의 사적 행위가 국가로 귀속될 수 있는지에 대한 기준을 제시하고 있는데, 9.11 테러 이전까지는 비국가행위자의 테러행위와 관련해서도 이러한 기준이 일반적으로 적용되어 왔다. 그러나 9.11 테러사건 이후 아프가니스탄의 탈레반 정부와 알카에다의 관계가 논란이 되면서 테러리즘 맥락에서는 기존의 귀속 기준이 더 이상 적절치 않으므로 귀속 기준이 완화되거나 배제되어야 한다는 주장들이 제기되고 있다. 이러한 시도를 통하여 테러조직 수용국에게 테러행위에 대한 직접적인 책임을 지우게 되면 수용국이 테러행위의 주체로 간주된다. 이는 곧 수용국이 테러행위를 사주한 경우가 아니라고 하더라도 국가 대 국가의 관계가 성립되어 기존의 국제법이 적용될 수 있음을 의미한다. 그러나 이러한 주장이 현재의 국제법 체계에서 수락될 수 있는 것인지에 대해서는 구체적인 검토가 요구된다.

한편 일각에서는 이와는 또 다른 방향에서의 시도가 이루어지고 있는데, 국가뿐만 아니라 비국가행위자도 유엔 헌장 제51조상의 무력공격의 주체가 될 수 있기 때문에 테러행위가 특정 국가로 귀속되지 않는 경우에도 테러조직을 상대로 자위권을 행사할 수 있다는 논의가 그것이다. 실제로 유엔 헌장 제51조는 "유엔 회원국에 대하여 무력공격이 발생한 경우"라고만 규정하고 있고 무력공격의 주체가 국가로 한정되는 것인지 또는 비국가행위자도 포함될 수 있는지를 명시하고 있지 않기 때문에 논란의 여지를 가지고 있다. 그러므로 유엔 회원국들과 주요 국제기구 또는 국제기관들은 이 조항을 어떻게 해석 및 적용해 왔는지를 검토하는 것은 중요하다. 그런데 비국가행위자가 제51조상의 무력공격의 주체가 될 수 있다는 해석이 수락된다고 하더라도 문제는 여전히 남는다. 대부분의 테러조직은 특정 국가의 영토를 근거지로 삼아 활동하고 있기 때문에 이들에 대한 무력대응은 불가피하게 어느 국가의 영토주권에 대한 침해를 수반한다. 일부 학자들은 타국의 영토에서 활동하는 테러조직에 대한 무력대응은 개입권이나 긴급피난과 같은 다른 법적 근거 하에서 허용되어야 한다는 견해를 제시하는데, 이러한 주장이 현재의 국제법 하에서 수락될 수 있을지에 대해서는 검토가 필요하다.

그런데 특정 무력행사가 국제법상 적법한 것으로 인정될 수 있는가 여부와 관계없이 국제사회에서는 빈번하게 무력행사가 이루어지고 있고 이것은 무력충돌 상황을 초래한다. 테러행위와 이에 대한 피해국의 무력대응에 의해서도 이러한 상황은 발생할 수 있다. 따라서 그러한 상황을 다루는 법, 즉 *jus in bello*가 적용될 필요가 있다. 그런데 문제는 현재 확립되어 있는 국제인도법 체계가 이 법이 적용되는 무력충돌의 범위 자체를 일정한 경우로 한정하고 있을 뿐만 아니라 무력충돌을 국제적 무력충돌과 비국제적 무력충돌로 구별하고 각각에 대한 상이한 규범 체계를 두고 있다는 점이다. 따라서 국가와 테러조직 간의 무력충돌을 국제인도법상의 무력충돌로 볼 수 있을 것인가 그리고 만일 무력충돌로 볼 수 있다면 국제적 무력충돌과 비국제적 무력충돌 중 어느 것에 해당하는가를 둘러싸고 다양한 견해들이 대립하고 있다. 국가와 테러조직 간 무력충돌의 법적 성격을 규명하는 것이 특히 중요한 이유는 이것이 무력충돌 과정에서 생포되어 억류된 자들의 법적 지위를 결정하기 때문이다. 실제로 9.11 테러사건 이후 아프가니스탄에서의 무력충돌 과정에서 생포되어 관타나모로 이송된 알카에다 소속 피억류자들의 법적 지위 문제는 많은 논란을 야기한 바 있다.

제2절 연구의 목적

미국, 이스라엘, 영국과 같은 몇몇 국가들이 테러행위의 주요 표적이 되어 온 것은 사실이지만, 테러의 위협은 잠재적으로 모든 국가에 영향을 미치는 보편적 문제라고 할 수 있다.[1] 테러사건은 예측할 수 없는 시간과 장소에서 발생하므로 테러조직이 표적으로 삼고 있는 국가의 국민들뿐만 아니라 다른 국가들의 국민들 또한 희생될 수 있기 때문이다. 1998년에 발생한 케냐와 탄자니아 주재 미국 대사관 테러사건이 그 단적인 예인데, 이 사건으로 인한 사망자 301명 중 미국인은 12명에 불과하였다.[2] 9.11 테러사건의 경우에도 미국인들 외에 80여 개국의 국민들이 사망하였다.[3] 따라서 비국가행위자의 테러 위협에 보다 효과적으로 대응할 방안을 모색하는 것은 비단 몇몇 국가들에만 국한된 문제는 아니다. 9.11 테러사건은 그러한 방안을 모색할 필요성에 대해 국제사회에서 많은 공감대가 형성될 수 있도록 하는 계기를 제공하였다.

이에 9.11 테러사건 이후로 이 문제에 대한 보다 활발하고 다양한 학문적 노력이 경주되어 왔다. 법학 분야에서는 테러행위에 대한 국가들의 대응에 있어서 적용될 수 있는 법과 그 문제점 및 향후 발전 방향에 대한 연구가 주류를 이룬다. 특히 국제법 분야에서는 테러행위에 대한 무력대응 시 국제법의 적용 문제에 관한 연구가 많이 행해지고 있다. 9.11 테러사건 이전에도

---

1) Frank A. Biggio, "Neutralizing the Threat: Reconsidering Existing Doctrines in the Emerging War on Terrorism", 34 *Case Western Reserve Journal of International Law* 1, 2002, p.6.

2) United States Department of State, *Patterns of Global Terrorism 1998* (April 1, 1999), p.1.

3) The White Houses's Coalition Information Centers, The Global War on Terrorism: The First 100 Days (December 20, 2001), p.3.

이에 대한 연구는 일부 있었는데, 그 대부분은 국가가 테러행위의 주체로 간주될 수 있는 경우를 전제로 한 것이었다. 이러한 경향은 여전히 존재한다. 다만 9.11 테러사건 이후에는 지원 또는 묵인과 같이 테러조직 수용국의 일정한 관여가 인정되는 경우에도 비국가행위자의 테러행위가 그 국가의 행위로 간주될 수 있다고 보는 연구 결과가 많이 제시되고 있다. 한편 9.11 테러사건 이후에는 테러행위의 주체가 독자적으로 활동하는 비국가행위자라는 사실에 주안점을 둔 연구도 본격적으로 이루어지고 있다. 이들은 대체로 오늘날 테러조직과 같은 비국가행위자도 국가에 버금가는 무력을 행사할 수 있고 이에 대해 피해국이 무력으로 대응할 수밖에 없는 상황이 존재함에도 불구하고 이러한 상황에 적용될 수 있는 국제법 규범이 불분명하다는 점을 연구의 출발점으로 삼고 있다. 국제법의 적용을 부정하는 연구 결과도 있지만, 상당수의 연구는 비국가행위자의 테러행위와 이에 대한 국가의 무력대응 상황은 그 자체로 국제법의 적용을 받을 수 있다거나 이러한 현실이 반영될 수 있도록 국제법의 변화 및 발전이 요구된다고 주장하고 있다.

그러나 기존의 연구들은 주로 비국가행위자의 테러행위에 대한 무력대응과 관련하여 국제법상 제기되고 있는 여러 쟁점들 중 특히 어느 한 쟁점에만 초점을 맞추어 논의를 진행하였다. 그 결과 그 쟁점과 관련하여 도출된 결론이 다른 쟁점과 어떻게 연결되는지 그리고 다른 쟁점과 관련해서는 어떠한 의미를 지니는지가 불분명하다는 한계를 가지고 있다. 그리고 이러한 논의가 주로 테러행위로 빈번하게 피해를 입는 국가들 내에서 이루어지다 보니 일부 연구의 경우에는 테러행위와 관련된 자국의 정책이나 상황에 대한 정당성을 확보하기 위하여 법논리상 수락되기 어려운 해석이나 주장을 전개하기도 한다. 한편 테러의 위협으로부터 비교적 영향을 덜 받는 국가들에서는 이러한 논의가 별다른 관심을 받지 못하고 있고 그 결과 이 주제에 대한 연구 자체가 매우 부족한 실정인데, 우리나라도 예외는 아니다. 기존의 국제법 체계에 큰 변화를 가져올 수도 있는 중대한 문제임에도 불구하고 이에 대한 학문적 논의가 편향된 시각이 반영된 연구들에 의해 주도된다는 것은 상당히 위험한 일이라 할 것이다.

이에 본 논문은 비국가행위자의 테러행위 및 이에 대한 무력대응과 관련하여 문제가 되고 있는 주요 국제법적 쟁점들을 종합적이고 객관적인 관점에서 분석하고자 한다. 그리고 이를 바탕으로 비국가행위자의 테러행위에 대한 무력대응이라는 전체적인 맥락에 비추어 볼 때 어떠한 접근이 법적인 측면이나 정책적인 측면에서 보다 타당하고 바람직한 것인지를 제시하고자 한다. 테러행위에 대한 효과적인 대응만큼이나 중요한 것은 무력행사가 남용되거나 무력충돌이 불필요하게 확대되어서는 안 된다는 것이다. 이 부분이 간과된다면 결국 테러행위에 의해서 수많은 민간인들이 희생되었던 것처럼 이에 대한 대응조치에 의해서도 같은 결과가 초래될 수 있다. 뿐만 아니라 국가들 간의 관계에 악영향을 미침으로써 국제사회의 불안정이 초래될 수도 있다. 따라서 본 논문에서는 비국가행위자의 테러행위에 대한 효과적인 대응이 가능하면서도 무력행사의 남용 및 무력충돌의 불필요한 확대를 줄일 수 있는 국제법적 틀을 모색할 것이다.

제3절 연구의 범위

본 논문은 테러행위 중에서도 비국가행위자가 테러행위의 주체이면서, 공격과 이로 인한 피해의 규모가 국가의 무력공격에 버금갈 정도로 상당한 수준에 이르는 테러행위에 초점을 맞추고 있다. 이와 같은 테러 위협이 증대함에 따라 오늘날 국제사회에서는 이에 대한 새로운 대응방식으로서 무력대응 접근방식의 채택이 적극적으로 논의되고 있다. 그런데 국내적 테러행위이든 국제적 테러행위이든 어느 경우에나 적용될 수 있으며 국내법의 적용이 주가 되는 전통적 접근방식과는 달리 무력대응 접근방식은 기본적으로 상당한 규모에 이르는 국제적 테러행위에 적용될 수 있으며 국제법의 적용을 받는다.[1] 따라서 본 논문은 막대한 파괴력을 지닌 비국가행위자의 국제적 테러행위에 대한 피해국의 무력대응과 관련하여 적용될 수 있는 주요 국제법 분야에 대한 검토를 중심으로 연구를 진행할 것이다.

가장 먼저 검토하고자 하는 분야는 국가책임법 분야인데, 국가책임법상의 귀속 기준 하에서 비국가행위자의 사적 행위가 특정 국가로 귀속되면 그 행위는 국제법상 그 국가의 행위로 간주된다. 이는 곧 비국가행위자의 테러행위가 무력공격의 수준에 이르면서 특정 국가로 귀속될 수 있는 경우에는 그 국가가 무력공격의 주체가 된다는 것을 의미한다. 결국 테러행위를 당한 국가는 그 국가를 상대로 자위권을 원용할 수 있게 되며 실제로 그러한 조치로

---

1) 국제적 테러행위는 2개국 이상의 시민 혹은 영토가 관련되어 있는 테러행위를 가리키는데, 테러행위자들이 대상자를 공격하기 위해 해외로 가거나 외국과의 관련성 때문에 희생자 또는 대상자를 선택하거나 국제항행 중인 여객기를 공격하거나 여객기를 다른 나라로 비행하도록 하는 경우가 그 구체적인 예가 될 것이다. Brian Michael Jenkins, *The Study of Terrorism: Definitional Problems* (The Rand Corporation, 1980), pp.3-4.

나아간 경우에는 두 국가 간에 무력충돌이 발생하게 된다. 이 경우에는 기존의 무력행사 및 무력충돌에 관한 국제법이 그대로 적용될 수 있다. 그런데 문제는 무력공격의 수준에 이르는 비국가행위자의 테러행위가 특정 국가로 귀속될 수 없는 경우에 발생한다. 그러한 상황에서도 피해국으로서는 공격에 대해 무력으로 대응할 필요성이 여전히 존재할 수 있다. 따라서 특정 국가로 귀속될 수 없는 비국가행위자의 테러행위에 대해서 피해국이 무력대응조치를 취하는 것이 국제법상 허용될 수 있는지 여부를 살펴보기 위해 무력행사에 관한 국제법 분야, 즉 *jus ad bellum*이 검토될 것이다. 한편 테러조직을 상대로 피해국이 무력대응조치를 취한다는 것은 타국 영토 내에 소재하는 비국가행위자와 국가 간에 무력충돌이 발생하게 된다는 것을 의미한다. 그러므로 이러한 유형의 무력충돌 상황에서 어떠한 규범들이 적용될 수 있는지를 살펴보기 위해서 무력충돌에 관한 국제법 분야, 즉 *jus in bello*를 검토할 것이다.

그런데 일각에서는 논의의 범위를 상당히 확대하여 테러행위에 대한 대응조치 전반에 대하여 무력대응 접근방식을 적용하려는 시도가 이루어지고 있다. 9.11 테러사건 이후 미국 정부가 테러행위를 방지하거나 억제하기 위해 취해지는 모든 조치를 통칭하는 것으로 '테러와의 전쟁(war on terror)'이라는 표현을 사용하면서 이러한 조치 일반에 대해서 전쟁 논리가 적용될 수 있다는 주장들이 출현한 것이다. 이러한 논리대로라면 테러조직이 완전히 사라지지 않는 한 무력행사 및 무력충돌 상황은 지속될 수밖에 없고 결국 평시 상황에서는 수락되기 어려운 조치들이 별다른 제약 없이 허용됨으로써 세계 곳곳에서 폭력행위 및 인권유린행위가 만연하게 될 것이다. 따라서 테러와의 전쟁이라는 명목 하에 행해지는 모든 조치들에 대해 무력대응 접근방식이 적용되어야 한다는 시각에는 동의하기 어렵다. 그러나 경우에 따라서는 대테러 과정에서 불가피하게 무력대응조치가 취해져 실제로 무력충돌 상황이 수반될 수도 있다. 그럼에도 불구하고 이러한 경우에 적용가능한 국제법적 틀이 확립되어 있지 않다면 중대한 법적 공백과 혼란이 초래될 것이 분명하다.

그러므로 본 논문은 국가의 무력공격에 버금갈 정도로 상당한 파괴력을 지니는 테러행위가 발생하여 피해국의 무력대응조치가 불가피한 상황으로 논의의 범위를 한정할 것이며, 테러에 대한 대응조치 일반에 대하여 무력대응 접근방식의 적용을 검토하려는 것은 아님을 밝혀 둔다.

제 2 장

테러행위에 대한
무력대응론의 등장배경

제1절 비국가행위자의 테러행위

1. 비국가행위자 개념의 출현 및 시사점

현재까지 비국가행위자에 대한 명확한 국제법적 정의는 존재하지 않으나, 일반적으로는 국제적 차원에서 활동하는 국가 이외의 행위자를 의미하는 것으로 이해되고 있다. 이는 곧 국제적 차원에서 활동하는 행위자가 크게 국가행위자와 비국가행위자로 분류될 수 있다는 것을 의미한다. '국제적 행위자' 개념은 국제법 문헌들에서 전통적으로 다루어져왔던 '국제법의 주체' 개념과는 구별된다. Ian Brownlie는 국제법의 주체를 "국제적 권리와 의무를 보유하고 국제청구를 통해 그 권리를 주장할 수 있는 실체"라고 정의하였다.[1] 그런데 Brownlie에 따르면, 여기서 언급된 지표는 법인격의 존재를 전제로 하는 것이므로 이러한 정의는 "순환논리"에 불과하다.[2] 결국 그는 권리 및 의무를 보유하고 국제청구를 제기할 수 있으며 이러한 능력이 부여된 것으로 관습법상 인정된 실체들이 법인격을 가진다는 정도로만 말할 수 있다고 하였다.[3]

국가는 오늘날까지 일관되게 전형적인 본원적 국제법 주체로 인정되어 왔다. 그러나 국가가 국제법의 유일한 주체는 아니다. 국제사법재판소(ICJ)는 *Reparation for Injuries*에 대한 권고적 의견에서 다음과 같이 판시한 바 있다:

> 여하한 법체계에서도 법의 주체들은 그 성격 또는 권리의 범위에서 반드시 동일하지 않으며, 그 성격은 공동체의 필요에 의존한다. 역사적으로 국제법의 발전은

---

1) Ian Brownlie, *Principles of Public International Law*, 7th ed. (Oxford University Press, 2008), p.57.
2) *Id.*
3) *Id.*

국제사회의 필요에 의해 영향을 받아 왔으며 국가들의 집단적 활동의 점진적 증
대로 국가가 아닌 특정 실체들이 국제적 차원에서 활동하는 예가 이미 나타나고
있다.[4]

재판소는 1945년 유엔의 창설로 그러한 발전이 정점에 이르렀다고 보았는
데,[5] 국제기구 외에도 개인, 반란단체, 민족해방단체 역시 한정된 국제법의
주체라고 보는 것이 일반적이다. 그 밖에도 바티칸 시국, 몰타기사단, 망명정
부 등에 대해서도 제한된 범위 내에서 국제법 주체성이 인정되고 있다. 그러
나 국제적 차원에서 활동하는 행위자들이 모두 국제법의 주체로 인정되는
것은 아니므로 국제법의 주체는 국제적 행위자에 비해 보다 제한적인 개념
이라고 할 수 있다.

전면적이든 제한적이든 국제법의 주체로 인정되고 있는 행위자들 외에도
오늘날 실제의 국제사회에서는 보다 다양한 행위자들이 활동하고 있다. 이러
한 현상은 1990년대 들어서면서 특히 두드러지게 나타나고 있는 세계화
(globalisation) 및 국제정세의 변화에서 그 원인을 찾을 수 있다.[6] 경제적 세
계화 과정에 따라 국제사회에서 그 영향력이 증대된 대표적인 행위자는 다
국적 기업이다. 오늘날 다국적 기업들은 국가들과 '국제화된' 계약을 체결하
고, 향후 발생할 수 있는 분쟁이 중재에 의하여 해결될 수 있도록 그러한 계
약들 중 상당수가 국제법에 의해 규율된다.[7] 실제로 국가들과 다국적 기업
들 간의 분쟁이 국제분쟁해결절차에 부탁되는 사례도 늘고 있다.[8] 다국적

---

4) *Reparation for Injuries Suffered in the Services of the United Nations (Advisory Opinion)*, ICJ Reports 1949, p.178.

5) *Id.*

6) 자세한 내용은 Janne Elisabeth Nijman, *The Concept of International Legal Personality* (T.M.C. Asser Press, 2004), pp.354-365 참조.

7) *Id.*, p.354.

8) Math Noortmann, "Non-state Actors in International Law", in Bas Arts, Math Noortmann and Bob Reinalda (eds.), *Non-State Actors in International Relations* (Ashgate, 2001), p.69.

기업들은 세계화로 인해 여러 가지로 이익을 누리게 되었지만 이는 자연히 다국적 기업에 대한 사회적 압력을 발생시키기도 하였다.9) 즉, 노동기준, 인권, 환경에 관한 새로운 윤리에 따를 것을 요구받게 된 것이다.10) 한편 경제적 세계화를 대표하는 국제기구로는 세계은행(World Bank), 국제통화기금(IMF), 세계무역기구(WTO) 등이 있는데, 오늘날 굿 거버넌스(good governance)의 중요성이 강조됨에 따라 이 기구들은 비정부기구(NGO)와의 협력을 계속 강화해 나가고 있다.11) 여타 국제기구에서도 비정부기구(NGO)들은 감시인으로서 그리고 전문가로서 활발하게 활동하고 있다. 특히 유엔 경제사회이사회는 일정한 요건을 갖춘 비정부기구(NGO)들에게 협의지위(consultative status)를 부여하고 있다.12) 경제적 세계화 과정뿐만 아니라 냉전의 종식과 함께 시작된 국제정세의 변화 역시 비국가행위자들의 영향력 강화에 영향을 미쳤다. 탈냉전 이후에 민족 간 분열과 갈등이 확산되면서 여러 지역에서 내전이 발생하였고 무법 및 불안정 상태가 초래되었다.13) 그 결과 국가의 권위에 도전하는 비국가행위자들이 활동할 수 있는 환경이 조성되었다.

국가 이외의 모든 국제적 행위자들을 포섭하는 비국가행위자 개념의 출현은 국제법의 주체로 인정되고 있는 행위자들 이외의 여타 행위자들에 대한 국제사회의 인식 변화를 보여준다. 즉, 이러한 행위자들이 국제사회에 미치는 영향력이 증대됨에 따라 국제사회가 이제는 이들에 대해서도 논의할 필요성을 인식한 것으로 해석될 수 있다. 이러한 인식 변화는 제한된 범위의 행위자들만을 공식적으로 수용하고 있는 기존의 국제법 체제에 중대한 의문을 제기한다. Christopher Harding은 "현대 국제사회의 현실은 보다 많은 행위자들을 포함하는데, 이들의 행위는 분명한 정치적 의미를 지니고 있으며

---

9) Janne Elisabeth Nijman, *supra* note 6, p.355.

10) *Id*.

11) *Id*., p.357.

12) ECOSOC Res. 1296 (XLIV) of 23 May 1968.

13) Janne Elisabeth Nijman, *supra* note 6, pp.360-361.

그러한 이유에서 법적 의미 역시 부여받아야 한다"고 강조하였다.[14] 전통적인 관점에서 국제법의 주체 문제를 다루고 있는 Brownlie 역시 기존의 접근의 한계를 인정하면서 "특정 목적상 법인격을 가지는 실체들의 수는 상당할 수 있다"고 보았다.[15]

그런데 국제법 주체성 인정 여부와 관계없이, 국가 이외의 모든 행위자들이 전체로서 국가와 대비를 이루는 개념의 출현이 나타내는 보다 중요한 시사점은 1648년 이래로 견고하게 유지되어 온 주권국가 중심의 웨스트팔리아 체제(Westphalian system)가 크게 위협받고 있다는 사실일 것이다. 오늘날 다양한 비국가행위자들은 자신들의 목표를 추구하며 국제적으로 점점 더 많은 영향력을 발휘하고 있고 그 결과 국가들의 권력은 침식당하고 있다.[16] 이와 같은 국가로부터 비국가행위자로의 '권력이동(power shift)' 현상은 정치, 경제, 사회, 안보 등 거의 모든 분야에 걸쳐 나타나고 있다.[17]

이는 곧 국가의 권리 및 의무 관계를 중심으로 발전해 온 국제법에서도 변화가 불가피하다는 것을 의미한다. 오늘날 국제법 문헌들에서 비국가행위자들의 존재는 일반적으로 인정되고 있을지라도, 국제법의 국가 중심적 개념은 여전히 지배적이다.[18] 그동안 국제법에서 비국가행위자들의 증대된 영향력이나 고양된 법적 지위는 별다른 주목을 받지 못하였다. 그리고 비국가행위자 문제가 다루어진 경우에 있어서도 검토가 유형별로 그리고 사안별로 이루어짐에 따라 비국가행위자들 간의 유사점을 찾아내고 분석하는 것은 회

---

14) Christopher Harding, "The Role of Non-state Actors in International Conflict: Legal Identity, Delinquency and Political Representation", in Ustinia Dolgopol and Judith Gardam (eds.), *The Challenge of Conflict: International Law Responds* (M. Nijhoff, 2006), p.549.

15) Ian Brownlie, *supra* note 1, p.67.

16) Charles W. Kegley, *World Politics: Trend and Transformation* (Thomson/Wadsworth, 2008), p.214.

17) Jessica T. Mathews, "Power Shift", 76 *Foreign Affairs* 50, 1997, p.50.

18) Math Noortmann, *supra* note 8, p.59.

피되거나 등한시되었다.[19]

Harding 역시 이러한 문제의식 하에 국가 중심의 전통적인 국제법 패러다임에 이의를 제기하면서 새로운 분류 방법을 제안하였다. Harding은 국제적 행위자들을 기존의 국가 중심적 패러다임과의 관계에 따라 크게 국가 안의 행위자들(Infra-State actors), 원(原)국가 행위자들 (Proto-State actors), 초국가 행위자들(Supra-State actors), 국가 밖의 행위자들(Extra-State actors)의 네 종류로 분류하였다.[20] 첫 번째 범주는 국가의 질서 내에서 적법한 것으로 인정되는 행위자들로, 국가원수, 정부, 국가기관, 개인, 회사가 이 범주에 해당한다. 즉, Harding은 국제적 행위자들의 개념에 명백히 국가 내에 존재하지만 그 행위 일부가 국제적으로 중대한 영향을 미치는 행위자들도 포함시키고 있는 것이다.[21] 두 번째 범주는 국가의 물리적 경계 내에 있지만 그 국가 내에서 기존의 권위에 본질적으로 반대하고 대립하는 행위자들로, 반란단체, 민족해방단체, 망명정부, 정치적 분파가 이 범주에 해당한다. 세 번째 범주는 초국가적 차원에서 기존의 국가 패러다임을 집합적으로 대표하는 행위자들로, 국가연합, 정부 간 조직이 이 범주에 해당한다. 네 번째 범주는 국가의 대표적 권위에 도전하는 행위자들로, 테러조직, 범죄조직, 비정부기구(NGO)가 이 범주에 해당한다. 나아가 Harding은 각 범주에 속하는 실제적이고 매우 잘 알려진 예들을 구체적으로 제시하였는데, 이는 수많은 비국가행위자들이 존재하고 있음을 보여주는 것이기도 하지만 그러한 행위자들이 국제법적 관계에 실질적으로 관여하고 있음을 나타내는 것이기도 하다.[22] 그러나 Harding 역시 Noortmann과 마찬가지로 결국 문제는 이러한 "경험적 증거"가 아니라 이론적인 차원에서 "실증주의의 구속"을 극복하는 것이라고 보았다.[23]

---

19) *Id.*, p.60.
20) Christopher Harding, *supra* note 14, p.552.
21) *Id.*, p.551.
22) *Id.*, p.554.
23) *Id.*

다시 Brownlie의 국제법 주체에 대한 정의로 돌아가면, 그러한 정의는 순환적이기는 하지만 동시에 모든 법적 행위자들이 동일한 정도의 법인격을 보유할 필요는 없다는 의미에서의 법인격의 상대적 성격을 강조하는 측면이 있다.[24] Harding은 이러한 점에 착안하여 법인격의 분석에 관한 유용한 틀을 제시하고 있다. 그는 Brownlie가 제시한 국제법 주체의 지표를 권리의 보유 및 주장과 의무의 대상으로 나눈 후, 전자의 요소는 특정 이익을 대표하는 행위자의 역할을 확립하며 후자의 요소는 행위자로 하여금 특정 행위에 대해 책임을 지도록 하는 책임의 과정을 확립한다고 보았다.[25] 결국 법인격 또는 법적 정체성은 특정 행위자라는 매개를 통하여 타당하면서도 적절한 대표와 책임을 달성하기 위한 수단으로 간주될 수 있다는 것이다.[26] 이러한 접근 하에서는 특정 행위자에게 완전한 범위의 법적 능력이 부여될 필요도 없으며 대표와 책임의 역할 간에 정확한 균형이 이루어질 필요도 없다.[27] Harding은 이러한 분석을 토대로 법인격은 특정 시점에 관련 공동체의 요구에 응하는 것으로서 기능적인 근거에 따라 결정되어야 한다고 주장하였다.[28]

Janne Elisabeth Nijman도 주로 주권국가의 특징으로 정의되는 전통적인 국제적 법인격 개념은 국제법 이론에서 더 이상 논의의 대상이 되지 않고 있음을 강조한 후, 다음과 같은 기능적 역할을 통해 국제적 법인격은 국제법상의 근본적 개념으로 남을 수 있다고 주장한다:

> 국제적 법인격은 '국제법의 시각에서' 어떤 실체가 존재하는지를 나타내는 실용적 개념 또는 도구로써 사용되는 데 그 목적이 있다. 오늘날 국제적 법인격은 더 이상 과거에 그랬던 것처럼 국가 주권으로부터 비롯되거나 파생되는 것으로 간주되지 않는 것이 일반적이다. (새로운) 행위자들은 국제법적 권리 및 의무의 귀속

---

24) *Id.*, p.555.
25) *Id.*, p.556.
26) *Id.*
27) *Id.*
28) *Id.*

에 의해 국제법상의 인(人)으로서 '시야에 들어오게' 되고 국제(법) 공동체에 포함되게 된다.[29]

국제적 차원에서 활동하는 다양한 행위자들이 존재하고 있는 오늘날의 국제사회의 현실에 비추어 볼 때, 국제법에서 오랫동안 유지되어 온 국가 중심의 패러다임은 분명 재고할 필요가 있다. 국가 이외의 다른 국제적 행위자들을 예외적이고 변칙적인 것으로 취급하는 것은 국제사회의 현실을 제대로 반영하는 것도 아닐뿐더러 비국가행위자들과 관련하여 제기되고 있는 문제의 해결에도 도움이 되지 않는다. 특히 오늘날 국제사회에서 그 영향력이 빠르게 증대되고 있는 비국가행위자들의 경우에는 국제법에 의해 보다 견고하게 포섭될 필요가 있다. 그러한 측면에서 기존의 국제적 법인격 이론에서 벗어나 기능적 수단으로써의 법인격 이론에 대한 논의는 상당히 시사하는 바가 크다. 그러나 문제는 이러한 논의에 있어서는 법적인 의지만큼이나 정치적 의지가 중요하게 작용한다는 것이다. 즉, "규범적인 관점에서는 바람직한 것으로 고려되는 상황에서도 특수한 정치적 고려가 비국가행위자들의 법적 지위 향상을 막을 수 있다."[30] 2001년 9.11 테러사건 이후 많은 논란이 되고 있는 비국가행위자의 테러행위에 대한 유엔 헌장 제51조의 적용 문제나 국가와 테러조직 간 무력충돌 시 국제인도법의 적용 문제는 결국 이러한 논의 선상에 있는 대표적인 문제라고 할 수 있다.

2. 테러행위의 정의

'테러'라는 용어 자체는 라틴어에 기원을 두고 있으나, '테러리즘' 및 '테러리스트'라는 개념은 18세기 후반 프랑스 혁명기의 공포정치(Reign of

---

29) Janne Elisabeth Nijman, *supra* note 6, pp.455-456.
30) Math Noortmann, *supra* note 8, p.74.

Terror)와 관련하여 위협과 억압 체제를 언급하는 의미로 사용되면서 정치적 담론의 대상이 되었다.[31] 이러한 맥락에서 논의되던 테러리즘은 1934년 유고슬라비아 국왕 Alexander Ⅰ세와 프랑스 외무장관 Louis Barthou가 암살되는 사건이 발생하면서 국제법의 주요 안건으로 대두되었다.[32] 특히 국제연맹은 테러행위를 국제적 범죄행위로 규정하는 첫 번째 시도로 1937년에 테러리즘 방지 및 처벌을 위한 협약(The Convention for the Prevention and Punishment of Terrorism)을 채택하였다. 이 협약에서는 테러행위를 "국가를 상대로 한 그리고 특정인이나 집단, 혹은 일반 대중의 심리에 공포상태를 조성하기 위하여 의도되거나 계획된 범죄행위"라고 정의하였다.[33] 그러나 24개 서명국 중 인도 한 국가만 비준함으로써 이 협약은 결국 발효되지 못하였고, 테러행위의 정의에 대한 합의를 도출하고자 하는 국제사회의 시도는 일시적으로 중단되었다.

1960년대 말부터 본격화된 항공기 납치 사건들은 국제사회에 국제적 협약을 통한 테러행위 규제에 대한 관심을 다시 불러 일으켰는데, 1937년 협약과 같이 모든 형태의 테러행위에 관한 포괄적인 조약에 대한 논의는 없이 특정 형태의 테러행위를 금지하는 조약들[34]만이 채택되었다.[35] 그러나 1972년에 이스라엘 롯 공항 테러사건과 뮌헨 올림픽 테러사건이 잇달아 발생하면서,[36] 유엔 안전보장이사회는 총회에 "인류를 위험에 빠뜨리거나 기본적 자유를

---

31) Ben Saul, *Defining Terrorism in International Law* (Oxford University Press, 2006), p.1.
32) Jackson Nyamuya Maogoto, 제1장 제1절 각주 10, p.57.
33) 1937년 테러리즘 방지 및 처벌을 위한 협약(미발효) 제2조 제1항. League of Nations Doc. C.546M.383 1937 Ⅴ.
34) 1970년 항공기의 불법 납치 억제를 위한 협약, 1971년 민간 항공의 안전에 대한 불법적 행위의 억제를 위한 협약.
35) John Dugard, "The Problem of the Definition of Terrorism in International Law", in Paul Eden and Thérèse O'Donnell (eds.), *September 11, 2001: A Turning Point in International and Domestic Law?* (M. Nijhoff, 2004), pp.189-190.
36) *Id.*, p.191.

위험하게 하는 테러리즘 및 기타 형태의 폭력을 방지하기 위한 조치들"을 강
구할 것을 요청하였다.[37] 총회 제6위원회는 미국이 제출한 특정 국제 테러행
위의 방지 및 처벌을 위한 협약 초안(The United States Draft Convention for
the Prevention and Punishment of Certain Acts of International Terrorism)을 중
심으로 이 안건을 검토하였으나, 반테러 협약을 가장하여 민족해방운동을 제
한하려는 여하한 시도에도 저항할 것이라는 제3세계 국가들의 강한 반대에
부딪히게 되었다. 이후 총회는 테러행위에 대한 일반적 조약 채택을 위한 회
의를 개최하자는 미국의 제안을 거절하고, 이 문제를 다시 국제 테러리즘에
관한 임시위원회에 회부하였다.[38] 그러나 임시위원회 역시 이 안건에 대한
합의에는 이르지 못하였고, 민족해방운동을 정의에 포함시킬지 여부를 둘러
싸고 계속적인 견해 대립이 존재한다는 사실만이 다시 한 번 확인되었다.[39]
1970년대를 지나 1980년대까지도 테러리스트와 자유의 투사(freedom fighter)
에 관한 서로 다른 시각들, 즉 '누군가에게는 테러리스트가 다른 누군가에게
는 자유의 투사(one man's terrorist is another man's freedom fighter)'일 수 있
다는 문제가 테러행위의 정의에 대한 논의를 지배하였다.

　그러나 1990년대에 들어서면서 냉전의 종식과 아파르트헤이트의 종식, 여
러 아프리카 국가들의 독립, 중동 문제 해결을 위한 오슬로 협정(Oslo
Accords)의 체결 등 국제정세의 변화는 테러행위에 대한 논의에 있어서도 큰
변화를 가져오게 되었다.[40] 국제사회는 테러행위의 원인 및 동기보다는 테
러행위를 제거하기 위한 가장 효과적인 방법에 보다 많은 관심을 가지게 되
었다. 이 시기에 유엔 총회가 채택한 결의들을 보면 1970년대 초반에 총회가
취하였던 소극적인 태도와는 확연히 구분되고 있음을 알 수 있다. 1994년 유

---

37) UN Doc. A/8791 (1972).
38) UN Doc. A/RES/27/3034 (1972).
39) Helen Duffy, *The 'War on Terror' and the Framework of International Law* (Cambridge
　　University Press, 2005), p.19.
40) John Dugard, *supra* note 35, p.194.

엔 총회는 '국제테러리즘을 제거하기 위한 조치에 관한 선언(Declaration on Measures to Eliminate International Terrorism)'에서 유엔 회원국들은 "어디에서, 누구에 의해 행해졌든지 간에" 모든 테러행위를 비난하며, "정치적 목적을 위해 일반 대중, 사람들의 집단, 특정 사람들에게 공포상태를 야기하기 위해 의도되거나 계산된 범죄행위들은, 정치적·철학적·이념적·인종적·민족적·종교적 그 밖에 행위를 정당화하기 위해 원용될 수 있는 여하한 성격을 고려한다고 하더라도, 어떠한 상황에서도 정당화될 수 없다"고 선언하였다.[41]

테러행위에 대한 이러한 새로운 합의를 바탕으로 유엔 총회는 1996년에 국제적 테러리즘에 관한 협약들의 포괄적인 법적 틀을 발전시킬 방법을 다루기 위한 임시위원회를 설치하였다.[42] 그 이후로 임시위원회는 포괄적인 반테러협약을 위해 일반적으로 수락가능한 테러행위에 대한 정의를 계속해서 모색해 왔으나, 이에 대한 합의를 이루는 데 있어서는 별다른 진전을 보이지 못하고 있다. 이 과정에서 테러행위의 정의는 여러 차례 수정되었는데, 현재로서는 제2조에서 "그 성질 또는 맥락상 주민을 위협하거나 정부 또는 국제기구로 하여금 어떠한 행위를 하도록 하거나 하지 않도록 하기 위하여 사람에 대한 사망 또는 중대한 신체적 상해, 국가 또는 정부 시설을 포함하는 공적 및 사적 재산에 대한 중대한 피해, 중대한 경제적 손실을 일으킬 수 있는 그 밖의 피해를 불법적이고 고의적으로 일으키는 것"이라고 정의하고 있다.[43]

그런데 테러행위의 정의를 포함하는 포괄적인 반테러 협약에 관한 합의 도출에 대해서는 회의적인 시각도 적지 않다. 정의 규정의 광범위성과 모호성에 대한 비판이 제기되고 있는 것 외에도 1990년대로 들어서면서 거의 사라졌던 테러리스트와 자유의 투사에 대한 논란이 재연되고 있기 때문이다.[44]

---

41) UN Doc. A/RES/49/60 (1994).
42) UN Doc. A/RES/51/210 (1996), p.5.
43) Informal Text of Article 2, Report of the Working Group on Measures to Eliminate International Terrorism, UN Doc. A/C.6/56/L.9, Annex Ⅰ (2001).

포괄적인 협약 초안 제18조는 국제인도법이 이미 무력충돌을 규율하고 있기 때문에 '무력충돌 중에 있는 군대의 행위(activities of armed forces during an armed conflict)'는 이 협약에 의해 규율되지 않는다고 규정하고 있다. 이것은 결국 국가 정규군의 행위만 협약의 적용에서 제외되며 국제인도법의 적용을 받는 다른 당사자들, 즉 비국제적 무력충돌에서의 비국가행위자나 민족해방 단체는 여전히 그 적용을 받을 수 있음을 의미한다. 결국 이러한 규정은 강력한 저항에 부딪혔고, 이슬람회의기구(OIC) 회원국들은 '외국에 의한 점령 상황을 포함하여 무력충돌 중에 있는 당사자들의 행위(activities of the parties during an armed conflict, including in situations of foreign occupation)는 … 이 협약에 의해 규율되지 않는다'는 안을 제시하였다.[45] 이 문제를 둘러싸고는 계속 의견이 분분한 상태이다.[46]

이러한 논의들을 고려할 때, 이와 같은 형태의 협약 초안이 실제적인 조약에 이를 수 있을지 여부는 여전히 불확실하다. 그럼에도 불구하고 2001년 9.11 테러사건 이후 국제사회가 보여 주고 있는 테러행위에 대한 강한 대응 의지에 비추어 볼 때 포괄적인 협약이 체결될 가능성은 그 어느 때보다 높다고 할 수 있다. 이러한 전망과 관련하여 2004년에 유엔 고위급 패널이 발표한 보고서는 특히 주목할 만하다. 이 보고서는 유엔은 비국가행위자의 무력행사에 대하여 국가의 무력행사에 대한 것과 같은 정도의 규범력을 달성해야 하며, 테러리즘의 정의에 대한 명확한 합의의 결여는 테러리즘에 대한 규범적·도덕적 입장을 훼손한다고 지적하였다.[47] 그러므로 분명한 정의를 포함하는 테러리즘에 대한 포괄적인 협약의 채택은 정치적으로 반드시 필요하

---

44) Helen Duffy, *supra* note 39, pp.21-22; John Dugard, *supra* note 35, p.198-199.

45) Report of the Ad Hoc Committee Established by General Assembly Resolution 51/210 of 17 December 1996, UN Doc. A/57/37, Annex Ⅳ (2002).

46) 예컨대, UN Doc. A/C.6/60/C.6 (2005) 참조.

47) High-level Panel on Threats, Challenges and Change, *A More Secure World: Our Shared Responsibility*, UN Doc. A/59/565 (2004), para. 159.

다고 권고하였다.[48]

테러행위의 정의를 둘러싼 국가들 간의 대립은 국제관습법상으로도 테러
행위의 일반적 정의가 확립되지 않았음을 시사하며, 이러한 결론은 널리 지
지되고 있다.[49] 그러나 이에 대해 Antonio Cassese는 실제로 부족한 것은 '예
외에 대한 합의'이며 일반적 개념은 문제가 아니라는 견해를 제시하였다.[50]
그 첫 번째 논거는 테러리즘에 대한 정의는 없으나 이를 명시적으로 금지하
고 있는 조약 규정들이 존재한다는 것은 조약의 기초자들이 무엇이 테러리
즘인지에 대한 독립적인 아이디어를 가졌음을 증명한다는 것이다.[51] 두 번
째 논거는 앞에서 언급한 1994년 '국제테러리즘을 제거하기 위한 조치에 관
한 선언'상의 문구는 "테러리즘의 일반적 정의"에 대한 "광범위한 합의"의
증거라는 것이다.[52] 1994년 선언이 이후의 결의들에서도 계속 확인되었고
10년이 지난 시점에서도 유엔 총회가 같은 문구를 반복하여 사용하였다는
점은 이러한 주장에 보다 많은 설득력을 부여할 수 있다.[53]

그러나 테러행위에 대한 일반적 정의가 국제관습법상 인정된다는 주장이
가능하기 위해서는 보다 광범위한 국가관행과 분명한 법적 확신이 존재해야
한다. 테러행위에 대한 포괄적 조약의 협상 과정이 정의 규정에 대한 국가들
의 입장 차이로 인해 계속 난항을 겪고 있다는 점만 고려하더라도 국제관습
법 성립에 필요한 요건들이 충족되었다고 보기는 어려울 것이다. 테러리스트
와 자유의 투사를 둘러싼 논란은 테러행위를 일반적으로 정의하는 문제에

---

48) Id.
49) Robert P. Barnidge, *Non-State Actors and Terrorism: Applying the Law of State Responsibility and the Due Diligence Principle* (T.M.C. Asser Press, 2007), p.27; Helen Duffy, *supra* note 39, pp.40-41; Ben Saul, *supra* note 31, p.141.
50) Antonio Cassese, *International Criminal Law* (Oxford University Press, 2003), p.121.
51) Id.
52) Antonio Cassese, *International Law* (Oxford University Press, 2001), p.246.
53) UN Doc. A/RES/50/53 (1995); UN Doc. A/RES/51/210 (1996); UN Doc. A/RES/60 /43 (2005).

있어서 핵심적인 부분에 해당하는 것이며, 단순히 '예외에 대한 합의'의 결여 정도로 쉽게 제외될 수 있는 성질의 것이 아니다.[54] 국가관행과 법적 확신에 대한 면밀한 검토 없이 단지 유엔 총회 결의에만 의존하여 국제관습법의 성립을 주장하였다는 점에서 Cassese의 주장은 방법론적 결함도 내포하고 있다.[55]

그런데 국제법상 테러행위에 대한 일반적 정의가 존재하지 않는다는 것이 그러한 행위에 대한 국제법적 규제에 있어서의 공백을 의미하는 것은 아니다. 테러행위로 언급되는 일정한 행위들은 특정 형태의 테러행위를 다루는 조약들과 국제관습법 하에서 금지될 뿐만 아니라 경우에 따라서 국제형사법 상의 범죄행위를 구성하기도 하며, 국가들은 테러행위에 관여하거나 이를 지원하지 않을 의무와 이에 대한 대응책을 강구할 의무를 부담한다. 향후에 테러행위에 대한 일반적 정의 규정을 포함하는 포괄적 반테러 협약이 채택된다면 법적 확실성이 증대되고 국가 간 협력의 효율성이 제고될 수 있겠으나, 그러한 정의의 부재가 테러행위에 대한 국제법적 접근방안을 논하는 데 있어서 큰 걸림돌이 되지는 않을 것이다.

3. 비국가행위자 테러 위협의 증대

과거에는 국가의 정치적 목적을 달성하기 위한 하나의 도구로 테러리즘이 이용되었기 때문에 이른바 국가테러리즘[56]이 성행하였다. Guy B. Roberts는

---

54) Robert P. Barnidge, *supra* note 49, pp.31-32.
55) *Id.*, p.34.
56) 테러리즘과 마찬가지로 이른바 '국가테러리즘'의 일반적 정의 또한 존재하지 않는다. 그럼에도 불구하고 국가테러리즘을 구성하는 몇몇 요소들이 도출될 수는 있는데, 그 중에서도 특히 중요한 요소는 주권국가가 테러행위의 주체이어야 한다는 것이다. 유엔 총회 및 안전보장이사회 결의(예컨대 UN Doc. A/RES/2625 (1970); UN

이러한 현상을 다음과 같이 설명한 바 있다:

> 정부에 의해 개시되거나 체제의 사주를 받은 테러폭력은 현대식 정규전을 수행하
> 기 위한 매력적인 대안이 되고 있는데, 특히 침략적이고 직접적인 전쟁을 비난하
> 는 일반 원칙에 최소한 말로나마 경의를 표하는 국제사회에서는 더욱 그러하다.
> 결국 테러리즘은 또 다른 "무기체계", 즉 적을 상대로 전투를 벌이는 데 있어서
> 하나의 손쉬운 수단이 되고 있다.[57]

그러나 과거와는 달리 오늘날에는 국가의 사주 없이 독자적으로 행동하는
비국가행위자에 의한 테러행위가 계속해서 증가하고 있으며 그로 인한 피해
규모 또한 상당하다. 과학기술의 발전은 이러한 변화를 가져온 가장 중요한
원인으로 인식되고 있다.[58] 치명적 무기들이 단순화·소형화·저렴화됨에 따
라 무기의 확보·제조·사용이 용이하게 되었고 이로 인해 비국가행위자들은
과거에는 상상도 할 수 없었던 군사적 능력을 보유할 수 있게 되었다. 이것
은 결국 국가에 의한 무력 독점이 더 이상은 지속되기 어렵다는 것을 의미한
다. 앞에서 언급한 세계화로 일컬어지는 국제적 변화 역시 이러한 현상에 일
조하고 있는데, 사람 및 물자의 이동이 보다 자유로워지면서 좁은 지역에서조
차 효과적으로 활동할 수 없었던 집단들이 이제는 비교적 용이하게 초국경적
차원에서도 활동할 수 있는 환경이 조성되었다.[59] 그 밖에도 지난 1세기 동안

Doc. A/RES/39/159 (1984); UN Doc. S/RES/748 (1992))에서 국가테러리즘을 명시
적으로 언급하고 이를 비난하고 있다는 점에 비추어 볼 때 추상적 실체로서의 국
가도 테러행위를 저지를 수 있다는 점은 분명해 보인다.

57) Guy B. Roberts, "Self-Help in Combatting State Sponsored Terrorism: Self-Defence
and Peacetime Reprisals", 19 *Case Western Reserve Journal of International Law* 243,
1987, p.245.

58) Rosa Ehrenreich Brooks, "War Everywhere: Rights, National Security Law, and the
Law of Armed Conflict in the Age of Terror", 153 *University of Pennsylvania Law
Review* 675, p.708; Ruth Wedgwood, "Responding to Terrorism: The Strikes against
bin Laden", 24 *Yale Journal of International Law* 559, 1999, pp.559-560.

59) Rosa Ehrenreich Brooks, *supra* note 58, p.709; Roy S. Schöndorf, "Extra-State Armed

국가 창설 과정이 가속화됨에 따라 자국 영토 내에 소재하는 비국가행위자를 통제할 능력이 부족한 국가들, 즉 이른바 '실패한 국가(failed states)'[60]가 형성되었다는 점도 이러한 현상의 출현에 영향을 미친 것으로 평가되고 있다.[61]

이러한 비국가행위자 테러 위협은 향후에도 계속될 것이라는 것이 일반적인 전망이다.[62] 이데올로기적·정치적·민족적 증오와 같이 테러리즘의 동기를 유발하는 여러 가지 원인들이 해결되지 않은 채로 남아 있는 한은 테러리스트들은 자신들의 목표를 달성하기 위해 계속해서 폭력을 행사할 것이기 때문이다. 보다 큰 문제는 과학기술 및 교통통신의 비약적 발전과 함께 비국가행위자의 테러 위협 또한 현재보다 훨씬 더 심각한 수준에 이르게 될 가능성이 높다는 데 있다. 특히 테러조직들이 자신들의 협상력을 제고하기 위한 수단으로 핵·생물·화학무기와 같은 대량살상무기(WMD)를 이용하는 경우에는 예측하기 어려운 결과가 초래될 수 있다. 이러한 무기들은 단일 사건만으로도 수천 명에서 수백만 명에 이르는 사상자를 낼 수 있고, 정부의 주요 부분을 붕괴시킬 수 있으며, 광범한 대중들의 공황 상태를 초래할 수도 있다.[63] 그런데 실제로 이미 수년 전부터 테러조직들은 이러한 무기에 대해 관심을 갖고 있는 것으로 알려지고 있다.[64] 2003년부터 시행되고 있는 '대량살

Conflicts: Is There a Need for a New Legal Regime", 37 *New York University Journal of International Law and Politics* 1, 2004-2005, p.10.

60) 국제법상 '실패한 국가'에 대한 자세한 논의는 Daniel Thürer, "The "Failed State" and International Law", 81 *International Review of the Red Cross* 731, 1999 참조.

61) Roy S. Schöndorf, *supra* note 59, p.10; Kenneth Watkin, "Controlling the Use of Force: A Role for Human Rights Norms in Contemporary Armed Conflict", 98 *American Journal of International Law* 2, 2004, p.14.

62) 예컨대, Yonah Alexander, "Terrorism in the Twenty-First Century: Threats and Responses", 12 *DePaul Business Law Journal* 59, 1999, p.78.

63) *Id.*, p.81.

64) Statement of George J. Tenet, Director of Central Intelligence Agency before the Senate Armed Services Committee on "Current and Projected National Security Threats" (February 2, 1999), <https://www.cia.gov/news-information/speeches-testimony/

상무기확산방지구상(PSI)'[65])과 2004년에 채택된 유엔 안전보장이사회 결의 제1540호[66])는 테러조직과 대량살상무기(WMD)의 결합가능성에 대한 국제사회의 우려가 커지고 있음을 보여주는 단적인 예이다.

1999/ps020299.html> (2009.12.18. 최종 방문).

65) 2003년 5월 31일 폴란드 크라쿠프에서 George W. Bush 미국 대통령이 제안한 대량살상무기확산방지구상(PSI)은 대량살상무기(WMD) 및 운송체계, 그리고 관련 물질의 불법적인 확산으로 인하여 증가되는 위협에 대한 국제적 대응체계로, 대량살상무기(WMD) 등 적재 혐의선박과 항공기에 대한 수색을 강화하고 필요한 경우 나포함으로써 해양과 공중을 통한 대량살상무기(WMD) 및 그 관련 물질의 수송을 차단하는 것을 목적으로 한다.

66) 결의 제1540호는 대량살상무기(WMD)가 테러조직 등 비국가행위자의 수중에 들어가거나 암시장에서 거래되는 것을 막는 데 주안점을 두고 모든 회원국들에게 핵·화학·생물 무기 및 그 운반수단의 개발·획득·제조·보유·운송·이전·사용을 시도하는 비국가행위자들에 대해서 어떠한 형태의 지원도 제공하지 말 것을 요구하고 있다. 그리고 모든 회원국들에게 비국가행위자가 특히 테러의 목적으로 핵·화학·생물 무기 및 그 운반수단을 제조·획득·보유·개발·운송·이전·사용하는 것 그리고 이러한 활동에 종사하고 참여하며 이를 지원하고 자금을 조달하고자 하는 것을 금지하는 적절하고 효과적인 법률들을 자국의 국내 절차에 따라 채택하고 시행할 의무를 부과하고 있다. UN Doc. S/RES/1540 (2004).

제2절 테러행위에 대한 접근방식

1. 전통적 접근방식

(1) 테러행위자에 대한 형사 기소 및 처벌

테러행위에 대한 전통적인 접근방식은 테러행위를 단순히 국내형사법 체계에서 다루어져야 할 범죄행위로 취급하는 것이다.[1] 즉, 혐의가 인정된 테러행위자들은 일반 범죄자들과 마찬가지로 형사처분을 받게 되는데, 다만 테러행위의 일반적 정의에 대한 합의가 없기 때문에 테러행위자의 동기나 테러조직의 국제적 성격에 대한 고려 없이 국내형법상의 살인, 납치, 항공기 납치, 방화 등의 범죄로 처벌받게 된다.[2] 이에 국제적인 차원에서의 노력 또한 주로 테러행위자들에 대한 국내법 적용의 효율성을 높이는 방향으로 이루어져 왔다. 각국의 사법당국에 의해 테러행위자들이 기소될 수 있도록 '인도 또는 소추(aut dedere aut judicare)' 규정을 포함하는 다양한 협약들이 체결된 것이 그 대표적인 예라 할 수 있다.[3]

테러조직의 주요 표적이 되어 왔던 미국의 대테러 대응전략 역시 지난 수십 년 동안은 이러한 접근방식에 바탕을 둔 것이었다. 예컨대, 1988년 팬암 항공기 폭파사건으로 270명의 사망자가 발생하였을 때, 미국 정부는 용의자들을 체포하기 위해 리비아 정부에게 이들을 인도할 것을 요구한 바 있다.[4]

---

1) Greg Travalio and John Altenburg, 제1장 제1절 각주 10, p.98.
2) Id.
3) Richard J. Erickson, 제1장 제1절 각주 10, p.59; Jackson Nyamuya Maogoto, 제1장 제1절 각주 10, p.51.
4) William K. Lietzau, 제1장 제1절 각주 10, p.76.

6명의 사망자와 1000명의 부상자가 발생한 1993년 세계무역센터 폭탄테러
사건 당시에도 대부분의 용의자들이 체포되었고 미국 법원은 이들에게 유죄
판결을 선고하였다.5) 역시 다수의 사상자가 발생하였던 1998년 케냐와 탄자
니아 주재 미국 대사관 테러사건의 경우 한 번의 군사적 대응조치가 취해지
긴 하였지만 이때에도 용의자들은 외국 정부들에 의해 체포되어 미국으로
인도되었으며 미국 법원에서 유죄판결을 선고받았다.6) 이 사건과 관련하여
유엔 안전보장이사회 역시 "이러한 범죄를 저지른 자들을 체포하고 신속하
게 법에 따라 처벌"할 것을 요구하는 한편, "모든 국가들이 국제법에 따라
그리고 우선적 문제로서 안보 협력, 테러행위 방지, 테러행위자들의 기소 및
처벌을 위해 효과적이고 실질적인 조치들을 채택"할 것을 요청한 바 있다.7)

미국뿐만 아니라 다른 국가들 역시 이러한 접근방식을 주로 채택하고 있
는데, 특히 비교적 최근에 발생한 2005년 2월 베이루트 폭탄테러사건의 경
우 테러행위자들을 기소 및 처벌하기 위하여 피해국인 레바논 정부와 유엔
이 공동으로 특별재판소를 설립하였다는 점에서 주목할 만하다.8) 레바논 특
별재판소규정 제2조에 따르면, 특별재판소는 테러행위, 생명 및 신체적 완전
성을 침해하는 범죄 등의 기소 및 처벌에 관한 레바논 형법상의 규정들을 적

---

5) *Id.*
6) *Id.*
7) UN Doc. S/RES/1189 (1998).
8) 이 사건으로 인해 레바논 총리인 Rafiq Hariri를 포함하여 23명의 사망자가 발생하
   였다. 2005년 12월 레바논 정부는 공격에 책임이 있는 자들을 재판하기 위한 국제
   적 성격의 재판소를 설립할 것을 유엔에 요청하였다. 이에 유엔 안전보장이사회는
   결의 제1664호에 따라 레바논 특별재판소 설립을 위한 협상을 시작하였다. UN
   Doc. S/RES/1664 (2006). 그 결과 2007년 5월 안전보장이사회는 결의 제1757호를
   통해 특별재판소의 설립을 결정하였고, 이 결의에는 레바논 특별재판소규정(Statute
   of the Special Tribunal for Lebanon)도 첨부되었다. UN Doc. S/RES/1757 (2007). 레
   바논 특별재판소는 2009년 3월 1일부터 본격적인 활동에 들어갔는데, 레바논 특별
   재판소에 대한 자세한 내용은 <http://www.stl-tsl.org/section/AbouttheSTL> (2009.
   11.30. 최종 방문) 참조.

용해야 한다.

(2) 테러행위에 관한 국제적 규제

앞에서도 언급한 바와 같이 현재로서는 테러행위를 다루고 있는 포괄적 형태의 국제협약은 없으나, 특정한 유형의 테러행위를 규제하고 있는 다수의 국제협약들이 존재한다. 테러리즘과 관련하여 체결된 첫 번째 국제협약은 1963년 항공기 내에서 행한 범죄 및 기타 행위에 관한 협약(The Convention on Offences and Certain Other Acts Committed on Board Aircraft)이다. 그 이후에도 항공 분야에서의 폭력행위에 대한 규제를 위한 협약들이 계속 체결되었는데, 1970년에는 항공기의 불법 납치 억제를 위한 협약(The Convention for the Suppression of Unlawful Seizure of Aircraft)이 체결되었고 1971년에는 민간 항공의 안전에 대한 불법적 행위의 억제를 위한 협약(The Convention for the Suppression of Unlawful Acts against the Safety of Civil Aviation)이 체결되었다.

항공 분야 외에도 1973년에는 외교관 등 국제적 보호인물에 대한 범죄의 예방 및 처벌에 관한 협약(The Convention on the Prevention and Punishment of Crimes against Internationally Protected Persons, including Diplomatic Agents)이 체결되었다. 그리고 1979년에는 인질억류방지에 관한 국제협약(The International Convention against the Taking of Hostages)이 체결되었다. 1988년에 체결된 항해 안전에 대한 불법행위 억제를 위한 협약(The Convention for the Suppression of Unlawful Acts against the Safety of Maritime Navigation)도 테러리즘과 관련한 주요 국제협약 중 하나이다.

한편 1990년대 후반부터 최근까지는 테러행위를 규제하기 위한 국제사회의 노력이 보다 강화되어 직접적으로 테러행위를 다루는 국제협약들이 체결되어 왔다. 1997년에는 폭탄테러의 억제를 위한 국제협약(The International

Convention for the Suppression of Terrorist Bombings)이 체결되었고, 1999년
에는 테러리즘의 자금조달 억제를 위한 국제협약(The International Convention
for the Suppression of the Financing of Terrorism)이 체결되었다. 그리고 2005
년에는 핵 테러행위의 억제를 위한 국제협약(International Convention for the
Suppression of Acts of Nuclear Terrorism)이 체결되었다.

　이러한 협약들은 공통적으로 당사국들에게 다음과 같은 의무를 부과하고
있다. 첫째, 당사국들은 협약상의 범죄를 국내법상의 범죄로 규정하고 이러
한 범죄가 엄중한 또는 적정한 형벌로 처벌될 수 있도록 해야 한다.9) 둘째,
당사국들은 범죄행위에 대한 관할권을 확립하기 위하여 필요한 조치를 취해
야 한다.10) 셋째, 당사국들은 자국에 소재하는 범죄혐의자를 인도하지 않을
경우에는 예외 없이 그리고 그 영토 내에서 범죄가 행하여진 것인지 여부를
불문하고 소추를 목적으로 권한 있는 당국에 사건을 회부하여야 한다.11) 넷

---

9) 1970년 항공기의 불법 납치 억제를 위한 협약 제2조; 1971년 민간 항공의 안전에
　대한 불법적 행위의 억제를 위한 협약 제3조; 1973년 외교관 등 국제적 보호인물
　에 대한 범죄의 예방 및 처벌에 관한 협약 제2조 제2항; 1979년 인질억류방지에
　관한 국제협약 제2조; 1988년 항해 안전에 대한 불법행위 억제를 위한 협약 제5조;
　1997년 폭탄테러의 억제를 위한 국제협약 제4조; 1999년 테러리즘의 자금조달 억
　제를 위한 국제협약 제4조; 2005년 핵 테러행위의 억제를 위한 국제협약 제5조.
10) 1963년 항공기 내에서 행한 범죄 및 기타 행위에 관한 협약 제3조 제2항; 1970년
　항공기의 불법 납치 억제를 위한 협약 제4조; 1971년 민간 항공의 안전에 대한 불
　법적 행위의 억제를 위한 협약 제5조; 1973년 외교관 등 국제적 보호인물에 대한
　범죄의 예방 및 처벌에 관한 협약 제3조; 1979년 인질억류방지에 관한 국제협약
　제5조; 1988년 항해 안전에 대한 불법행위 억제를 위한 협약 제6조; 1997년 폭탄
　테러의 억제를 위한 국제협약 제6조; 1999년 테러리즘의 자금조달 억제를 위한 국
　제협약 제7조.
11) 1970년 항공기의 불법 납치 억제를 위한 협약 제7조; 1971년 민간 항공의 안전에
　대한 불법적 행위의 억제를 위한 협약 제7조; 1973년 외교관 등 국제적 보호인물
　에 대한 범죄의 예방 및 처벌에 관한 협약 제7조; 1979년 인질억류방지에 관한 국
　제협약 제8조 제1항; 1988년 항해 안전에 대한 불법행위 억제를 위한 협약 제10조
　제1항; 1997년 폭탄테러의 억제를 위한 국제협약 제8조; 1999년 테러리즘의 자금

째, 협약상의 범죄는 당사국들 간에 현존하는 범죄인인도조약상의 인도대상 범죄에 포함되는 것으로 간주되며, 당사국들은 그들 사이에 체결될 모든 범죄인인도조약에 그러한 범죄를 인도대상범죄로 포함시켜야 한다.[12] 다섯째, 당사국들은 모든 실행가능한 조치를 취함으로써 협약상의 범죄를 방지하는 데 협력해야 한다.[13]

국제조약들 외에도 테러행위를 규제하기 위한 지역조약들이 존재하는데, 유엔 안전보장이사회는 지역적 수준에서의 노력이 테러리즘을 무력화시키는 데 있어서 없어서는 안 되는 중요한 것임을 언급한 바 있다.[14] 먼저 미주지역에서는 미주기구(OAS)를 중심으로 이러한 노력이 이루어져 왔다. 가장 최초의 성과물은 1971년에 채택된 국제적 요인에 대한 범죄와 강탈의 형태를 취하는 테러행위의 방지 및 처벌에 관한 협약(Convention to Prevent and Punish the Acts of Terrorism Taking the Form of Crimes against Persons and Related Extortion that are of International Significance)이다. 그러나 이 협약은 그 정치적 또는 외교적 지위 때문에 테러의 표적이 될 위험이 큰 인물들에

조달 억제를 위한 국제협약 제10조 제1항; 2005년 핵 테러행위의 억제를 위한 국제협약 제11조 제1항.

12) 1970년 항공기의 불법 납치 억제를 위한 협약 제8조 제1항; 1971년 민간 항공의 안전에 대한 불법적 행위의 억제를 위한 협약 제8조 제1항; 1973년 외교관 등 국제적 보호인물에 대한 범죄의 예방 및 처벌에 관한 협약 제8조 제1항; 1979년 인질억류방지에 관한 국제협약 제8조 제1항; 1988년 항해 안전에 대한 불법행위 억제를 위한 협약 제10조 제1항; 1997년 폭탄테러의 억제를 위한 국제협약 제8조 제1항; 1999년 테러리즘의 자금조달 억제를 위한 국제협약 제11조 제1항; 2005년 핵 테러행위의 억제를 위한 국제협약 제13조 제1항.

13) 1971년 민간 항공의 안전에 대한 불법적 행위의 억제를 위한 협약 제10조 제1항; 1973년 외교관 등 국제적 보호인물에 대한 범죄의 예방 및 처벌에 관한 협약 제4조; 1979년 인질억류방지에 관한 국제협약 제4조; 1988년 항해 안전에 대한 불법행위 억제를 위한 협약 제13조 제1항; 1997년 폭탄테러의 억제를 위한 국제협약 제15조; 1999년 테러리즘의 자금조달 억제를 위한 국제협약 제18조; 2005년 핵 테러행위의 억제를 위한 국제협약 제7조.

14) UN Doc. S/RES/1456 (2003).

대한 테러행위만을 다루고 있는 있으므로 그 적용범위가 상당히 제한적일
수밖에 없었다. 미주기구(OAS) 회원국들은 2001년 9.11 테러사건을 계기로
기존의 협력 체제를 강화하는 것 외에도 새로운 테러 현상에 신속하고 적절
하게 대응할 수 있는 새로운 방법을 모색할 필요성을 절감하게 되었고, 결국
2002년 6월 테러리즘에 대한 미주협약(The Inter-American Convention against
Terrorism)을 채택하였다.15)

유럽지역에서는 유럽평의회(Council of Europe)를 중심으로 테러 문제가 논
의되어 왔는데, 유럽평의회는 1977년에 테러리즘 억제에 관한 유럽협약(The
European Convention on the Suppression of Terrorism)을 채택한 바 있다. 이
협약은 2003년에 채택된 개정의정서를 통하여 보완 및 개정되었다.

아시아 지역에서 테러행위에 대한 대응과 관련하여 가장 중요한 지역협력
기구는 남아시아지역협력연합(SAARC)인데, 이 기구는 1987년에 테러리즘 억
제에 관한 남아시아지역협력연합 지역협약(The SAARC Regional Convention
on Suppression of Terrorism)을 채택하였다. 이 협약 역시 2004년에 개정의정
서에 의해 보완 및 개정되었다.

한편 아랍 이슬람권 국가들의 경우 최초의 항공기 납치 사건이 일어났던
1960년대 이래로 테러 문제에 직면해 왔지만, 1981년에 이집트의 Anwar
el-Sadat 대통령이 암살당하는 사건이 발생하면서 이 문제에 본격적으로 관심
을 기울이게 되었다.16) 이들 국가에서의 테러리즘 대응 노력은 특히 아랍국
가연맹(LAS)과 이슬람회의기구(OIC)를 중심으로 이루어지고 있다. 테러행위
에 대한 대응에 있어서 아랍 국가들의 협력을 약속한 최초의 협약은 1998년

---

15) Enrique Lagos, "The Organisation of American States and the Fight against
   Terrorism", in Pablo Antonio Fernández-Sánchez (ed.), *International Legal Dimension
   of Terrorism* (M. Nijhoff, 2009), p.346.
16) Saïd Ihrai, "The Arab and Islamic Conventions of the Fight against Terrorism", in
   Pablo Antonio Fernández-Sánchez (ed.), *International Legal Dimension of Terrorism* (M.
   Nijhoff, 2009), pp.358-359.

에 채택된 테러리즘 억제를 위한 아랍협약(The Arab Convention for the Suppression of Terrorism)이다. 한편 이슬람회의기구(OIC)는 1999년에 테러리즘 대응에 관한 이슬람회의기구협약(The Convention of the Organization of the Islamic Conference on Combating Terrorism)을 채택하였는데, 이 협약은 테러리즘 억제를 위한 아랍협약과 매유 유사한 형식과 내용으로 구성되어 있다.

아프리카 지역에서도 테러 문제는 일찍부터 주요 난제로 인식되어 왔다. 특히 1998년에 케냐와 탄자니아에서 발생한 미국 대사관 폭탄테러사건을 계기로 아프리카 국가들은 테러행위에 대응하기 위한 구체적인 조치의 필요성을 절감하게 되었다.[17] 이에 1999년 아프리카통일기구(OAU)는 테러리즘 방지 및 대응에 관한 협약(The Convention on the Prevention and Combating of Terrorism)을 채택하였다.[18]

이러한 지역조약들도 국제조약들과 유사한 의무를 당사국들에게 부과하고 있다. 그런데 지역조약들에서 특기할 점은 테러범죄에 대한 비정치화 조항을 채택하고 있다는 것이다. 예컨대, 테러리즘에 대한 미주협약은 테러리즘에 관한 국제협약들에서 확립된 범죄들이 정치범죄 또는 정치범죄와 관련된 범죄 또는 정치적 동기에 의한 범죄로 간주되어서는 안 되며 따라서 범죄인인도 또는 상호 법적 원조를 위한 요청이 단지 정치범죄라는 이유만으로 거절될 수는 없다고 규정하고 있다.[19] 테러리즘 억제에 관한 유럽협약과 테러리즘 억제에 관한 남아시아지역협력연합 지역협약도 이와 같은 조항을 두고 있다.[20] 그런데 테러리즘 억제에 관한 유럽협약의 비정치화 조항은 "국가들

---

17) Allieu Ibrahim Kanu, "The African Union", in Giuseppe Nesi (eds.), *International Cooperation in Counter-Terrorism* (Ashgate, 2006), p.171.
18) 아프리카통일기구(OAU)는 2002년에 아프리카연합(African Union)으로 대체되었다.
19) 테러리즘에 대한 미주협약 제11조.
20) 테러리즘 억제에 관한 유럽협약 제1조; 테러리즘 억제에 관한 남아시아지역협력연합 지역협약 제1조.

이 범죄의 성격을 평가할 때 특히 범죄의 심각한 측면을 적절히 고려할 의무를 다한다면 정치범죄 또는 정치범죄와 관련된 범죄 또는 정치적 동기에 의한 범죄로 생각되는 제1조상의 범죄에 대하여 인도를 거절할 권리를 유보할 수 있다"는 조항에 의해 중대하게 제한되었다.[21] 그러나 2003년 개정의정서는 당사국들의 유보 선언을 점진적으로 줄여 나가는 메커니즘을 도입함으로써 이러한 한계를 보완해 나가고 있다.[22] 이러한 지역조약들 외에도 테러리즘 억제를 위한 아랍협약과 테러리즘 대응에 관한 이슬람회의기구협약 역시 테러범죄는 정치범죄로 간주되어서는 안 된다고 규정하고 있다[23] 그리고 아프리카 통일기구가 채택한 테러리즘 방지 및 대응에 관한 협약도 정치적 동기에 의해 테러행위가 정당화될 수 없다는 점을 분명히 하였다.[24]

(3) 전통적 접근방식의 한계

테러행위에 대한 전통적 접근방식은 개별 국가의 권위 내에서 국내형법에 의해서만 사건을 처리함으로써 테러행위자나 테러행위에 대해서 일반적인 범죄자 또는 범죄 이외의 다른 어떠한 지위도 부여하지 않는다는 점과 적정절차가 보장될 수 있다는 점에서 긍정적인 측면을 갖는 것으로 평가된다.[25] 그러나 다른 한편으로는 무혐의 처분 또는 무죄 석방의 가능성이 있다는 점, 효과적인 국제경찰기구가 존재하지 않는 상태에서 많은 국가들의 경찰이 부패하고 무능하다는 점, 범죄인인도 체계가 만족스럽지 않고 테러행위를 다룰 일반적인 국제재판소가 없다는 점 등이 한계로 지적되고 있다.[26]

---

21) 테러리즘 억제에 관한 유럽협약 제13조.
22) 테러리즘 억제에 관한 유럽협약의 개정의정서 제16조.
23) 테러리즘 억제를 위한 아랍협약 제2조 제2항; 테러리즘 대응에 관한 이슬람회의기구협약 제2조 제2항.
24) 테러리즘 방지 및 대응에 관한 협약 제3조 제2항.
25) Greg Travalio and John Altenburg, 제1장 제1절 각주 10, p.99.
26) Id.; Abraham D. Sofaer, "Terrorism and the Law", 64 *Foreign Affairs* 901, 1986,

한편 특히 테러행위를 다루고 있는 여러 조약들과 관련해서는 다음과 같은 문제점들이 제기된다.

첫째, 조약은 조약당사국만을 구속할 수 있기 때문에 그 실효성이 충분히 담보되기 어렵다. 오늘날 상당수의 국가들이 테러 관련 조약들에 이미 가입하였지만,27) 특히 테러행위자들이 주로 활동하고 있는 국가들이 그러한 조약들에 가입하지 않은 경우가 문제이다. 이러한 국가들이 테러행위자들에 대한 인도 요청을 거부하면서 소추를 위하여 권한 있는 당국에 사건을 회부하지도 않는다면 법집행 자체가 아예 불가능하게 되기 때문이다. 다만 최근 들어 여러 조약들에서 규정하고 있는 '인도 또는 소추' 의무가 국제관습법으로 성립한 것인지 여부에 대해 활발한 논의가 이루어지고 있으므로 이 문제에 대해서는 계속적인 주목을 요한다.28)

둘째, 조약들은 대개 효과적인 집행규정들을 포함하고 있지 않기 때문에 조약당사국이 조약을 준수하지 않은 경우에 강력하게 제재할 수 있는 수단이 없다.29) 1985년 *Achille Lauro* 사건은 이러한 문제점을 여실히 드러낸 대표

---

pp.901-902.

27) 참고로 2009년 현재 테러 관련 국제조약들의 당사국 수는 다음과 같다: 1963년 항공기 내에서 행한 범죄 및 기타 행위에 관한 협약-185개국; 1970년 항공기의 불법 납치 억제를 위한 협약-185개국; 1971년 민간 항공의 안전에 대한 불법적 행위의 억제를 위한 협약-188개국. 이상은 <http://www.icao.int/cgi/air law.pl> (2009.12. 1. 최종 방문) 참조. 1973년 외교관 등 국제적 보호인물에 대한 범죄의 예방 및 처벌에 관한 협약-172개국; 1979년 인질억류방지에 관한 국제협약-167개국; 1997년 폭탄테러의 억제를 위한 협약-164개국; 1999년 테러리즘의 자금조달 억제를 위한 협약-171개국; 2005년 핵 테러행위의 억제를 위한 국제협약-60개국. 이상은 <http://treaties.un.org/Pages/Treaties.aspx?id=18&subid=A&lang=en> (2009.12. 1. 최종 방문) 참조. 1988년 항해 안전에 대한 불법행위 억제를 위한 협약-156개국, <http://www.imo.org> (2009.12.1. 최종 방문) 참조.

28) "The Obligation to Extradite or Prosecute (*aut dedere aut judicare*)", Report of the Sixtieth Session of the International Law Commission, UN Doc. A/63/10 (2008), paras. 312-332; *Questions relating to the Obligation to Prosecute or Extradite (Belgium v. Senegal)*, Application Instituting Proceedings, ICJ Reports 2009, para. 8.

적인 예로 종종 언급된다.[30] 이 사건에서 1979년 인질억류방지에 관한 국제
협약을 위반한 이집트와 1983년에 체결된 미국과의 범죄인인도조약을 준수
하지 않은 이탈리아에 대해서는 어떠한 조치도 취해지지 않았다.[31]

셋째, 테러행위에 관한 지역조약들과는 달리 테러행위에 관한 국제조약들
은 테러범죄에 대한 비정치화 조향을 채택하고 있지 않다. 따라서 테러리즘
에 관한 지역조약들의 당사국이 아닌 국가들의 경우에는 정치범죄라는 이유
로 테러행위자에 대한 인도 요청을 거절할 가능성도 배제할 수 없다.

넷째, 국제사회의 분권적 성격으로 인해 국가들은 테러행위를 억제하기
위한 국제적 노력보다 자국의 경제적 또는 정치적 이익을 우선시하는 경우
가 있다.[32] 예컨대, 미국은 1980년대 중반에 유럽동맹국들에게 테러행위에
깊이 관여하고 있는 것으로 알려진 리비아에 대해 외교적·경제적 제재를 부
과하도록 압력을 가한 적이 있었는데, 이것이 결국 실패로 돌아간 데에는 유
럽국가들과 리비아 간의 경제적 유대관계가 중요하게 작용하였다.[33]

2. 무력대응 접근방식

9.11 테러사건 직후 George W. Bush 대통령은 "우리는 외교적 수단, 정보
적 수단, 법집행 체계, 재정적 영향력, 필요한 전쟁 무기 등 우리가 가지고
있는 모든 자원을 활용하여 국제 테러조직을 소탕할 것"이라며 이른바 '테러

---

29) Antonio Cassese, 제1장 제1절 각주 10, p.593.
30) Id.; Arnab Goswami, *Combating Terrorism: The Legal Challenge* (Har Anand, 2002),
    p.60.
31) 자세한 내용은 Antonio Cassese, *Terrorism, Politics and Law: The Achille Lauro Affair*
    (Princeton University Press, 1989), pp.44-54, 82-102 참조.
32) Albero R. Coll, "The Legal and Moral Adequacy of Military Responses to Terrorism",
    81 *American Society of International Law Proceedings* 297, 1987, p.303.
33) Id.

와의 전쟁'을 선포하였다.[34) 그리고 아프가니스탄의 탈레반 정부가 "테러행위자들을 사주하고 장소를 제공하고 지원함으로써 사람들을 위협하고 있다"고 비난하며 아프가니스탄에 있는 알카에다의 최고지도자 오사마 빈 라덴 (Osama bin Laden)을 포함한 알카에다의 모든 핵심 조직원들을 미국에 넘겨줄 것을 요구하였다.[35) 그러나 아프가니스탄이 이를 거부하자, 미국과 영국은 2001년 10월 7일 아프가니스탄에 대한 공습을 시작하였다. 당일 미국은 유엔 안전보장이사회에 서한을 보내 알카에다의 9.11 테러공격에 대한 자위권의 행사로서 아프가니스탄에 있는 알카에다의 훈련캠프와 탈레반 정부의 군사시설에 대한 공격을 시작하였음을 통보하였다.[36) 미국의 이러한 대응방식은 기존의 방식과 상당히 구별된다. 이처럼 무력대응 접근방식이 취해지게 된 데에는 아프가니스탄의 비협조적 태도로 인해 법집행 자체가 불가능하게 되었다는 점 외에도 9.11 테러공격이 국가의 무력공격에 버금가는 정도의 막대한 파괴력을 지니고 있었다는 점이 중요하게 작용한 것으로 보인다.

이와 관련하여 9.11 테러공격은 단순한 범죄행위가 아니라 전쟁행위이므로 이러한 행위에 적절히 대응하기 위해서는 무력행사가 필요하다고 보는 시각도 있지만,[37) 다른 일각에서는 이러한 대응은 법적인 측면에서나 정책적인 측면에서나 완전히 잘못된 것이라는 비판도 제기된다. 우선 법적인 측

---

34) President's Address to a Joint Session of Congress on the United States Response to the Terrorist Attacks of September 11, 37 Weekly Comp.Pres. Doc. 1347 (September 20, 2001).

35) Id. 구체적인 요구 내용은 다음과 같다: 탈레반은 "그 영토에 숨기고 있는 알카에다 의 모든 핵심 조직원들을 미국 당국에 인도하라. 부당하게 억류하고 있는 미국 시민들을 비롯한 모든 외국인들을 석방하라. 아프가니스탄 내 모든 테러 훈련캠프를 즉각적이고 영구적으로 폐쇄하고 모든 테러행위자들과 그 지원을 받고 있는 모든 사람들을 적절한 당국에 인도하라. 그들이 더 이상 활동하지 않는다는 것을 확인할 수 있도록 미국에게 테러 훈련캠프에 대한 완전한 접근을 부여하라."

36) UN Doc. S/2001/946 (2001).

37) 예컨대, William K. Lietzau, 제1장 제1절 각주 10, p.77.

면에서는 국제법적 의미에서의 전쟁 또는 무력충돌은 반드시 영토적으로 정의될 수 있는 국제적으로 인식가능한 실체들을 전제로 하기 때문에 9.11 테러행위를 전쟁 또는 전쟁행위로 간주하는 것은 법적으로 가능하지 않다는 점이 지적되었다.[38] 불법적인 행위의 규모는 그 법적 성격을 규정하는 데 있어서 결정적인 것이 아니기 때문에 그것에 의해 국내법상의 범죄행위가 국제법상의 전쟁상태를 초래하는 전쟁행위로 전환되지는 않는다는 것이다.[39] 정책적인 측면에서는 9.11 테러행위를 전쟁행위로 다루는 것은 원형을 찾아볼 수 없을 정도로 그 해석을 확대함으로써 국제법 체계를 훼손하는 것일 뿐만 아니라 향후 예측할 수 없는 결과를 가져올 수 있다는 우려가 제기되었다.[40] 또한 9.11 테러 이후의 미국의 정책은 비국가행위자는 일반적으로 국내법에 의해 규제된다는 국제법적 추세에 배치될 뿐만 아니라 테러행위자들의 지위를 단순한 범죄자 이상으로 끌어 올리는 결과를 초래할 수도 있기 때문에 적절하지 않다는 점도 지적되었다.[41] 즉, "미국이 전통적으로 고수해 왔던 입장이 미국을 더 잘 보호하는 것이며, … 9.11 이후에 미국은 '전 세계적 전쟁'이 아닌 '전 세계적 법집행'을 선언했어야 한다"는 것이다.[42]

무력대응 접근방식은 1980년대 중반 무렵부터 미국과 이스라엘을 중심으로 논의가 이루어지기 시작하였다.[43] 이는 다수의 반테러 협약들, 범죄인인도협정, 기타 형태의 사법적 공조와 같은 "법적 수단은 새로운 성격의 국제

---

38) Georges Abi-Saab, "The Proper Role of International Law in Combating Terrorism", in Andrea Bianchi (ed.), *Enforcing International Law Norms against Terrorism* (Hart Publishing, 2004), p. xvi.

39) *Id.*

40) *Id.*

41) Mary-Ellen O'Connell, "Enhancing the Status of Non-state Actors through a Global War on Terror?", 43 *Columbia Journal of Transnational Law* 435, 2004-2005, pp.452, 456, 457.

42) *Id.*, p.457.

43) Jackson Nyamuya Maogoto, 제1장 제1절 각주 10, p.53.

테러리즘 위협에 부합하지 않으며 법적 전략만으로는 국제 테러리스트들이
활동하는 것을 저지하지 못한다"는 인식에서 비롯되었다.[44] 국내적 테러행
위이든 국제적 테러행위이든지 간에 어느 경우에나 적용될 수 있고 국내법
의 적용이 주가 되는 전통적 접근방식과는 달리, 무력대응 접근방식은 기본
적으로 상당한 규모에 이르는 국제적 테러행위에 적용될 수 있으며 국제법
의 적용을 받는다.[45] 보다 구체적으로는 무력행사에 관한 법과 무력충돌에
관한 법이 적용될 것이다. 1980년대 이래로 계속된 무력대응 접근방식을 둘
러싼 논의에서도 그 적용범위는 국가의 사주를 받은 테러조직이 테러행위를
자행한 경우로 제한되었다.[46] 이것은 무력대응 접근방식을 취할 경우 국제
법이 적용된다는 것에 따른 당연한 논리적 귀결이었다.

그런데 9.11 테러사건 이전에도 무력대응 접근방식에 대한 논의를 진척시
키는 데 있어서 가장 큰 걸림돌이 되었던 것은 이러한 접근방식 하에서는 테
러행위의 범죄적 성격이 모호해지거나 부인될 수 있다는 우려 또는 반발이
었다.[47] 이러한 입장에서는 무력충돌에 관한 법이 "범죄행위와 전쟁행위를
구분하는 경계"로 인식되었다.[48] 즉, 전통적 접근방식을 취함으로써 테러행

---

44) Neil C. Livingstone, "Proactive Response to Terrorism: Reprisals, Preemption and
   Retribution", in Charles W. Kegley (ed.), *International Terrorism* (St. Martin's, 1990),
   p.240.
45) Greg Travalio and John Altenburg, 제1장 제1절 각주 10, p.100; Richard J. Erickson,
   제1장 제1절 각주 10, p.66. 이처럼 무력대응 접근방식 역시 법의 통제 범위 내에
   있는 것임에도 불구하고 일각에서는 테러행위에 대한 두 가지 대응방식으로
   'political-military approach'와 'legal-judicial approach'를 대비시킴으로써 오해의 소
   지를 제공하고 있다. 예컨대, Michael Reisman, "International Legal Responses to
   Terrorism", 22 *Houston Journal of International Law* 3, 1999, p.57.
46) 예컨대, 미국은 Ronald Reagan 대통령 시절에 국가에 의해 사주된 테러행위에 대한
   무력행사 문제를 정책적 차원에서 검토한 적이 있었는데, 이에 대한 자세한 논의
   는 Guy B. Roberts, 제2장 제1절 각주 57, pp.266-267 참조.
47) 예컨대, Abraham D. Sofaer, *supra note* 26, p.912 참조.
48) *Id.*

위 또는 테러행위자를 범죄행위 또는 범죄자로 취급할 것인지 또는 무력대
응 접근방식을 취함으로써 테러행위 또는 테러행위자를 전쟁행위 또는 전투
원으로 취급할 것인지가 선택의 문제로 여겨졌던 것이다.

그러나 이는 무력충돌에 관한 법에 대한 잘못된 이해에서 비롯된 것이라
고 할 수 있는데, 그 구체적인 이유를 적시하면 다음과 같다. 첫째, 무력충돌
에 관한 법 역시 테러행위를 불법적인 것으로 비난하고 예외 없이 모든 경우
에 금지되는 것으로 규정하고 있다.[49] 다만 평시에는 민간인 또는 민간시설
뿐만 아니라 군사시설에 대한 공격까지도 모두 테러행위에 해당하는 반면에
무력충돌에 관한 법 하에서는 주로 민간인을 대상으로 하는 공격만이 테러
행위로 간주된다는 차이가 있다. 둘째, 기존의 무력충돌에 관한 법 하에서도
적대행위에 참여한 모든 사람들이 전투원의 지위를 부여 받는 것은 아니다.
이 문제에 대해서는 뒤에서 자세히 검토하겠지만, 전투원의 지위는 특정 유
형의 무력충돌에서만 인정되고 있다. 결국 일각의 우려와는 달리 무력대응
접근방식이 취해지고 그 결과로서 무력충돌에 관한 법이 적용된다고 해서
테러행위 또는 테러행위자의 근본적인 성격이나 지위가 달라지는 것은 아님
을 알 수 있다.

사실 계속해서 증대되고 있는 테러 위협을 감안할 때 테러행위자를 국내
형법에 따라 기소 및 처벌하는 방식만을 고수하는 것은 한계가 있다. 특히
9.11 테러사건은 이러한 접근방식이 내포하는 문제점을 여실히 드러내었다.
이러한 상황에서 무력대응 접근방식에 대한 논의는 그 어느 때보다도 탄력
을 받을 수밖에 없다. 그런데 비국가행위자가 테러행위의 주요 주체로 등장
하면서 오늘날에는 과거와는 또 다른 차원에서의 문제가 제기되고 있다. 오
늘날 문제가 되고 있는 테러행위는 국가가 그러한 행위의 주체로 간주될 수
있는 경우가 아니라 비국가행위자가 특정 국가의 사주 없이 독자적으로 테

---

49) 제네바 제4협약 제33조, 제1추가의정서 제51조 제2항, 제2추가의정서 제4조 제2항
　　및 제13조 제2항 참조.

러행위를 계획하고 실행에 옮긴 경우이다. 이러한 테러행위에 대한 무력대응 접근방식의 채택은 국가가 테러행위의 주체인 것으로 간주될 수 있는 경우라는 전제를 두었던 기존의 논의를 뛰어넘는 것으로 전적으로 새로운 맥락에서 논의되어야 할 문제를 제기한다.

국제법은 국가와 국가 간의 관계를 중심으로 발전해 왔다. 이는 곧 국가와 테러조직 간의 무력행사 및 무력충돌을 다룰 수 있는 국제법의 틀이 제대로 확립되어 있지 않다는 것을 의미한다. 이러한 상황에서는 무력대응 접근방식을 병행하는 방향으로 테러행위에 대한 대응 패러다임이 전환된다고 하더라도 중대한 법적 공백이 발생할 수밖에 없다. 법적 통제가 이루어지지 않는 상태에서의 피해국의 무력대응은 테러행위만큼이나 심각한 문제를 초래할 것이다. 그러므로 새로운 테러 위협에 대한 적절하고도 효과적인 대응의 필요성을 반영하는 패러다임을 모색하는 데 있어서는 국제법의 변화 및 발전 또한 함께 수반되어야 한다. 9.11 테러사건 이후 이 문제에 대한 논의는 크게 두 가지 방향으로 전개되고 있다. 하나는 테러조직 수용국에게 비국가행위자의 테러행위에 대한 직접적인 책임을 지우려는 것으로, 이 경우에는 기존의 국제법이 그대로 적용될 수 있게 된다. 다른 하나는 무력행사 및 무력충돌에 관한 국제법이 테러조직과 같은 비국가행위자에 대해서도 직접적으로 적용될 수 있다고 보는 것으로, 이 경우에는 기존 국제법의 재검토가 요구된다.

제 3 장

비국가행위자의 테러행위로 인한 국가책임

9.11 테러사건 이후 특히 비국가행위자의 테러행위와 관련해서는 국가 귀속 기준이 완화되어야 한다거나 배제되어야 한다는 주장이 제기되고 있다. 이러한 주장이 수락될 경우에는 비국가행위자의 테러행위 자체에 대해 테러 조직 수용국이 직접적인 책임을 지게 됨으로써 테러행위가 국가에 의해서 행해진 것으로 간주된다. 즉, 비국가행위자의 테러행위가 국가의 테러행위로 전환되는 것이다. 이 장에서는 현재의 국가책임법 체제 하에서 이러한 주장이 수락될 수 있을지 여부를 고찰하고자 한다. 이하에서는 먼저 비국가행위자의 일반적인 위법행위와 관련하여 국가가 부담하는 책임에 대해서 간략하게 살펴본 후, 비국가행위자의 테러행위와 관련한 국가의 책임 문제를 집중적으로 검토할 것이다.

제1절 비국가행위자의 사적 행위로 인한 국가책임

1. 이론 및 관행의 발전

국내사회에서처럼 국제사회에서도 법은 개인들의 특정한 위법행위들에 대한 책임을 요구한다. 그러나 국내법이 조직화된 체계를 통하여 개인들에 대해서 직접 법을 집행하는 것과는 다르게 국제법은 단지 국가라는 매개를 통해서만 사적 행위자들의 문제를 다룰 수 있다는 것이 전통적인 이론이다.[1] 이러한 이론은 개인들에게 당사자 적격을 인정하지 않은 국제법의 오랜 원칙에서 비롯된 것인데, 이러한 접근에 따른다면 사적 행위자가 외국에 대한 위해행위에 대해서 책임이 있는 경우 사적 행위자가 아닌 국가가 그 책임을 부담하게 된다.[2] 사적 행위자의 행위를 포함하여 국제적으로 위법한 행위에 대한 책임 문제를 다루는 국가책임 분야는 기본적으로 외국인의 보호와 관련된 국제법의 발전에 그 기원을 두고 있다. 자국의 국민이 다른 국가의 국민에게 피해를 입히는 것은 결국 그 국가에 피해를 입히는 것이라는 관점에서 제시된 여러 이론적 주장들과 국가관행, 그리고 중재판정 등을 통해 국제관습법의 형태로 발전되었던 국가책임법이 점차 보다 포괄적인 형태의 국제적 책임 이론으로 진화하게 된 것이다.[3] 다른 국제법 주체의 법적 이익을 침

---

1) Manual R. Garcia-Mora, *International Responsibility for Hostile Acts of Private Persons against Foreign States* (M. Nijhoff, 1962), p.16.

2) *Id.*

3) Gordon A. Christenson, "The Doctrine of Attribution in State Responsibility", in Richard B. Lillich (ed.), *International Law of State Responsibility for Injuries to Aliens*

해한 국제법 주체가 부담하게 되는 책임의 구체적 형태는 법체계 및 역사적 시기에 따라 계속 변화해 왔다.[4] 마찬가지로 사적 행위자의 행위에 대해 국제법 주체로서의 국가가 책임을 부담하게 되는 기준들 또한 수세기에 걸쳐서 변화를 거듭해 오고 있다.

고대사회에서는 개인이 아닌 가족이 가장 기본적인 단위였는데, 이러한 가족들의 집합이 가계를, 가계의 집합이 부족을, 그리고 부족의 집합이 공동체를 형성하였다.[5] 따라서 국가 사회 전체가 또 다른 실체와 상호작용을 하였을 때 그것은 하나의 단위로 인식되었다.[6] 즉, 고대사회에서는 국가와 개인이 별개의 단위가 아니라 하나의 집합체로 간주되었다.[7] 이러한 사고는 로마 만민법(*jus gentium*)상의 국가책임에 관한 개념에도 반영되어 그 구성원이 만민법을 위반하면 단지 그 사실만으로 통치자는 책임을 져야 했다.[8] 이러한 형태의 이른바 '집단적 책임 이론(the theory of collective responsibility)'은 초기 중세사회에서도 수락되었다. 따라서 집단 구성원들의 행위는 자동적으로 집단적 실체의 행위로 간주되어 그 집단에 대한 대응조치가 정당화되었다.[9] 후기 중세 시대에는 집단의 규모가 점차 커지고 구성원들의 수가 늘

(University Press of Virginia, 1983), p.321; Richard B. Lillich, "The Current Status of the Law of State Responsibility for Injuries to Aliens", in Richard B. Lillich (ed.), *International Law of State Responsibility for Injuries to Aliens* (University Press of Virginia, 1983), p.1.

4) Ian Brownlie, *System of the Law of Nations: State Responsibility*, Part Ⅰ (Clarendon Press, 1983), p.1.

5) Henry Sumner Maine, *Ancient Law: Its Connection with the Early History of Society and its Relation to Modern Ideas* (1873) (Dorset Press, 1986), p.106.

6) Jan Arno Hessbruegge, "The Historical Development of the Doctrines of Attribution and Due Diligence in International Law", 36 *New York University Journal of International Law and Politics* 265, 2003-2004, p.276.

7) *Id.*, pp.276-279.

8) *Id.*

9) Hersch Lauterpacht, "Revolutionary Activities by Private Persons against Foreign States", in Elihu Lauterpacht (ed.), *The Collected Papers on Hersch Lauterpacht*, Vol. 3

어나면서 이러한 원칙이 보다 완화되었는데, 이제 집단은 개별 행위자에 대한 보호를 철회하고 그를 공동체로부터 퇴거시킴으로써 집단적 책임을 피할 수 있게 되었다. 즉, 집단적 책임 원칙은 여전히 유효하였지만 집단은 그 책임의 근거를 소급적으로 제거할 수 있는 기회를 부여 받게 된 것이다.[10]

집단적 책임 이론이 정확히 어느 시점부터 더 이상 법적 원칙으로 간주되지 않게 되었는지는 분명치 않으나,[11] 점진적으로 그러나 명백하게 집단적 책임 원칙은 주권자의 과실만이 국가책임을 발생시킬 수 있다는 원칙으로 대체되게 되었다.[12] 이 원칙은 17세기에 Hugo Grotius에 의해 처음으로 명료하게 설명되었다.[13] Grotius에게 있어 국제법상의 책임은 자연인으로서 통치자의 책임을 의미하는 것이었으며, 따라서 국가가 아닌 군주가 법적으로 책임을 부담하는 실체였다. 그에 따르면 통치자는 그 백성의 위법행위에 대해 일반적으로 책임을 부담하지 않으나, *patientia* 또는 *receptus*의 개념을 통하여 그러한 행위에 '공모'하였다면 책임을 부담하게 된다.[14] Jan Arno Hessbruegge에 따르면, 이른바 '공모 이론(the theory of complicity)'의 출현은 국가와 개인 간의 관계 변화에 의해 설명될 수 있다.[15] 즉, 중세사회가 부족 단위였던 것과는 달리, 17세기에는 웨스트팔리아 평화조약을 통해 현대 영

(Cambridge University Press, 1970), p.258.

10) Jan Arno Hessbruegge, *supra* note 6, p.280.

11) *Id.*, p.281.

12) Tal Becker, *Terrorism and the State: Rethinking the Rules of State Responsibility* (Hart Publishing, 2006), p.14.

13) *Id.*

14) Hugo Grotius, *2 De Jure Belli Ac Pacis* (1646) (Francis W. Kelsey trans., William S. Hein & Co., 1995), pp.523, 526. *patientia* 원칙 하에서는 공동체 또는 공동체의 통치자가 사적인 위법행위를 인지하였거나 인지했었어야 함에도 불구하고 그것을 방지하기 위한 적절한 조치를 취하지 않았다면 책임이 발생한다. *receptus* 원칙 하에서는 통치자가 사적 행위자의 범죄에 대한 책임을 회피하기 위해서는 그에 대한 처벌 또는 인도가 요구된다.

15) Jan Arno Hessbruegge, *supra* note 6, p.285.

토국가의 기틀이 마련되면서 주권국가와 사적 시민 간의 근본적인 분리가 확립되었기 때문에 사적 행위자의 행위에 대해 국가가 자동적으로 책임을 진다는 개념은 공허한 것이 되어 버렸다는 것이다.[16]

18세기에 들어서도 공모 이론은 계속적인 지지를 받는데, Christian Wolff는 Grotius의 개념을 확인하는 것에서 나아가 만일 국가의 통치자가 개인의 행위를 승인한다면 그 행위는 국가의 통치자에게 귀속되고 결과적으로는 국가로 귀속된다는 이론을 제시하였다.[17] 또한 Wolff는 "사적 시민의 행위는 국가의 행위가 아니나, … 그가 국가 통치자의 명령에 의해 행동하였다면 상황은 달라진다"고 함으로써 국가가 통치자의 과실 여부와 상관없이 대리인으로서 국가가 고용한 개인의 행위에 대해 책임을 질 수도 있음을 시사하였다.[18] Emmerich De Vattel 역시 Wolff와 마찬가지로 개인의 행위에 대한 국가의 승인을 통한 귀속 개념을 수락하였다.[19] Grotius로부터 비롯된 공모 이론은 19세기 후반 사적 행위자의 위법행위에 대한 국가책임을 다룬 상당수의 초기 중재판정들에서도 원용된 것으로 보이는데, 특히 국가가 위법행위를 저지른 사적 행위자를 처벌하지 않거나 부당하게 사면한 경우에 국가책임이 성립한다는 것이 여러 사건들에서 확인되었다.[20]

오랫동안 견고하게 유지되어 왔던 공모 이론은 19세기 말과 20세기 초반

---

16) *Id.*, pp.285-287.

17) Christian Wolff, *Jus Gentium Method Scientifica Pertractatum* (1764) (Francis W. Kelsey trans., William S. Hein & Co. 1995), §314.

18) *Id.*, §315.

19) Emmerich De Vattel, *The law of Nations* (1758) (Joseph Chitty trans., Gaunt 2001), p.162.

20) 예컨대, *The Montijo (United States v. Colombia)* (1875), reprinted in John Bassett Moore, *History and Digest of International Arbitrations to which the United States has been a Party,* Vol. 2 (Government Printing Office, 1898), p.1438; *Case of Cotesworth and Powell (Great Britain v. Colombia)* (1875), reprinted in John Bassett Moore, *History and Digest of International Arbitrations to which the United States has been a Party,* Vol. 2 (Government Printing Office, 1898), p.2082.

에 걸쳐 국가는 자신의 잘못에 대해서만 책임을 지며 사적 행위자의 행위가
국가로 귀속되지 않는 한 국가는 사적 행위 자체에 대해서는 책임이 없다는
이른바 '별개의 위법행위 이론(the separate delict theory)'에 의해 그 지위를
위협받게 되었다. Heinrich Triepel은 국가는 그 소극성만을 이유로 개인의 행
위에 대하여 책임을 부담하지 않으며, 그러한 행위를 이유로 해야 할 일을
하지 않았다면 그에 대해 책임을 진다고 주장함으로써 Grotius와 분명히 구
별되는 입장을 취하였다.[21] Dionisio Anzillotti 역시 이와 유사한 견해를 제시
하였는데, 그에 따르면 국가는 객관적인 법에 반하여 행동하였다는 이유로만
책임을 진다.[22]

20세기에 들어서는 중재판정들에서도 이러한 이론이 일반적인 것으로
받아들여지기 시작하였다. 특히 1925년에 멕시코-미국 일반 청구 위원회
(Mexico-United States General Claims Commission)에 의해 다루어진 *Janes* 사건
은 새로운 이론의 발전과 관련하여 중요한 의미를 지니는 사건이라 할 수 있
다.[23] 미국은 멕시코 탄광 회사에서 전 고용주에 의해 살해된 피해자의 가족
을 대신하여 제기한 청구소송에서 멕시코 당국이 범죄자를 체포 및 처벌하
는 데 있어서 상당한 주의의무를 이행하지 않았다는 점에 비추어 멕시코가
피해자의 죽음에 대하여 책임을 져야 한다고 주장하였다. 사실관계를 검토한
위원회는 다음과 같은 견해를 제시하였다:

> 정부가 의도된 범죄를 인식하고 있었고 그것을 방지할 수 있었으나 책임을 구성
> 할 몇 가지 이유로 그렇게 하지 않았던 경우, 추정된 공모를 기반으로 하는 논리
> 는 어느 정도 합당한 근거를 가질 수 있다. 이 경우와 달리 현재의 사건은 처벌하
> 지 않은 경우에 관한 것이다. … 이 경우의 국제위법행위는 범죄자의 사적 위법

---

21) Heinrich Triepel, *Völkerrecht und Landsrecht* (CL Hirschfeld, 1899), pp.333-334.

22) Dionisio Anzilotti, "La Responsabilité Internationale des États: A Raison des Dommages
Soufferts par des Étrangers", 13 *Revue Générale de Droit Public* 5, 1906, p.14.

23) *Janes Case (United States v. United Mexican States)*, 4 *Reports of International Arbitral
Awards* 82, 1925.

행위와는 별개로 고유한 유형의 행위이다. 범죄자는 미국 국민을 살해한 것에 대해 책임이 있는 것이고, 정부는 범죄자를 적정하게 기소 및 처벌할 의무를 이행하지 않은 것에 대해 책임이 있는 것이다. … 처벌하지 않은 것이 일종의 승인으로 간주될 수는 있을지라도-위원회의 견해는 이 부분에 대해서 확신이 없으나-범죄를 승인하는 것과 그 범죄의 공범자가 되는 것은 결코 동일한 것으로 간주되지 않는다.[24]

결국 위원회는 멕시코가 범죄자를 처벌하지 않은 별개의 위법행위를 이유로 책임을 진다고 판정하였다. *Janes* 사건은 국가의 잘못과 그로 인한 피해는 사적 행위자의 행위와는 근본적으로 다른 것이라는 논리를 통해 공모 이론이 지니는 인위적인 측면을 노출시킴으로써 이후 공모 이론 전체에 대해 이의를 제기할 수 있는 토대를 마련한 것으로 평가되고 있다.[25] *Janes* 사건 이후에도 유사한 취지의 결정들이 다수의 중재사건들에서 확인되었다.[26]

한편 이 시기의 외교적 사건들에서도 이러한 이론이 채택되었는데, 대표적인 예로는 1923년의 *Janina* 사건이 있다. 1923년 8월 7일 그리스의 이오안니나(Janina)에서 활동하는 신원미상의 개인들이 그리스와 알바니아 국경 획정 문제를 다루는 국제위원회의 이탈리아인 위원을 암살하는 사건이 발생하였다. 이탈리아 정부는 사건이 그리스 영토에서 발생하였기 때문에 그리스가 암살에 대해서 책임을 져야 한다고 주장하였으나 그리스는 이러한 주장을 받아들이지 않았다.[27] 이에 이탈리아가 그리스의 코르푸(Corfu) 섬을 점령하

---

24) *Id.*, p.37.
25) Tal Becker, *supra* note 12, p.18.
26) *Venable Case (United States v. United Mexican States)*, 4 *Reports of International Arbitral Awards* 219, 1927, p.229; *Kennedy Case (United States v. United Mexican States)*, 4 *Reports of International Arbitral Awards* 194, 1927, p.199; *Kidd Case (Great Britain v. United Mexican States)*, 5 *Reports of International Arbitral Awards* 142, 1931, p.144; *Noyes Case (United States v. Panama)*, 6 *Reports of International Arbitral Awards* 308, 1933, p.311; *Denham Case (United States v. Panama)*, 6 *Reports of International Arbitral Awards* 312, 1933, p.313; *Finnish Shipowners Case (Finland v. Great Britain)*, 3 *Reports of International Arbitral Awards* 1480, 1934, p.1501.

면서 양국 간에 분쟁이 발생하였고, 국제연맹에서 이 사건이 다루어지게 되었다. 사건 자체는 양 당사국의 합의에 의해 해결되었지만, 국제연맹 이사회는 외국인에 대한 정치적 범죄가 발생한 경우의 국가책임 문제를 법률가위원회(Committee of Jurists)에 회부하였다.[28] 위원회는 "국가가 범죄 방지 및 범죄자의 체포 및 처벌에 있어서 모든 합리적인 조치들을 취하는 데 소홀히 하였다면 … 국가의 책임이 수반된다"는 견해를 제시하였고, 이러한 의견은 국제연맹 이사회 구성국들에 의해 만장일치로 승인되었다.[29]

국가의 별도의 위법행위가 인정되는 경우에만 국가책임이 발생한다는 이론은 외국인이 입은 피해에 대한 국가책임 규칙들을 법전화하기 위한 시도에서도 확인될 수 있다. 국제법의 법전화를 추구하기 위한 국제연맹 총회의 요청에 따라 1925년에 전문가위원회(Committee of Experts)는 외국인 또는 외국인의 재산에 대한 피해와 관련하여 국가가 책임질 수 있는 상황을 검토하였다.[30] 위원회는 "국민이든 이방인이든 사인에 의해 외국인에게 발생한 피해는 국가의 책임을 수반하지 않으며" 그러한 경우들에서 국가가 "스스로 의무를 위반한 경우에만" 국가책임이 발생한다는 결론을 제시하였고, 이는 국가들로부터 많은 지지를 받았다.[31] 이러한 논의를 바탕으로 1930년 헤이그 법전화 회의(Hague Codification Conference)에서 채택된 협약 초안 제10조는 사인이 외국인 또는 외국인의 재산에 가한 피해와 관련하여 그러한 피해가 국가가 적절한 조치를 취하지 않았다는 사실로부터 기인하는 경우에만 국가에게 책임이 있다고 규정하였다.[32]

사적 행위자의 행위가 국가로 귀속되지 않는 한 국가는 그러한 행위 자체

---

27) League of Nations, *League of Nations Official Journal*, Vol. 4 (1923), pp.1413-1414.
28) *Id.*, pp.1305, 1306, 1351.
29) League of Nations, *League of Nations Official Journal*, Vol. 5 (1924), pp.524-525.
30) García Amador, First Report on State Responsibility, *Yearbook of the International Law Commission* (1956), Vol. Ⅱ, p.221.
31) *Id.*
32) *Id.*, pp.225-226.

에 대해서는 책임을 부담하지 않으며, 다만 그러한 행위와 관련하여 국제적 의무를 이행하지 않은 국가 자신의 작위 또는 부작위가 있는 경우에 그에 대한 책임을 진다는 원칙은 현재까지 유지되고 있다. 이에 관한 비교적 최근의 논의는 2001년에 채택된 국제법위원회(ILC)의 '국제위법행위에 대한 국가책임규정 초안(Draft Articles on Responsibility of States for Internationally Wrongful Acts)'(이하 "ILC 초안"이라 함)을 통해 확인할 수 있다. ILC 초안상의 국가책임 원칙들은 이른바 '제2차 규범(secondary rule)'으로서 국제적 의무의 위반에 따른 결과만을 다루고 있으며, 실질적 국가 의무의 내용은 이른바 '제1차 규범(primary rule)'에 의해 결정된다.[33] 이러한 접근방식을 취함으로써 ILC 초안은 특정 분야에 국한되지 않고 모든 국제적 의무에 대해서 적용될 수 있는 보다 일반적인 규범 체계를 확립하게 되었다.[34] 특히 이 규정 초안은 비국가행위자의 사적 행위가 국가로 귀속될 수 있는 경우에 관한 규정들을 포함하고 있으므로 면밀하게 검토될 필요가 있는데, 자세한 내용은 이하에서 살펴보기로 하겠다.

2. 국가로 귀속될 수 있는 사인의 행위들

2001년에 채택된 ILC 초안은 제2조에서 "작위 또는 부작위를 구성하는 행위가 국제법상 국가로 귀속될 수 있고 국가의 국제적 의무 위반에 해당될 때 국가의 국제위법행위가 존재한다"고 규정한 후, 제4조부터 제11조까지 그러한 귀속이 정당화되는 상황들을 구체적으로 적시하고 있다. 제4조에서 제7조까지는 국가기관의 행위, 공권력을 행사할 권한을 부여받은 개인이나 단체

---

33) James Crawford, *The International Law Commission's Articles on State Responsibility: Introduction, Text and Commentaries* (Cambridge University Press, 2002), p.16.
34) *Id.*, pp.13-14.

의 행위, 국가에 의하여 타국의 통제 하에 놓인 기관의 행위, 권한을 일탈하
거나 지시를 위반한 국가기관의 행위 또는 공권력을 행사할 권한을 부여받
은 개인이나 단체의 행위에 대해서 규정하고 있다. 제8조에서 제11조까지는
국가의 지시 또는 통제 하에서 행동하는 사인의 행위, 자발적으로 공무를 수
행하는 사인의 행위, 신정부 또는 신국가를 수립한 반란단체의 행위, 국가에
의하여 승인 및 채택된 행위에 대해서 규정하고 있다. 즉, 사적 행위자의 행
위는 국제법상 국가로 귀속될 수 없다는 것이 일반적 원칙이지만, 사적 행위
자와 국가 간에 특정한 사실상의 관계가 존재하는 경우 그 행위는 국가로 귀
속될 수 있다고 보는 것이다. 국가로 귀속될 수 있는 사인의 행위에 대해서
보다 구체적으로 살펴보면 다음과 같다.

ILC 초안 제8조에 따르면, "사인 또는 사인 집단의 행위는 그들이 그 행위
를 수행함에 있어서 사실상 한 국가의 지시(instructions)를 받거나 그 지휘
(direction) 또는 통제(control) 하에서 행동하는 경우 국제법상 그 국가의 행위
로 간주된다." 첫 번째 상황은 사인의 위법행위가 국가에 의해 사실상 허가
된 경우에 관한 것이고, 두 번째 상황은 사인이 국가의 지휘 또는 통제 하에
서 행동하는 보다 일반적인 경우에 관한 것이라고 할 수 있다. 국가에 의해
사실상 허가된 사인의 행위의 국가 귀속은 국제판례에서 광범위하게 수락되
고 있는데, 국가기관이 국가의 공식적 구조 내에 있지 않으나 보조자로 활동
하는 사인 또는 사인 집단을 고용하거나 선동함으로써 국가 자신의 행위를
보완하는 경우가 가장 전형적인 예라고 할 수 있다.[35] 한편 국가가 구체적인
작전을 지휘하거나 통제하였고 문제가 된 행위가 그러한 작전의 중요한 부
분이었다면 그 행위 역시 국가로 귀속될 수 있을 것이다.[36] 그러나 이 경우
에는 행위가 국가의 지휘 또는 통제 하에서 행해진 것인지 여부를 결정하는

---

35) ILC, Commentaries on the Draft Articles, *Yearbook of the International Law Commission* (2001), Vol. Ⅱ, Part Two, p.47.
36) *Id.*

데 있어서 보다 복잡한 고려를 필요로 한다.

사인 또는 사인 집단의 행위를 국가로 귀속시키는 데 있어서 필요한 국가의 통제의 정도는 1986년 *Nicaragua* 사건에서 자세히 다루어졌다. 니카라과에서의 반군의 국제인도법 위반 행위가 미국으로 귀속될 수 있는지 여부와 관련하여 국제사법재판소(ICJ)는 다음과 같이 결정하였다:

> 미국이 반군의 재정·조직·훈련·지원·군수품 공급, 군사적 또는 준군사적 목표물의 선택, 전반적인 작전 계획에 압도적 또는 결정적으로 개입하였다고 할지라도 그러한 개입만으로는 니카라과에서의 군사적 또는 준군사적 작전 과정에서 반군에 저지른 행위들을 미국으로 귀속시키기에 충분치 않다. 그 이상의 추가적 증거가 없다면, 위에서 언급한 미국의 모든 유형의 개입행위와 자국에 높은 정도로 의존하고 있는 무장세력에 대한 미국의 일반적 통제는 그 자체로 미국이 원고국에 의해 주장되는 인권법 및 인도법에 반하는 행위를 지시하거나 강제하였다는 것을 의미하지 않는다. 그러한 행위들은 미국의 통제 없이도 반군의 구성원들에 의해 행해질 수 있는 것이었다. 이러한 행위로 인하여 미국의 법적 책임이 발생하기 위해서는 원칙적으로 위반의 과정에서 국가가 군사적 또는 준군사적 작전을 실효적으로 통제하였다는 것이 증명되어야 할 것이다.37)

즉, 재판소는 미국이 반군에게 다양한 원조를 제공한 사실을 인정하였음에도 불구하고 '실효적 통제(effective control)'가 증명되지 않았기 때문에 반군의 행위는 미국으로 귀속될 수 없다고 판단한 것이다. 그러나 이 사건에서 제시된 엄격한 기준에 따르면 사적 행위에 대한 국가의 직접 책임 가능성은 이론적으로만 가능하게 되는 측면이 있다는 비판도 있다.38)

구 유고슬라비아 국제형사재판소(ICTY) 상소재판부 역시 Tadić 사건에서 이러한 문제를 다룬 바 있는데, 재판부는 다음과 같이 강조하였다:

---

37) *Military and Paramilitary Activities in and against Nicaragua (Nicaragua v. United States)*, ICJ Reports 1986, paras. 115, 116.
38) James Crawford, *supra* note 33, p.23.

사인이 행한 행위의 국가로의 귀속과 관련하여 국제법은 당해 국가가 사인에 대하여 통제권을 행사하였을 것을 요구한다. 그러나 통제의 정도는 각 사건의 현실적인 상황에 따라 달라질 수 있다. 상소재판부는 국제법이 모든 상황에 있어서 고도의 통제를 요구한다고는 보지 않는다.[39]

이러한 입장에 따라 상소재판부는 무력충돌이 국제적인 것으로 간주되기 위하여 국제법상 요구되는 무장집단에 대한 국가의 통제 정도는 "그러한 집단에 대한 단순한 재정적 지원 및 군수품 공급을 넘어선 전반적 통제(overall control)"라고 판시하였다.[40]

사인 또는 사인 집단의 행위는 국가로 귀속되지 않는다는 원칙에 대한 또 다른 중요한 예외는 국가가 그 행위를 국가 자신의 행위로 명시적으로 승인 및 채택하는 경우이다. ILC 초안은 이러한 예외를 제11조에서 규정하고 있다. 이 원칙은 여러 사법적 결정들과 국가관행에서 확인되었는데, 특히 Tehran Hostage 사건이 대표적 예라고 할 수 있다. 테헤란 주재 미국 대사관 점거 및 인질 사건과 관련하여 국제사법재판소(ICJ)는 사태를 이란 과격파 학생들에 의한 대사관 점거 및 인질 억류, 그리고 사건 발생 이후 이란 정부의 명시적 승인 및 유지 결정의 두 단계로 구분한 후 다음과 같이 결정하였다:

> 미국 정부에 대해 압력을 가하기 위하여 대사관 점거 및 직원들의 인질 억류는 계속될 것이라고 밝힌 Ayatollah Khomeini의 입장은 이란 당국에 의해 준수되었고, 다양한 맥락에서 행해진 진술들에서 반복적으로 승인되었다. 이러한 정책의 결과는 대사관 점거 및 외교·영사 직원들의 인질 억류에 의해 발생한 상황의 법적 성격을 근본적으로 바꾸었다. 이 상황에 대한 Ayatollah Khomeini를 비롯한 이란 국가기관들의 승인 및 이를 유지하기로 한 결정은 계속되는 대사관 점거 및 인질 억류를 국가의 행위로 전환시켰다.[41]

---

39) *Prosecutor v. Duško Tadić*, ICTY, Case IT-94-1-A, 1999, para. 117.

40) *Id.*, paras. 124-145.

41) *United States Diplomatic and Consular Staff in Tehran (United States v. Iran)*, ICJ Reports 1980, para. 74.

여기서 논란이 될 수 있는 것은 승인이 소급효를 갖는 것인지의 여부인데, '계속되는'이란 표현을 사용한 것에 비추어 볼 때 재판부는 국가 승인의 효과를 승인 이후의 상황으로 제한한 것으로 보인다. 이 문제와 관련하여 국제법위원회(ILC)는 이 사건에서 이란은 미국의 외교부지 및 직원을 보호하는 데 실패하였기 때문에 초기 단계의 공격에 대해서 이미 다른 법적 근거에 따른 책임이 인정되므로 승인이 그 이후의 상황에 대해서만 적용되는 것인지 또는 대사관 점거 및 인질 억류 전 과정에 대해서 적용되는 것인지 여부는 문제가 아니라는 해석을 제시하였다.[42] 그러나 그러한 책임이 존재하지 않는 다른 사건들에서는 승인 및 채택의 효력 범위가 다소 불분명한 측면이 있는데, 기본적으로 국가의 의도가 가장 중요한 고려 요소가 되어야 할 것이다. 이러한 해석은 "국가가 승인하고 채택하는 범위 내에서"라고 명시적으로 규정하고 있는 ILC 초안 제11조에 의해서 뒷받침될 수 있다.

한편 승인 및 채택은 명시적일 수도 있고 추론될 수도 있는 것이나,[43] 한 가지 유의해야 할 것은 승인 및 채택은 단순한 시인 또는 지지와는 구별된다는 점이다.[44] 실제로 국가들은 종종 일반적인 의미로 행위의 찬성 또는 지지로 볼 수 있는 입장을 취하기도 하는데, 그렇다고 해서 그것이 책임의 추정을 수반하는 것으로 인식되지는 않는다.[45] 결국 제11조가 적용되기 위해서는 사실적 상황에 대한 일반적 인정의 수준을 넘어 문제의 행위를 확인하고 이를 자신의 행위로 전환하는 정도의 국가행위가 요구된다고 할 수 있다.[46]

그 밖에도 ILC 초안 제9조에 따르면, 사인 또는 사인 집단이 공적 기관의 부재 또는 마비 시에 정부기능의 행사가 요구되는 상황에서 사실상 그러한 권한을 행사하였다면 그 행위는 국제법상 국가의 행위로 간주된다. 즉, 필요

---

42) ILC, *supra* note 35, p.53.
43) *Id.*, p.54.
44) *Id.*, p.53.
45) *Id.*
46) *Id.*

에 의해 사인 또는 사인 집단이 국가 공권력을 대신하여 기능을 수행하고 있
다면 사적 행위자와 국가 간에 확립된 관계가 존재하지 않는 경우에도 이들
의 행위는 국가의 행위로 간주될 수 있는 것이다. 혁명, 무력충돌, 외국의 점
령으로 인해 일반적인 정부 권한이 해체되거나 진압되거나 당분간 기능을
행사하지 못하는 경우가 여기에 해당한다.[47]

   그리고 ILC 초안 제10조에 따르면, 국가의 신정부를 구성하는 반란단체의
행위와 반란단체이든 그 밖의 단체이든 기존 국가 영토 일부에 또는 통치하
고 있던 영토에 신국가를 수립하는 데 성공한 단체의 행위도 국제법상 그 국
가의 행위로 간주된다. 제9조와 마찬가지로 여기서도 문제가 되는 것은 사적
행위자와 국가 간의 법적 관계가 아니라 정책적인 근거에서 사적 행위자를
국가 공무원처럼 다루어야 할 필요성이다.[48] 즉, 단체가 그 목표를 달성하여
스스로 신정부를 세우거나 기존 국가 영토 일부에 또는 통치하고 있던 영토
에 신국가를 형성한 경우 신정부 또는 신국가가 자신이 저지른 행동에 대해
책임을 회피할 수 있다고 한다면 이것은 모순적일 것이므로 제10조는 이러
한 예외적인 상황에서 성공적인 반란단체 또는 기타 단체의 행위의 국가 귀
속을 규정하고 있는 것이다.[49] 이 규정은 단체와 새로 확립된 국가 간의 계
속성에 의해 정당화될 수 있다.[50]

---

47) *Id.*, p.49.
48) Tal Becker, *supra* note 12, p.76. 이러한 소급 적용이 도덕적인 측면에서는 정당성을
    가진다고 하더라도 법논리적 타당성은 부족하다는 지적에 대해서는 Ian Brownlie,
    supra note 4, p.178 참조.
49) Tal Becker, *supra* note 12, p.76.
50) *Id.*

3. 상당한 주의 원칙

앞에서 살펴본 것처럼 별개의 위법행위 이론 하에서는 비국가행위자의 사적 행위와 관련하여 국가 스스로의 잘못이 있는 경우에 국가책임이 발생할 수 있는데, 이와 관련하여 주요하게 검토되어야 하는 개념이 바로 '상당한 주의 원칙(due diligence principle)'[51]이다. 이 원칙은 비국가행위자의 행위가 국가로 귀속될 수 없는 경우에도 그 국가의 국제적 책임 여부를 검토하기 위한 기준으로 사용될 수 있다.[52] 이 원칙이 구체적으로 어떻게 적용될 수 있는가를 논의하기 위해서는 우선 국가책임의 성격에 대한 일반적인 고찰이 필요하다.

국가책임법이 과실의 존재를 요건으로 하는 과실책임 체제인가 아니면 국가에게 귀속될 수 있으며 국제적 의무에 위반되는 행위의 존재만을 요건으로 하는 이른바 객관적 책임 체제인가는 국가책임 분야에서 가장 논란이 많았던 문제이다. ILC 초안은 책임의 전제로서 의도, 상당한 주의의 결여 등 여하한 형태의 과실요건을 배제함으로써 "본질적으로 중립적인 입장"을 취하였다.[53] 즉, 앞에서도 언급한 것처럼 실질적 국가 의무의 내용은 제1차 규범에 의해 결정되는 것으로 하고 ILC 초안에서는 제2차 규범으로서 그러한 의무 위반에 따른 결과만을 다루기로 한 것이다. 이러한 체계 하에서는 과실 문제가 제2차 규범이 아닌 제1차 규범 하에서 다루어지게 된다. 결국 국가의 실질적 의무를 규정하고 있는 특정 관습 또는 조약상의 규칙들이 그 의무 위

---

51) 이러한 번역으로는 김대순, 국제법론, 제14판 (삼영사, 2009), p.594; 김정건, 국제법, 신판 (박영사, 2004), p.234; 김정균·성재호, 국제법, 제5판 (박영사, 2008), p.206; 나인균, 국제법, 제2판 (법문사, 2008), p.402; 채형복, 국제법 (법영사, 2009), p.344.

52) Riccardo Pisillo-Mazzeschi, "The Due Diligence Rule and the Nature of the International Responsibility of States", 35 *German Yearbook of International Law* 9, 1992, p.26.

53) James Crawford, *supra* note 33, p.13.

반으로 인한 책임 성립을 위해서 과실을 필요조건으로 한다면 과실 여부가
고려되어야 하고, 그런 경우가 아니라면 과실 여부는 논의될 필요가 없다.
국제법의 다양한 제1차 규범들은 국가에게 다양한 행동 기준을 부과하고 있
는데 '상당한 주의'도 그 중의 하나이며, 이러한 주의의무를 위반하면 다른
부가적인 요건 없이도 책임이 성립될 수 있다.[54]

상당한 주의 원칙은 국가관행을 통하여 주로 외국인의 안전, 외국의 안전,
환경의 보호와 관련된 분야에서 국가들의 행동 기준으로 적용되어 왔다.[55] 그
러나 최근에는 국제투자, 국제인권 등 보다 다양한 분야에서 이 원칙의 적용
사례가 나타나고 있으며, 그 중요성 또한 점차 강조되고 있다.[56] 이러한 발전
에 비추어 상당한 주의 원칙은 "국제법의 기본원칙"으로도 인식되고 있다.[57]

상당한 주의 기준이 국제적인 기준이며 객관적인 행동 기준이라는 것은
국가관행을 통해서 확인되고 있다.[58] 즉, 국가는 자국의 국내법, 집행 수단,
상대적 행동 기준에 따라 행동하였다는 항변을 할 수 없으며, 고려되어야 하
는 것은 국가기관으로서 행동하는 단일한 개인들의 주관적 과실이 아니라
전체로서 간주되는 국가 시스템에 의한 적정한 주의 기준의 객관적 위반이
다.[59] 그럼에도 불구하고 상당한 주의 개념이 유연하고 상대적인 성질을 지
니고 있음은 분명한데, Pisillo-Mazzeschi는 이것이 의미하는 바를 다음과 같이
설명하였다. 첫째, 국가가 준수해야 하는 상당한 주의의 정도는 특정 사건에

---

54) *Id.*

55) Riccardo Pisillo-Mazzeschi, *supra* note 52, p.22.

56) 예컨대, *Asian Agricultural Products Ltd. v. Sri Lanka*, ICSID Case No. ARB/87/3, 30 *International Legal Materials* 577, 1991, pp.608-609; *Noble Ventures, Inc. v. Romania*, ICSID Case No. ARB/01/11, 2005, p.105; *Velásquez Rodríguez Case*, Series C, Case No. 4, Inter-American Court of Human Rights, 1988, para. 172.

57) Robert p.Barnidge, 제2장 제1절 각주 49, p.110; Luigi Condorelli, "The Imputability to States of Acts of International Terrorism", 19 *Israel Yearbook on Human Rights* 233, 1989, p.240.

58) Riccardo Pisillo-Mazzeschi, *supra* note 52, pp.41-44.

59) *Id.*

서의 특별한 상황들에 따라 달라진다.[60] 둘째, 상당한 주의 개념이 문제가 되는 각 분야에서 국제법에 의해 요구되는 다양한 행동 기준과 관련된 주의의 정도가 다양하게 설정될 수 있다.[61] 셋째, 특정 분야에서는 상당한 주의가 더 기술적인 성격을 띠는 경향이 있으며 일반적인 수준에서는 일부 주의 의무의 내용이 보다 분명해지고 구체화되고 있기 때문에 상당한 주의 개념 역시 보다 명확해 지게 되고 일반적이고 유연한 행동 규범으로서의 성질을 잃어가는 경향이 있다.[62] 특히 첫 번째 특징과 관련하여 Pisillo-Mazzeschi는 국가에 요구되는 주의의 정도를 확립하는 데 있어서 고려되어야 하는 일련의 객관적 요소들이 국가관행에 의하여 확인되고 있음을 언급한 후, 그러한 요소로 국가 통제의 실효성의 정도, 보호되어야 할 이익의 중요성, 위해에 대한 예견가능성의 정도를 제시하였다.[63]

---

60) *Id.*, p.44.
61) *Id.*, pp.44-45.
62) *Id.*, p.45.
63) *Id.*, p.44.

제2절 테러행위에 대한 테러조직 수용국의 책임 여부

1. 9.11 테러행위에 대한 아프가니스탄 책임론

9.11 테러에 대한 미국 정부의 공식적인 보고서에 따르면, 아프가니스탄의 탈레반 정부는 알카에다에게 그 조직원들을 교육하고 무기를 들여오고 다른 지하드 그룹들과 관계를 구축하고 테러계획을 구상할 수 있는 장소를 제공한 것으로 확인되고 있다.[1] 그러나 탈레반 정부가 알카에다의 활동을 지시하거나 통제하였다는 증거는 제시되지 않았다.[2] 그럼에도 불구하고 9.11 테러사건 발생 직후 Bush 대통령은 테러행위자들과 그들에게 은신처를 제공하

---

1) The 9/11 Commission, 제1장 제1절 각주 1, p.66.
2) Tom Ruys and Sten Verhoeven, "Attacks by Private Actors and the Right of Self-Defence", 10 *Journal of Conflict and Security Law* 289, 2005, p.313; Carsten Stahn, "International Law at a Crossroads: The impact of September 11", 62 *Zeitschrift für ausländisches öffentliches Recht und Völkerrecht* 183, 2002, p.222; Jan Wouters and Frederik Naert, "Shockwaves through International Law after 11 September: Finding the Right Responses to the Challenges of International Terrorism", in Cyrille Fijnaut, Jan Wouters and Frederik Naert (eds.), *Legal Instruments in the Fight against International Terrorism: A Transatlantic Dialogue* (M. Nijhoff, 2004), p.457. 오히려 탈레반 체제가 어느 정도까지는 알카에다의 통제를 받았다고 보는 견해들이 있다. 예컨대, Yoram Dinstein, *War, Aggression and Self-defence*, 4th ed. (Cambridge University Press, 2005), p.207; Michael J. Glennon, "The Fog of Law: Self-defence, Inherence, and Incoherence in Article 51 of the United Nations Charter", 25 *Harvard Journal of Law and Public Policy* 539, 2001-2002, p.544.

고 있는 자들을 구별하지 않을 것이라는 입장을 표명하였다.3) 즉, 테러조직
에게 은신처를 제공한 국가에 대해서는 테러행위에 대한 직접적인 책임을
묻겠다는 것이다.

이러한 미국의 주장에 대해서는 국제사회도 지지의사를 표명하였다. 9월
12일에 유엔 안전보장이사회는 결의 제1368호에서 "[테러]행위를 저지른 자,
계획한 자, 사주한 자의 방조·지원·은닉에 책임이 있는 자들에게는 책임이
부과될 수 있을 것"이라고 강조하였다.4) 9월 21일에 미주기구(OAS)도 "[테
러]행위를 저지른 자, 계획한 자, 사주한 자의 방조·지원·은닉에 책임이 있
는 자들은 이러한 행위의 공범자와 같다"는 내용의 결의를 채택하였다.5) 같
은 날 유럽연합(EU) 역시 "유엔 안전보장이사회 결의 제1368호에 근거할 때
미국의 반응은 적법하다. 연합의 회원국들은 각자의 수단에 따라 그러한 조
치들을 취할 준비가 되어 있다. 테러행위자들을 교사하거나 지원하거나 숨겨
준 국가들이 그 대상이 될 것이다"라는 입장을 밝혔다.6)

2001년 10월 7일 미국이 아프가니스탄에서 '항구적 자유 작전(Operation
Enduring Freedom)'을 시작한 이후에도 이러한 지지는 계속되었다. 영국은 공
습에 직접적으로 참여하였으며 북대서양조약기구(NATO) 동맹국들과 아프가
니스탄 인근의 중앙아시아 국가들은 영공 및 시설물에 대한 이용을 허가하였
다.7) 중국, 러시아, 이집트도 미국의 작전을 공개적으로 지지하였다.8) 이슬람

---

3) President's Address to the Nation on the Terrorist Attacks (September 11, 2001),
   37 Weekly Comp.Pres. Doc. 1301 (September 17, 2001).

4) UN Doc. S/RES/1368 (2001).

5) Strengthening Hemispheric Cooperation to Prevent Combat and Eliminate Terrorism,
   OAS Res RC23/RES1/01 (September 21, 2001), reprinted in 40 *International Legal
   Materials* 1270 (2001).

6) European Union, Conclusions and Plan of Action of the Extraordinary European
   Council Meeting (September 21, 2001), reprinted in 40 *International Legal Materials*
   1264 (2001).

7) Sean D. Murphy, "Terrorism and the Concept of 'Armed Attack' in Article 51 of
   the UN Charter", 43 *Harvard International Law Journal* 41, 2002, p.49.

회의기구(OIC)의 56개 회원국들도 미국에 대해 아프가니스탄 이외의 지역에 대해서까지 군사적 대응을 확대하지 않을 것을 요청하였을 뿐 아프가니스탄에서의 작전 자체를 비판하지는 않았다.[9] 분명한 반대 의견을 표명하였거나 비판적 취지의 의견을 표명한 국가들은 이라크, 수단, 북한, 쿠바, 말레이시아, 이란 등 극소수에 불과하였다.[10] 10월 16일에 미주기구(OAS)는 미국이 취한 조치들이 "리우조약 당사국들의 충분한 지지를 받고 있다"는 내용의 또 다른 결의를 채택하였고,[11] 10월 17일에 유럽평의회(Council of Europe)는 "10월 7일에 시작된 군사작전에 대한 굳건한 지지"를 표명하였다.[12]

9.11 테러사건 이전에도 비국가행위자의 무력행사에 대한 대응으로 피해국이 무력대응조치를 취했던 경우는 종종 있었다. 따라서 이하에서는 그 중에서도 비국가행위자 또는 그 행위와의 일정한 관련성으로 인해 특정 국가의 책임이 문제가 되었던 사례들을 살펴보고자 한다. 이를 토대로 아프가니스탄 탈레반 정부가 9.11 테러행위에 대한 직접적인 책임이 있다는 미국의 입장과 이를 지지하는 국제사회의 반응이 국가관행과 일치하는지 여부를 고찰할 것이다.

---

8) *Id.*

9) *Id.*

10) Steven R. Ratner, "*Jus ad Bellum* and *Jus in Bello* after September 11", 96 *American Journal of International Law* 905, 2002, p.910.

11) Support for the Measures of Individual and Collective Self-Defense Established in Resolution RC24/Res1/01, CS/TIAR/Res1/01 (October 16, 2001), <http://www.oas.org/ oaspage/ crisis/follow_e.htm> (2009.11.25. 최종 방문).

12) Declaration by the Heads of State or Government of the European Union and the President of the Commission: Follow-up to the September 11th Attacks and the Fight against Terrorism (October 17, 2001), <http://www.europa-eu-un.org/articles/en/article_166_en.htm> (2009.11.25. 최종 방문).

2. 9.11 테러 이전의 국가관행

(1) 이스라엘-이집트 사건

첫 번째로 검토될 사건은 1956년에 이스라엘과 이집트 간에 있었던 사건이다. 이들 국가 간의 분쟁은 이스라엘이 이집트 영토에서 활동하는 팔레스타인 게릴라 조직인 페다인(Fedayeen)의 계속된 공격에 대한 대응으로 시나이 반도를 공격하면서 시작되었다. 이스라엘은 유엔 안전보장이사회에서 페다인에 의한 반복적인 침투 및 테러공격을 언급하며 이스라엘의 군사작전은 유엔 헌장 제51조상의 자위권에 근거한 것이었다고 주장하였다.[13] 그리고 페다인에 대한 이집트의 공식적인 지원을 언급하며 "이러한 활동들이 이집트 정부의 직접적인 책임이 아니라는 것이 진지하게 주장될 수는 없다. … 아랍 정부들, 특히 이집트는 페다인이라는 무기를 … 이스라엘을 파괴하기 위한 도구로 여기고 있음이 분명해 보인다"라고 하였다.[14] 그러나 쿠바, 중국, 이란, 페루, 미국, 유고슬라비아, 소련은 이스라엘이 1949년의 이스라엘-아랍 휴전협정을 위반하였다는 결의를 지지하였고 이집트의 책임에 대한 이스라엘의 주장에 대해서는 어떠한 입장도 표명하지 않았다.[15] 이후 유엔 총회에서도 찬성 64표, 반대 5표, 기권 6표로 이스라엘이 휴전의무를 위반한 것으로 결정되었다.[16]

유엔 안전보장이사회와 총회 모두 이집트에게 직접적인 책임이 있다는 이스라엘의 주장을 다루지 않은 것은 유엔 회원국들이 사실관계 측면에서 그러한 주장을 수락하지 않았다는 증거일 수도 있다.[17] 그러나 다른 한편으로

---

13) UN Doc. S/PV.749 (1956), p.8.
14) *Id.*, p.15.
15) *Id.*, pp.31.
16) UN Doc. A/RES/390 (1956), p.33.
17) Tal Becker, 제3장 제1절 각주 12, p.188.

는 유엔 회원국들이 결정을 내리는 과정에서 이러한 쟁점에 대해서는 아예 관심을 두지 않았을 가능성도 있다.[18] 전자의 경우라면 비국가행위자가 근거지를 두고 활동하고 있는 국가도 일정한 경우에는 책임을 부담할 수 있다는 인식이 국가들 사이에서 공유되고 있지만 이집트 정도의 관여라면 해당 사항이 없는 것으로 보았다는 것을 시사한다. 후자의 경우라면 그러한 내용의 국가책임 개념 자체가 국가들 사이에서 일반적으로 인식되고 있지 않았거나 국가의 책임의 여부는 무력대응이 정당화되는 상황을 판단함에 있어서 전혀 고려의 대상이 되지 않았다는 것을 의미할 수 있다. 이처럼 이 사건의 정황과 이후의 국제사회에서의 논의만으로는 당시에 비국가행위자의 테러행위에 대한 국가책임 개념이 어떠한 지위와 역할을 점하고 있었는가를 가늠하기 어렵다.

(2) 이스라엘-레바논 사건

테러 문제로 인하여 오랜 기간 대립 양상을 보이고 있는 이스라엘과 레바논 간의 관계 또한 주요 사례로 언급될 수 있다. 특히 1968년 베이루트 사건에서는 테러행위에 대한 국가책임 문제가 직접적으로 언급되었다. 아테네 공항에서 이스라엘 민간 항공기가 공격 받은 것에 대한 대응으로 이스라엘군은 베이루트 공항 격납고에 있는 13대의 아랍 민간 항공기를 파괴하였다. 이스라엘은 유엔 안전보장이사회에서 아테네에서의 테러행위자들은 레바논 정부의 인지 및 승인 하에 베이루트에서 공공연하게 활동하는 준군사단체의 조직원들이라고 밝혔다.[19] 그리고 주요 테러조직들에 대한 레바논 정부의 지원 및 은신처 제공의 증거를 제시하며 레바논 정부에게 테러행위에 대한 직접적인 책임이 있으며 이에 대한 이스라엘의 대응은 자위권의 행사로서

---

18) *Id.*
19) UN Doc. S/PV.1460 (1968), p.3.

정당화된다고 주장하였다.[20]

    그러나 이러한 주장은 안전보장이사회에서 어떠한 지지도 받지 못하였고 베이루트 공습을 비난하는 결의가 만장일치로 채택되었다.[21] 논의 과정에서 레바논 대표는 "해외에 거주하는 자들이 그들 자신의 선택으로 행한 행위에 대해서 국가가 책임을 질 수 있다는 이론은 더 이상 국제법에서 나타나서는 안 된다"고 주장하였다.[22] 그리고 이 사건은 "역사상 최초로 국가가 결코 원조를 제공한 바 없는 사람들의 행위에 대해서 책임이 있는 것으로 간주된" 사건이라고 언급하였다.[23] 미국 대표는 아테네에서 발생한 사건에 대해 레바논에게 책임이 있다는 이스라엘의 주장은 설득력이 없다며 이스라엘의 베이루트 공습은 수락될 수 없다는 의견을 표명하였다.[24] 프랑스, 브라질, 소련 등 몇몇 국가들의 대표들 역시 아테네 공격에 대해 레바논에게는 책임이 없다는 견해를 제시하였다.[25]

    이스라엘과 레바논은 1982년에 이스라엘이 레바논 영토를 근거지로 두고 활동하고 있는 팔레스타인해방기구(PLO) 및 다른 무장단체들에 대해 계속적인 공격을 가함으로써 또 다시 중대한 갈등국면을 맞게 되었다. 그러나 이스라엘은 1968년 베이루트 사건 때와는 달리 이 사건에서는 레바논의 직접적인 책임 문제는 거론하지 않은 채 이스라엘의 무력행사는 레바논이 반테러 의무를 이행하고 있지 않은 것을 고려한 테러행위자들에 대한 방어적 활동이라고 주장하였다.[26] 이 사건의 논의 과정에서 이스라엘 대표는 무장세력이 레바논 남부 지역을 통제하고 있기 때문에 레바논이 법적 의무를 이행하기 어려운 상황에 대해서 언급하였고, 이후의 논의 및 채택된 결의들에서는

---

20) *Id.*, p.5.
21) UN Doc. S/RES/262 (1968).
22) UN Doc. S/PV.1461 (1968), p.3.
23) *Id.*
24) UN Doc. S/PV.1460 (1968), p.6.
25) UN Doc. S/PV.1462 (1968), pp.2, 3, 5.
26) UN Doc. S/PV.2375 (1982), p.3.

레바논의 주권 회복의 필요성을 강조하였다.[27] 대부분의 국가들 역시 레바논의 책임 문제에 대한 고려 없이 테러공격에 대한 대응으로서의 무력행사의 필요성과 비례성 문제로 논의를 제한하였다.[28]

(3) 포르투갈-잠비아·세네갈·기니 사건, 남아프리카-앙골라 사건

한편 1960년대에서 1980년대 초 사이에는 식민지배국들이 자국 영토 내에서 비국가행위자들의 무력행사에 대한 대응으로 이들이 근거지를 두고 활동하고 있는 국가들에 대해 자위권을 원용하며 무력을 행사하였던 경우가 있었다. 예컨대, 1969년에 포르투갈은 잠비아, 세네갈, 기니가 게릴라 조직들을 위한 은신처로서 영토의 불법적 사용을 허용했다는 이유로 이 국가들을 공격하였다. 이에 대해 유엔 안전보장이사회는 포르투갈의 주장을 인정하지 않았고, 포르투갈의 무력행사를 강하게 비난하였다.[29] 대다수의 국가들 역시 잠비아, 세네갈, 기니의 영토에 대한 포르투갈의 무력행사를 침략행위로 간주하였다.[30] 사건의 검토 과정에서는 계속되는 포르투갈의 식민지배에 대해서만 초점이 맞추어졌으며, 비국가행위자 수용국인 잠비아, 세네갈, 기니의 책임 문제는 다루어지지 않았다.

1981년에 남아프리카가 나미비아의 독립을 추구하는 서남아프리카인민기구(SWAPO)의 침입에 대한 대응으로 앙골라에 대한 대규모의 공격을 감행한 것과 관련해서도 국제사회는 유사한 입장을 취하였다.[31] 이 사건에 대한 논의에 참여하였던 대부분의 유엔 회원국들은 남아프리카의 인종차별정책과

---

27) *Id.*, pp.5-6; UN Doc. S/RES/508 (1982); UN Doc. S/Res/520 (1982).

28) Tal Becker, 제3장 제1절 각주 12, p.195.

29) SC Res. 268, UN Doc. S/9360 (1969); SC Res. 273, UN Doc. S/9542/Rev.1 (1969); SC Res. 275, UN Doc. S/9574 (1969).

30) United Nations, *Yearbook of the United Nations* (1969), pp.135-140.

31) United Nations, *Yearbook of the United Nations* (1981), pp.217-221.

나미비아에 대한 불법적인 점령을 언급하며 남아프리카가 앙골라의 주권을 침해하였다고 비난하였다.32) 미국의 거부권 행사로 남아프리카를 비난하고 앙골라에서의 군대 철수를 요구하는 유엔 안전보장이사회의 결의는 채택되지 못하였지만, 이후에 유엔 총회는 모든 남아프리카 군대의 철수를 요구하였다.33) 국제사회의 이러한 반응은 주로 남아프리카의 인종차별정책에 대한 반감으로부터 비롯되었다고 할 수 있다. 이 사건에서도 역시 앙골라의 책임 문제는 다루어지지 않았다.

(4) 이스라엘-튀니지 사건

1985년에는 이스라엘이 튀니지에 소재한 팔레스타인해방기구(PLO)의 본부를 공격하는 사건이 발생하였다. 유엔 안전보장이사회에서 이스라엘 대표는 이것이 지난 1년 간 팔레스타인해방기구(PLO)에 의한 600건 이상의 공격으로 75명이 넘는 사상자가 발생하고 가장 최근에 이들에 의해 3명의 자국민들이 살해된 것에 따른 "적법한 자위권의 행사"이며 "테러행위에 대한 적법한 대응"이라고 주장하였다.34) 한편 이스라엘 대표는 "모든 국가는 자국 영토로부터의 무력공격, 특히 민간인에 대한 테러공격을 방지할 책임을 지닌다"고 강조한 후, 레바논과는 달리 튀니지는 그러한 행위를 진압할 충분한 능력이 있음에도 불구하고 팔레스타인해방기구(PLO)에게 은신처를 제공하고 테러공격을 계획·연습·준비·개시할 완벽한 자유를 허용했다고 비난하였다.35) 그럼에도 불구하고 이스라엘 대표는 자국의 조치는 테러조직의 근거지 및 본부에 대한 것이며 테러조직 수용국에 대한 것은 아니라는 점을 분명히 하였는데, 다만 튀니지는 테러조직 수용국으로서 상당한 책임이 있기 때

---

32) *Id.*
33) UN Doc. S/PV.2300 (1981); UN Doc. A/RES/36/172 (1981).
34) UN Doc. S/PV.2611 (1985), p.5.
35) *Id.*, p.6.

문에 그러한 의무의 불이행에 따른 모든 결과를 감수해야 한다고 하였다.[36) 이러한 언급에 비추어 볼 때 이스라엘은 팔레스타인해방기구(PLO)의 행위가 튀니지로 귀속되는 것으로 간주하지는 않은 것으로 보인다. 앞에선 살펴본 사건들과 마찬가지로 이 사건의 경우에도 테러행위에 대한 튀니지의 책임 문제는 별다른 주목을 받지 못하였다. 유엔 안전보장이사회는 튀니지 영토에 대한 이스라엘의 무장침략 행위를 강하게 비난하고 이스라엘로 하여금 그러한 행위를 삼갈 것을 요구하는 결의를 채택하였다.[37)

(5) 미국-아프가니스탄·수단 사건

앞에서도 몇 차례 언급한 것처럼 1998년에는 케냐와 탄자니아 주재 미국 대사관 테러사건이 발생하였는데, 이 사건은 2001년 9.11 테러사건을 일으킨 알카에다가 주도한 첫 번째 사건으로 확인되고 있다.[38) 이에 대한 대응으로 미국은 알카에다의 훈련캠프로 알려져 있는 아프가니스탄 내 시설물들과 미국에 대한 테러활동에 사용되고 있는 것으로 의심되는 수단 내 시설물들을 공격하였다.[39) 이러한 무력대응의 근거로 미국은 유엔 헌장 제51조의 자위권을 주장하였다.[40)

미국의 무력행사에 대한 국제사회의 반응은 두 가지로 나뉘어졌는데, 대부분의 서방 국가들은 지지를 표명하거나 언급을 회피하였던 반면에 러시아, 중국, 몇몇 아랍 국가들은 비판을 가하였다.[41) 그러나 대사관 테러사건에 대한 아프가니스탄 및 수단의 책임 문제는 구체적으로 다루어지지 않았다. 유

---

36) *Id.*
37) SC Res. 573, UN Doc. S/INF/41 (1985), p.23.
38) The 9/11 Commission, 제1장 제1절 각주 1, pp.59-70.
39) UN Doc. S/1998/780 (1998).
40) *Id.*
41) Sean D. Murphy, "Contemporary Practice of the United States relating to International Law", 93 *American Journal of International Law* 161, 1999, pp.164-165.

엔 안전보장이사회는 사건 이후에 채택한 결의에서 "모든 회원국은 다른 국가에서의 테러행위를 계획, 교사, 원조하거나 참여하지 않을 의무와 그러한 행위와 관련되는 자국 영토에서의 활동들을 묵인하지 않을 의무를 부담한다"는 기본적인 입장만을 다시 한 번 강조하였다.[42] 한편 미국은 아프가니스탄과 수단에 대한 미사일 공격 이후에 이들 국가가 계속해서 알카에다에게 은신처를 제공하는 한 알카에다가 미국인들에게 가한 어떠한 공격에 대해서도 직접적인 책임을 져야 할 것이라고 공식적으로 경고하였다.[43] 그러나 이것은 향후의 가능성을 고려한 것에 불과하며 이러한 논리가 실제의 무력대응 과정에서 주장되거나 적용된 것은 아니었다.

이러한 사건들 외에도 유사한 사실관계를 포함하고 있는 다수의 사건들이 존재하지만, 거의 대부분의 사건들은 비슷한 패턴을 따르고 있다. 여기서 분명하게 확인될 수 있는 것은 9.11 테러사건 이전까지는 국제사회가 비국가행위자의 수용국이 비국가행위자의 행위에 대해서 직접적인 책임이 있는 것으로 간주하지는 않았다는 사실이다. 즉, 특정 국가가 자국 영토 내 비국가행위자를 지원 또는 묵인하거나 통제할 능력이 없다는 정황만으로는 비국가행위자의 행위가 그 국가로 귀속된다고 보지는 않았다.

3. 9.11 테러 이전의 이론적 논의

비국가행위자의 사적 행위에 대한 국가책임 문제에 대한 논의는 비교적 꾸준하게 전개되어 왔던 것에 반해, 비국가행위자의 테러행위에 대한 국가책임 문제는 2001년 9.11 테러사건 이전까지는 별다른 주목을 받지 못하였다. 단지 테러행위에 대한 무력대응의 적법성에 대한 논의에서 부수적으로 언급

---

42) UN Doc. S/RES/1189 (1998).
43) The 9/11 Commission, 제1장 제1절 각주 1, p.121.

되거나 사적 행위에 대한 국가책임에 관한 일반적 주장에서 함축적으로 다루어지는 정도에 불과하였다.[44] 9.11 테러사건 이전에 비국가행위자의 테러행위에 대한 국가책임 문제를 다룬 이론들은 크게 세 가지, 즉 별개의 위법행위 이론, 공모 이론, 절대적 책임 이론(the theory of absolute responsibility)으로 분류될 수 있다. 소수의 학자들만이 이 문제를 다루었지만, 그 중에서도 우위를 점하였던 이론은 별개의 위법행위 이론이다.[45] 즉, 테러행위가 국가로 귀속되지 않는 한 국가는 그러한 행위 자체에 대해서는 책임을 부담하지 않으며 다만 테러행위와 관련된 자신의 국제적 의무를 위반한 경우에 그에 대한 책임을 진다는 것이 이 문제에 대한 다수의 견해였다. 별개의 위법행위 이론이 비국가행위자의 사적 행위에 대한 국가책임 이론으로 널리 지지되어 왔고 비국가행위자의 테러행위에 대한 국가책임 이론이 그 틀에서 주로 논의되어 왔다는 점을 감안하면 당연한 결과일 것이다.

비국가행위자의 테러행위와 관련하여 별개의 위법행위 이론을 주장한 대표적인 학자는 Luigi Condorelli이다. 그는 테러행위자들이 국가기관이거나 문제의 행위를 하도록 국가기관에 의해 구체적인 지시를 받은 사적 개인들이 아닌 한 테러행위에 대한 책임이 국가로 전가되는 것은 법적으로 불가능하다고 주장하였다.[46] 그러나 Condorelli는 국가가 다른 근거에 의하여 국제적으로 책임을 부담할 수 있는 가능성도 배제하지 않았는데, 국가가 상당한 주의 원칙에 따라 행위를 방지하고 행위자를 기소할 국제적 의무를 위반하였다는 사실이 인정된다면 국가책임이 발생할 수 있다고 보았다.[47] Condorelli에 따르면 테러행위의 피해국이 테러에 관여한 국가를 상대로 취할 수 있는 대응조치의 적절성 및 비례성은 그 국가의 관여 정도 및 형태와 엄격하게 관련되어 있다.[48] 예컨대, 국가기관에 의해 행해진 경우와 같이 특정 국가로

---

44) Tal Becker, 제3장 제1절 각주 12, p.169.
45) Id., p.171.
46) Luigi Condorelli, 제3장 제1절 각주 57, p.245.
47) Id., p.240.

귀속될 수 있는 테러행위의 피해국은 침략의 피해국이 취할 수 있는 조치를 포함하여 그러한 종류의 위법행위에 적절한 모든 대응조치들을 취할 수 있으나 그 밖의 경우에는 침략의 피해국이 취할 수 있는 조치를 제외한 다른 대응방안을 강구해야 한다.[49]

Antonio Cassese도 테러행위자들이 국가의 구성원들이거나 사실상 국가의 통제를 받는 경우에는 테러행위가 국가로 귀속될 수 있지만, 그 이외의 경우에는 국가로 귀속될 수 없다고 주장하였다.[50] 그러나 "공격과 관련하여 국가가 일정한 국제적 의무를 이행하지 않았다면 여전히 국가책임이 문제될 수 있다"고 보았는데, 다만 이 경우에는 공격이 국가의 행위가 아닌 만큼 평화로운 제재 수단의 적용만이 가능하며 무력대응의 문제는 있을 수 없다는 점을 분명히 하였다.[51] 그 밖에도 Pierluigi Lamberti Zanardi,[52] Jean Raby,[53] Sara N. Scheiderman[54] 등이 이러한 입장을 취하였다.

9.11 테러 이전에 비국가행위자의 테러행위에 대한 국가책임과 관련하여 주장되었던 또 다른 이론은 공모 이론인데, 이 이론은 결국 초기의 공모 이론으로부터 영감을 받은 것으로 테러와 관련된 국가의 국제적 의무를 위반한 국가 스스로의 위법행위를 통한 공모로부터 국가책임이 발생한다는 것이다. Sompong Sucharitkul은 테러행위에 대한 다양한 방법 및 정도의 국가 관여는 공모에 해당되어 국가책임을 발생시킨다고 주장하였다.[55] 즉, 국가가

---

48) *Id.*, p.244.

49) *Id.*, p.245.

50) Antonio Cassese, 제1장 제1절 각주 10, p.597.

51) *Id.*

52) Pierluigi Lamberti Zanardi, "Indirect Military Aggression", in Antonio Cassese (ed.), *The Current Regulation of the Use of Force* (M. Nijhoff, 1986), pp.112-113.

53) Jean Raby, "The State of Necessity and the Use of Force to Protect Nationals", 26 *Canadian Yearbook of International Law* 253, 1988, p.256.

54) Sara N. Scheideman, "Standard of Proof in Forcible Responses to Terrorism", 50 *Syracuse Law Review* 249, 2000, p.266.

55) Sompong Sucharitkul, "Terrorism as an International Crime: Questions of Responsibility

테러행위에 직접적으로 관여하거나 테러행위를 지원 또는 묵인하거나 테러
행위의 목적으로 무기, 군수품, 폭발성 또는 유해성 물질을 제조·조달·공급
하는 경우 모두 테러범죄에 대한 공모에 해당되므로 국가는 테러범죄에 대
한 공범으로서 테러행위 자체에 대해 책임을 져야 한다는 것이다.[56]

　　Thomas M. Franck와 Deborah Niedermeyer 역시 공모 이론에 입각한 책임
이론을 주장하였는데, 이들은 공모에 대한 접근은 모든 법체계에서 유사하다
는 연구 결과를 바탕으로 국내법상의 공모에 관한 원칙이 국제법에서도 유
추적용될 수 있다고 보았다.[57] 즉, 공모에 관한 국내법의 원칙으로부터 "자
국 영토에 있는 사람들에 의한 또는 자국 영토로부터 비롯된 테러리즘이라
는 위법행위를 고무하거나 조장하거나 알면서 묵인한 정부에게는 그러한 행
위 자체에 대하여 또는 그와 동일하거나 비례에 맞는 정도의 다른 범죄에 대
하여 유죄가 성립된다"는 국제법상의 원칙을 이끌어 낼 수 있다는 것이다.[58]
Sucharitkul의 견해와는 달리 이들의 견해에서는 국가가 테러범죄 자체에 대
해서 책임을 진다는 것인지 혹은 별도의 범죄에 대해서 책임을 진다는 것인
지가 명확히 나타나지 않는다. Franck와 Niedermeyer에 따르면, 이는 공범이
본범과 동일한 범죄에 대해서 책임을 부담하는가 혹은 다른 범죄에 대해서
책임을 부담하는가의 쟁점에 대해 각국 법체계마다 차이를 보이고 있다는
데 기인한다.[59]

　　한편 일각에서는 자국 영토에서 비롯된 모든 테러행위에 대해서는 국가가
직접적으로 책임을 져야 한다는 절대적 책임 이론이 주장되기도 하였다.
Manual R. Garcia-Mora는 외국 정부에 대한 개인의 적대행위는 그 자체로 국

---

　　and Complicity", 19 *Israel Yearbook on Human Rights* 247, 1989, pp.256-258.

56) *Id*.

57) Thomas M. Franck and Deborah Niedermeyer, "Accommodating Terrorism: An
　　Offence against the Law of Nations", 19 *Israel Yearbook on Human Rights* 75, 1989,
　　pp.79-99.

58) *Id*., p.99.

59) *Id*., p.98.

가책임을 발생시키지 않지만 국가가 방지 의무를 이행하지 못함으로써 사인의 행위와 국가 간에 어느 정도의 연관성이 확립된다면 국가책임이 발생할 수도 있다는 것이 널리 수락되고 있음을 인정하면서도, 정책적인 근거에 입각하여 절대적 책임 이론을 주장하였다. 즉, "사인들의 적대적 행위에 대한 국가들의 책임은 국제 관계에서의 평화와 안보를 깊이 우려하는 세계 공동체의 요건이다. 국가들이 사적 행위를 인지하지 못하였다거나 방지 의무를 이행하는 것이 불가능하였다는 이유로 사적 행위에 대한 책임을 회피할 수 있다면 평화와 안보는 허상에 불과한 것이 되어 버릴 수 있다"는 것이다.[60]

이상의 논의를 종합해 보면, 9.11 테러사건 이전에는 비국가행위자의 테러행위에 대한 국가책임 문제 자체가 큰 학문적 관심을 받지 못하였음을 알 수 있다. 그리고 이러한 문제가 다루어진 경우에도 비국가행위자의 사적 행위에 대한 국가책임 이론이 그대로 적용되었고 테러리즘이라는 맥락에 대한 특별한 고려는 그다지 많지 않았던 것으로 보인다. 물론 일각에서는 비국가행위자의 테러행위와 관련하여 공모 이론 또는 절대적 책임 이론 등이 주장되기는 하였다. 그러나 당시 이 문제에 대한 일반적 이론과는 구별되는 이론을 전개하는 근거와 그러한 접근의 필요성에 대한 명확한 설명이 제시되지 않았다.

그런데 테러행위에 대한 국가의 관여 문제가 항상 위와 같은 틀 내에서만 논의되었던 것은 아니며 무력행사라는 특수한 맥락에 국한해서는 다른 접근 방식이 취해지기도 하였다. 이러한 접근방식 하에서는 테러행위의 국가 귀속 여부 또는 테러행위에 대한 국가책임 여부가 아니라 테러행위에 관여한 국가 자신의 행위가 무력공격으로 간주될 수 있는가에 초점이 맞추어졌다. 예컨대, Hans Kelsen은 국가에 의한 간접적 무력행사도 무력공격을 구성하는 것으로 해석될 수 있다며 다른 국가에서의 테러행위를 국가가 지원하거나 묵인하는 경우도 여기에 해당한다고 보았다.[61] Rosalyn Higgins,[62] Richard J.

---

60) Manual R. Garcia-Mora, 제3장 제1절 각주 1, pp.17, 28, 29.

Erickson[63] 역시 이러한 입장을 취하였다. 이러한 접근방식이 취해진 것은 국가가 무력을 독점하는 것으로 인식되었고 국가의 관여가 없는 한 비국가 행위자는 별다른 위협이 될 수 없는 것으로 여겨졌던 시대적 상황과 무관하지 않다. 즉, 외국, 특히 강대국의 관여에 의해서 비국가행위자의 행위가 중대한 국제적 차원의 문제가 되었던 만큼 사적인 테러행위가 아니라 국가들이 소기의 목적을 달성하기 위하여 비국가행위자를 이용하는 상황에 보다 관심의 초점이 맞춰질 수밖에 없었던 것이다.[64] 이러한 맥락에서는 국가와 비국가행위자 간의 정확한 관계를 논하기 보다는 비국가행위자에 대한 국가의 관여를 국가의 무력행사로 간주하는 것이 적절할 상황들을 논하는 것이 합리적이었을 수 있다.[65]

그러나 특히 오늘날과 같이 비국가행위자가 보다 자유롭게 국제적으로 활동할 수 있고 독자적으로도 상당한 규모의 무력을 행사할 수 있는 상황에서는 성질상 사적인 여타 행위에 적용되는 접근방식을 테러행위에도 적용하는 것이 적절할 것으로 보인다. 이는 다른 학자들에 의해서도 지지되고 있는데, Rüdiger Wolfrum는 귀속은 행위와 그러한 행위에 책임이 있다고 볼 수 있는 실체 간에 필수불가결한 고리를 형성하므로 귀속에 대한 규칙들은 국가책임 메커니즘과 자위권 메커니즘 둘 다에 적용되어야 한다고 보았다.[66] Tom Ruys와 Sten Verhoeven 역시 ILC 초안에 규정된 국가책임법의 원칙들이 무력

---

61) Hans Kelsen, *Principles of International Law*, 2nd ed. (Holt, Rinehart & Winston, 1966), pp.62-63.

62) Rosalyn Higgins, "The Legal Limits to the Use of Force by Sovereign States: United Nations Practice", 37 *British Year Book of International Law* 269, 1961, p.301.

63) Richard J. Erickson, 제1장 제1절 각주 10, pp.134-135.

64) Tal Becker, 제3장 제1절 각주 12, p.182.

65) *Id.*, p.183.

66) Rüdiger Wolfrum, "The Attack of September 11, 2001, The Wars against the Taliban and Iraq: Is There a Need to Reconsider International Law on the Recourse to Force and the Rules in Armed Conflict?", 7 *Max Planck Yearbook of United Nations Law* 1, 2003, p.37.

행사에 적용될 수 있다고 주장하였다. 그 근거로는 국가책임법상의 규칙들은 제2차 규범이므로 국제법의 실체적 조항의 위반이 있는 경우에는 언제든지 적용될 수 있다는 점과 ILC 초안 제8조가 무력행사를 다루고 있는 *Nicaragua* 사건에 기원을 두고 있다는 점이 제시되었다.[67] Tal Becker도 지적하고 있는 바와 같이, 실제적인 무력공격을 구성하는 것은 비국가행위자의 테러행위임에도 불구하고 그러한 행위에 대한 국가의 관여를 무력공격으로 의제하는 것은 국가에 대한 무력대응을 정당화하기 위한 하나의 방편으로써 다분히 인위적이다.[68] 즉, 이러한 접근은 견고한 개념적 기초를 바탕으로 하는 법적 이론에 따른 것이라고 보기 어렵다.[69]

4. 9.11 테러 이후의 이론적 논의

(1) 새로운 국제관습법 성립론

앞에서 살펴본 바와 같이 알카에다에게 은신처를 제공한 아프가니스탄의 탈레반 정부에게 9.11 테러행위에 대한 직접적인 책임이 있다는 미국의 주장은 기존의 주류적 이론 및 국가관행과는 부합하기 어려운 것이다. 그럼에도 불구하고 국제사회는 적극적인 지지의사를 표명하였다. "주요 사건에 대한 각국 정부의 반응은 관련 사건을 다루는 데 있어서 근간이 되는 법적 규범들에 대한 그들의 견해를 제안"하는 것이므로 새로운 국가책임 주장에 대한 국제사회의 광범위한 지지가 어떠한 의미 또는 효과를 갖는 것인가는 매우 중요하게 검토되어야 할 사항이다.[70]

---

67) Tom Ruys and Sten Verhoeven, *supra* note 2, pp.299-300.
68) Tal Becker, 제3장 제1절 각주 12, p.184.
69) *Id.*
70) Steven R. Ratner, *supra* note 10, p.910.

국가들의 지지 또는 묵인에 최대한의 의미와 효과를 부여할 경우에는 새로운 원칙이 출현한 것으로 해석될 가능성도 있다. 예컨대, Benjamin Langille 은 이른바 '부시 독트린(Bush doctrine)'이 속성 국제관습법으로 성립되었다고 주장하였다.71) 그러나 국가들의 지지 또는 묵인에 최소한의 의미와 효과를 부여할 경우에는 법적으로 별다른 시사점을 갖지 않는 정치적 입장 표명 정도로 간주될 수도 있다. 실제로 국제사회의 반응이 법적인 측면에서는 거의 의미를 갖지 못하는 것이라고 보는 시각도 있다. 대표적인 예로 Marcelo G. Kohen은 각국이 표명한 입장들이 법적 관점에서는 매우 모호한 진술임을 지적한 후, "이들이 실제로 나타내는 것은 한편으로는 이렇게 어려운 시기에 미국을 방해하지 않겠다는 바람이고 다른 한편으로는 그러한 조치에 대한 법적 지지를 확보해 주겠다는 난처한 바람"이라고 주장하였다.72) 즉, 국가들이 미국의 대응을 비난하지 않은 것은 다양한 이유에서 비롯된 것이며 반드시 법적인 고려에 따른 것은 아니라는 것이다.73) 그러나 이러한 주장에 대해서는 두 가지 설득력 있는 비판이 존재한다. 첫째는 어느 국가가 다른 국가의 행위에 반대하는 경우 이는 법적인 또는 정치적인 문제로 반대하는 것일 수 있는데 그러한 행위에 반대하지 않는다는 것은 그러한 행위에 대한 법적인 근거와 비법적인 근거 둘 다를 승인하거나 적어도 반대하지 않는다는 것으로 해석될 수 있다는 것이다.74) 둘째는 국가책임 문제가 관행에서 어떻게 다루어지고 있는가에 대한 법적 추정은 국가들의 실제적 행위에 의해 영향

71) Benjamin Langille, "It's Instant Custom: How the Bush Doctrine became Law after the Terrorist Attacks of September 11, 2001", 26 *Boston College International and Comparative Law Review* 145, 2003, p.154.

72) Marcelo G. Kohen, "The Use of Force by the United States after the End of the Cold War, and its Impact on International Law", in Michael Byers and Georg Nolte (eds.), *United States Hegemony and the Foundations of International Law* (Cambridge University Press, 2003), p.224.

73) *Id.*, p.225.

74) Steven R. Ratner, *supra* note 10, p.910.

을 받을 수밖에 없기 때문에 국제사회의 광범위하고 명시적인 승인이 설사 정치적인 고려에서 비롯된 것이라고 하더라도 이를 비법적인 것으로서 배제시켜 버릴 수는 없다는 것이다.[75]

그럼에도 불구하고 9.11 테러사건에 대한 미국의 대응, 그리고 이에 대한 국제사회의 지지가 국제법상 어떠한 의미 또는 효과를 지니는 것인지를 결정하는 것은 여전히 쉽지 않다. 이러한 일련의 일들이 일회에 국한된 것인지 아니면 관련법에 대한 변화를 가져올 정도로 향후에도 계속될 것인지가 현재로서는 불분명하기 때문이다. 새로운 국제관습법의 성립 여부는 불투명하나 9.11 테러사건을 계기로 테러행위의 테러조직 수용국으로의 귀속 여부에 관한 논의가 본격적으로 전개되기 시작하였다. 많은 학자들이 이 문제에 대한 다양한 견해들을 제시하였는데, 이 견해들은 크게 전통적인 귀속 기준을 적용하여 미국의 주장 및 대응의 적법성 여부를 판단하려는 입장과 귀속 기준의 완화 또는 배제를 내용으로 하는 새로운 원칙의 출현을 주장하는 입장으로 분류될 수 있다.

(2) 전통적인 귀속 기준 적용론

1) 국가 귀속 부정설

이 범주에 속하는 견해들은 전통적인 귀속 기준 하에서는 테러조직이 수용국의 통제 하에서 행동하였다는 점이 인정되지 않는 한 테러행위가 국가로 귀속될 수 없으므로 국가는 그러한 행위에 대하여 직접적인 책임을 부담하지 않는다는 것으로 요약될 수 있다. 9.11 테러사건 이후에도 여전히 상당수의 학자들이 이러한 입장을 견지하고 있다.

Helen Duffy는 "9.11과 같은 행위에 대한 국가책임을 검토하는 데 있어서의 주요 쟁점은 최근에 국제법위원회의 ILC 초안에서 확립된 것으로서 국제

---

75) Tal Becker, 제3장 제1절 각주 12, p.221.

판례로부터 도출된 귀속 기준이 충족되었는가 여부이다"라고 전제한 후 *Nicaragua* 사건에서 제시된 '실효적 통세'가 여전히 권위적인 기준으로 남아 있으므로 통제 여부가 기준이 되어야 한다고 주장하였다.[76] Duffy는 9.11 사건의 경우 탈레반 체제가 알카에다를 통제하였다는 증거는 제시되지 않았기 때문에 알카에다의 행위는 아프가니스탄으로 귀속될 수 없으므로 아프가니스탄이 테러공격 자체에 대해서는 직접적인 책임을 지지 않으나, 이것이 아프가니스탄이 국제적 의무를 위반하지 않았다거나 국제적 책임이 발생하지 않았다는 것을 의미하는 것은 아니라고 강조하였다.[77] 즉, 테러행위가 국가로 귀속되어 국가가 테러행위 자체에 대해 책임을 지는 경우와 자국 영토에서 테러 관련 의무를 이행하지 않아서 국가가 그에 대한 책임을 지는 경우는 구별되어야 한다는 것이다.[78]

Jordan J. Paust도 이와 유사한 입장을 취하였는데, 그는 "탈레반이 빈 라덴에게 은신처를 제공하였고 탈레반에 의해 일반적으로 통제되는 지역에서의 테러리스트 훈련캠프를 묵인하였으며 … 과거의 그리고 계속적인 테러공격에 대해 알고 있었다는 것이 미국에 대한 9.11 공격과 같은 미래의 알카에다 공격에 대한 탈레반의 통제 또는 직접적인 참여를 구성하지는 않을 것"이므로 특히 *Nicaragua* 판결의 관점에서 탈레반 정부에 대한 미국의 대응은 정당화되기 어렵다고 주장하였다.[79]

Nico Schrijver은 가능한 귀속 기준으로 *Nicaragua* 사건의 '실효적 통제'와 *Tadić* 사건의 '전반적 통제'를 언급하며 이러한 기준에 비추어 볼 때 아프가니스탄의 탈레반 정부가 알카에다에게 은신처를 제공했다고 해서 알카에다의 행위가 자동적으로 탈레반 정부로 귀속될 수는 없다는 견해를 제시

---

76) Helen Duffy, 제2장 제1절 각주 39, pp.48-51.

77) *Id.*, pp.55, 56, 189.

78) *Id.*, p.56.

79) Jordan J. Paust, "Use of Armed Force against Terrorists in Afghanistan, Iraq and Beyond", 35 *Cornell International Law Journal* 533, 2001-2002, pp.542-543.

하였다.[80]

Eric P.J. Myjer와 Nigel D. White는 미국의 아프가니스탄에 대한 무력행사가 정당화되기 위해서는 테러행위가 탈레반 정부로 귀속될 수 있다는 것이 확립되어야 하는데 9.11 사건은 국가를 대신하여 행동하는 개인들에 의해 저질러진 것이 아니므로 미국의 대응은 정당화되기 어렵다고 보았다.[81]

2) 국가 귀속 긍정설

여기에 속하는 견해들 역시 전통적인 귀속 기준을 적용하고 있으나, 앞에서 검토한 견해들과는 정반대의 결론을 도출하고 있다. 즉, 알카에다의 행위가 탈레반 정부로 귀속될 수 있다는 것이다.

Carsten Stahn은 Nicaragua 사건에서 제시된 '실효적 통제' 기준은 현재의 법 상태를 정확하게 반영하지 못하므로 실행가능하고 합리적인 대안으로 Tadić 사건에서 제시된 '전반적 통제' 기준이 적용되어야 하며, 이러한 기준에 따르면 알카에다와 탈레반 정부에 대한 미국의 대응은 충분히 정당화될 수 있다고 주장하였다.[82] 그러나 Stahn은 어떠한 근거에서 알카에다에 대한 탈레반 정부의 '전반적 통제'가 인정될 수 있는지에 대한 구체적인 설명은

---

80) Nico Schrijver, "Responding to International Terrorism: Moving the Frontiers of International Law for 'Enduring Freedom'?", 48 *Netherlands International Law Review* 271, 2001, pp.285-286.

81) Eric P.J. Myjer and Nigel D. White, "The Twin Towers Attack: An Unlimited Right to Self-Defence?", 7 *Journal of Conflict and Security Law* 5, 2002, p.7. 유사한 견해로는 김명기, "테러와의 전쟁과 국제법상 자위권", 사회과학논총(명지대학교 사회과학연구소) 제19집 (2003. 2), pp.156, 160; 김석현, "UN헌장 제2조 4항의 위기: 그 예외의 확대와 관련하여", 국제법학회논총 제48권 제1호 (2003. 6), p.85; 최희덕, "9.11 테러사태와 국제법", 국제법 동향과 실무, Vol. 1 No. 1 (2002), p.81.

82) Carsten Stahn, "Terrorist Acts as "Armed Attacks": The Right to Self-defense, Article 51 (1/2) of the UN Charter, and International Terrorism", 27 *Fletcher Forum of World Affairs* 35, 2003, p.47.

제시하지 않았다.

한편 Sean D. Murphy는 다양한 ILC 초안 규정들을 근거로 알카에다의 행위가 탈레반 정부로 귀속될 수 있다는 견해를 제시하였는데, 구체적인 내용은 다음과 같다:

> 알카에다와 탈레반 간의 밀접한 관계가 존재한다는 추정 하에, 그리고 동아프리카에서의 미국 대사관 폭파사건에 대하여 빈 라덴이 기소된 이후에도 그를 인도하지 않았다는 고려 하에, 9.11 사건이 아프가니스탄의 사실상 정부로 귀속될 수 있다는 주장을 하는 것은 어렵지 않다 … 알카에다가 9.11 사건 이전의 테러행위에 관여했다는 사실을 알게 된 이후에도 알카에다를 아프가니스탄을 기점으로 활동할 수 있도록 한 국가기관 및 관료들의 부작위 때문에(ILC 초안 제2조, 제4조, 제5조) 또는 정부 기능 마비에 의해 사실상의 정부는 외국에 대한 무력을 행사하는 데 있어서 알카에다가 정부 기능을 행사할 수 있도록 하였기 때문에(ILC 초안 제9조) 또는 9.11 사건 이후에 사실상의 정부는 알카에다 조직원들의 인도를 거부함으로써 결과적으로 알카에다의 행위를 그 자신의 행위로 채택하였기 때문에(ILC 초안 제11조) 사실상의 정부에게 책임이 있는 것으로 볼 수 있다.[83]

먼저 첫 번째 논거를 살펴보면 국가기관의 부작위가 ILC 초안 제2조상의 요건, 즉 부작위가 국가로 귀속될 수 있고 국제적 의무를 위반하는 것이어야 한다는 요건을 충족하기 위해서는 행위를 해야 할 명시적인 국제적 의무가 있음에도 불구하고 고의로 그러한 행위를 하지 않았음이 인정되어야 한다.[84] 국제사법재판소(ICJ)는 *Corfu Channel* 사건과 *Tehran Hostage* 사건에서 부작위로 인한 국가책임 문제를 다루었는데, 전자의 사건에서는 국가가 위험을 인지하고 있었거나 인지했어야 함에도 불구하고 그러한 위험에 대하여 다른 국가들에게 어떠한 경고도 하지 않았다면 국가책임이 발생한다고 보았다.[85]

---

83) Sean D. Murphy, supra note 7, pp.50-51.

84) Gordan A. Christenson, "Attributing Acts of Omission to the State", 12 *Michigan Journal of International Law* 312, 1990-1991, pp.360-361.

85) *Corfu Channel Case (United Kingdom v. Albania)*, ICJ Reports 1949, pp.22-23.

후자의 사건에서는 조치가 명백히 요구되는 상황에서 적절한 조치를 취하는 데 실패한 당국의 부작위에 의해 국가책임이 성립한다고 보았다.[86] 9.11 사건과 관련하여 탈레반 정부에게 이러한 책임이 인정되기 위해서는 탈레반 정부가 9.11 사건을 사전에 인지하였거나 인지하였어야 할 상황에서 어떠한 조치도 취하지 않았음이 증명되어야 하는데, 그러한 증거는 제시되지 않았다. 9.11 사건 이전의 테러행위에 알카에다가 관여하였다는 것을 탈레반 정부가 알고 있었다는 사실만으로는 9.11 사건 자체에 대하여 탈레반 정부가 알고 있었다거나 알았어야 한다는 요건을 충족하기 어려울 것으로 보인다.[87]

Murphy는 두 번째 논거로 ILC 초안 제9조의 적용을 주장하고 있으나, 탈레반 정부와 알카에다의 관계를 고려하면 이 조항 역시 적용되기 어렵다. 제9조 하에서 사적 행위가 국가로 귀속될 수 있기 위해서는 행위가 정부기능 행사와 효과적으로 관련되어야 하고 공권력 부재 또는 마비 시에 행위가 수행되었어야 하며 그러한 기능 행사가 요구되는 상황이어야 한다.[88] 그러나 당시 탈레반 정부는 사실상의 정부로서 아프가니스탄을 효과적으로 통제하고 있었기 때문에 정부기능이 상실된 상황이라고 볼 수 없다.[89] 그 밖에도

---

86) *Tehran Hostage Case*, 제3장 제1절 각주 41, pp.31-32.
87) Davis Brown은 *Corfu Channel* 사건에서 확인된 것처럼 다른 국가에 대한 테러공격을 인지하고 있거나 인지했어야 하는 국가가 이를 방지할 수 있었음에도 불구하고 그렇게 하지 않았거나 다른 국가에게 사전에 이를 경고하지 않았다면 그 공격에 대해서 책임을 져야 하는데, 탈레반 정부가 이러한 경우에 해당한다고 주장하였다. Davis Brown, "Use of Force against Terrorism after September 11th: State Responsibility, Self-defense and Other Responses", 11 *Cardozo Journal of International and Comparative Law* 1, 2003, pp.13-15. 그러나 Davis Brown은 탈레반 정부가 미국에 대한 알카에다의 9.11 테러공격을 인지하고 있었다거나 인지했었어야 한다는 것을 증명하기 위한 어떠한 구체적인 증거도 제시하고 있지 않다.
88) ILC, 제3장 제1절 각주 35, p.49.
89) Rüdiger Wolfrum and Christiane E. Philipp, "The Status of the Taliban: Their Obligations and Rights under International Law", 6 *Max Planck Yearbook of United Nations Law* 559, 2002, pp.594-595.

ILC 초안 제9조는 국가 영토 내에서의 정부기능 행사를 언급하고 있는 것이며 해외에서 무력을 사용함으로써 정부기능을 행사하는 경우를 언급하고 있는 것이 아니라는 지적도 제기되었다.[90]

세 번째 논거는 ILC 초안 제11조의 상황에 해당할 수 있다는 것인데, Tarcisio Gazzini도 이와 유사한 견해를 제시하였다. 즉, 아프가니스탄의 탈레반 정부가 테러범들을 인도하고 테러 관련 기지 및 시설을 폐쇄하라는 미국의 요청을 거부한 것은 테러범들의 행위를 승인 및 채택한 것으로 간주될 수 있으므로 그러한 행위는 탈레반 정부로 귀속될 수 있다는 것이다.[91] Gazzini는 이러한 국가책임 이론을 적용함에 있어 테러행위에 대한 공식적 승인은 필요하지 않다고 주장하였다.[92] 앞에서 언급하였듯이 국제법위원회(ILC)는 비국가행위자의 행위를 국가가 채택한 것으로 인정되기 위해서는 단순한 승인 또는 지지만으로는 부족하며 문제의 행위를 확인하고 그것을 자신의 행위로 전환하는 정도의 국가행위가 요구된다는 점을 강조한 바 있다. 이에 비추어 볼 때, 사건 발생 이후 탈레반 정부가 미국의 요청을 거부하였다는 사실만으로는 탈레반 정부가 9.11 테러공격을 자신의 행위로 채택하였다고 보기 어렵다.[93] 실제로 9.11 사건 이후 탈레반이 취한 태도는 *Tehran Hostage* 사

---

90) John Quigley, "The Afghanistan War and Self-Defense", 37 *Valparaiso University Law Review* 541, 2002-2003, p.546.

91) Tarcisio Gazzini, *The Changing Rules on the Use of Force in International Law* (Manchester University Press, 2005), pp.189-191.

92) *Id.*, p.190.

93) 한편 탈레반 정부가 알카에다 조직원들을 인도 또는 소추하기를 거부한 것은 국제법에 부합하는 것으로 볼 수 있다는 견해도 제시되고 있다. Scott M. Malzahn은 국제관습법에 따르면 탈레반 정부가 다른 국가에서 외국인들에게 해를 입힌 테러행위자들에게 비호를 부여하는 것이 허용될 수 있다고 주장하였다. 그리고 모든 국제테러범들에 대한 인도 또는 소추를 요구하는 규범이 출현하고 있다는 반론이 제기될 가능성과 관련하여, "설사 이런 규칙이 소급적으로 적용된다고 하더라도 미국 정부는 관습적인 인도절차를 따르지 않았다"는 점을 지적하였다. 즉, 미국 정부는 아프가니스탄에게 공식적으로 인도를 요청하지도 않았고 혐의에 대한 증거를 제시

건에서의 이란 정부가 보여준 입장, 즉 공식적인 승인의 상황과는 구별되는 것으로 보아야 한다는 시각들이 많다.94)

Rüdiger Wolfrum과 Christiane E. Philipp은 다른 국가의 위법행위를 원조하는 국가의 국가책임을 규정하고 있는 ILC 초안 제16조를 적용하여 탈레반의 직접적인 책임을 물을 수 있다고 주장하였는데, 이들의 주된 논리는 다음과 같다:

> 9.11 공격이 국가의 원조로 국제법의 주체에 의해 착수되었다면 두 주체 모두 자위권이 대상이 될 수 있다는 것은 의문의 여지가 없다. 행동하는 쪽이 비국가실체라고 해서 상황이 달라질 수는 없다. 원조를 제공하는 실체는 실제로 공격을 한 실체가 단지 비국가실체라는 사실에 의해 유리하게 취급될 수는 없다. 그러므로 국제법의 주체가 사건의 발생이 합리적인 예측의 범위를 넘어서지 않는 조건 하에서 사건의 필요조건이 되는 상황을 고의로 창출하였다면 비국가행위자의 행위는 그 주체에게로 귀속될 수 있다.95)

Wolfrum과 Philipp은 유엔 안전보장이사회의 요청에도 불구하고 수년 동안 탈레반이 알카에다로 하여금 아프가니스탄의 영토를 사용하도록 한 것은 알카에다가 활동하는 데 있어서 그리고 9.11 테러공격을 가하는 데 있어서 필요조건이었으므로 알카에다의 행위는 탈레반으로 귀속될 수 있고 결국 탈레반 자체가 자위권 행사의 대상이 될 수 있다고 보았다.96) 그러나 ILC 초안 제16조가 명시적으로 국가들 간의 협력만을 언급하고 있다는 점에서 이러한

하지도 않았다는 것이다. Scott M. Malzahn, "State Sponsorship and Support of International Terrorism: Customary Norms of State Responsibility", 26 *Hasting International and Comparative Law Review* 83, 2002, p.113.

94) Tal Becker, 제3장 제1절 각주 12, p.226. Davis Brown, *supra* note 87, pp.10-11; Michael N. Schimitt, "Counter-Terrorism and the Use of Force in International Law", 32 *Israel Yearbook on Human Rights* 53, 2003, p.95; Rüdiger Wolfrum and Christiane E. Philipp, *supra* note 89, p.594.

95) Rüdiger Wolfrum and Christiane E. Philipp, *supra* note 89, p.595.

96) *Id.*, p.595-596.

주장은 본질적인 한계를 갖는다.[97] ILC 초안이 사인의 행위는 국가로 귀속되지 않는다는 것을 원칙으로 하고 있고 예외가 인정되는 경우를 명시적으로 규정하고 있다는 점을 고려한다면 ILC 초안 제16조가 비국가행위자에 대해서 적용될 여지는 거의 없어 보인다.

(3) 귀속 기준의 완화 또는 배제론

1) 귀속 기준 완화설

전통적인 귀속 기준 하에서 알카에다의 행위는 탈레반으로 귀속될 수 없으므로 탈레반의 직접적인 책임은 성립하지 않는다는 견해들은 규범적 합법성은 인정받을 수 있으나 현실적 정당성은 인정받기 어려운 측면이 있다. 한편 전통적인 귀속 기준을 적용하더라도 알카에다의 행위가 탈레반으로 귀속될 수 있다는 견해들은 대부분 법에 대한 잘못된 이해를 바탕으로 하고 있거나 기존의 입장에서는 수락되기 어려운 무리한 해석을 시도하고 있음을 알 수 있다. 이러한 한계를 인식한 상당수의 학자들은 전통적인 귀속 기준이 더 이상 유지될 수 없으며 새로운 상황들을 포섭할 수 있도록 귀속 기준에서의 변화가 요구된다고 주장하고 있다. 그러나 이들이 모두 탈레반 정도의 관여가 있는 경우에 테러조직의 행위가 국가로 귀속될 수 있다는 입장을 취하고 있는 것은 아니다. 9.11 테러공격과 같은 비국가행위자의 테러행위에 대해 국제사회가 적절히 대처하기 위해서는 귀속 기준의 완화가 필요할지라도 묵인 정도의 국가 관여에 대해서까지 국가 귀속이 인정되는 것으로는 볼 수 없다는 입장도 존재하는데, 이러한 견해들부터 살펴보기로 한다.

Greg Travalio와 John Altenburg는 국가의 통제가 인정되는 경우에만 국가 귀속이 인정되는 것으로 판시한 *Nicaragua* 판결은 "초국경적 테러리즘 맥락에서는 더 이상 관습적인 그리고 수락된 국가들의 관행을 대표하지 못한다"

---

97) Tal Becker, 제3장 제1절 각주 12, p.225.

고 보았다.[98] 그 이유로는 기술·통신·전세계적 경제의 발달이 급격하게 그리고 영구적으로 상황의 변화를 가져왔다는 점, 몇몇 테러조직들은 국가에 버금갈 정도의 재정을 확보하고 있다는 점, 테러행위자들이 대량살상무기(WMD)를 보유하게 될 가능성이 증대되고 있다는 점 등이 제시되었다.[99] 또한 이들은 ILC 초안은 국제 테러리즘에 초점을 맞추어 기안된 것이 아니므로 국가의 통제가 있는 경우에만 개인 또는 집단의 행위가 국가로 귀속된다고 규정하고 있는 ILC 초안 제8조는 테러리즘 맥락에서는 결정적인 것으로 간주될 수 없다고 보았다.[100] 이러한 논리에 근거하여 Greg Travalio와 John Altenburg는 테러리즘 맥락에서 "국가책임의 기준은 은신처의 제공 또는 지원이며 이것은 세계 공동체에 의해 수락되고 있다"고 주장하였다.[101] 그러나 이들은 테러조직에게 은신처를 제공한 국가는 국제적 책임을 부담해야 한다는 것과는 별개로 테러행위 자체가 그러한 국가에게로 귀속된다는 입장을 취하고 있는 것으로는 보이지 않는다. 직접적으로 국가 귀속 여부를 언급하지는 않았으나, 국가가 중요한 물자나 병참 지원을 제공한 경우에만 이와 직접적으로 관련된 인력 및 시설에 대한 공격이 가능하며 테러행위자들에게 영토를 사용할 수 있도록 한 정도의 관여가 있는 경우에는 그러한 공격이 허용될 수 없다는 주장으로부터 이러한 해석이 도출될 수 있다.[102] 실제로 Greg Travalio와 John Altenburg는 테러행위자들과 이들에게 은신처를 제공한 국가들을 똑같이 간주하겠다는 "'부시 독트린'은 너무 광범위하고 너무 불명확하다"고 결론 내렸다.[103]

Rainer Grote 역시 이들과 유사한 견해를 제시하였는데, 그는 *Nicaragua* 사

---

98) Greg Travalio and John Altenburg, 제1장 제1절 각주 10, p.102.
99) *Id.*, p.109.
100) *Id.*, p.110.
101) *Id.*, p.111.
102) *Id.*, p.112.
103) *Id.*, p.117.

건이나 *Tadić* 사건에서 제시된 '실효적 통제' 또는 '전반적 통제'의 수준에 이르지 못하는 경우에도 국가가 테러행위자들에게 무기나 훈련을 제공함으로써 적극적인 형태로 지원을 하였다면 테러행위가 그 국가로 귀속될 수 있다고 보았다.104) 그러나 자국 영토에 있는 테러조직에 대해서 국가가 어떠한 조치도 취하지 않는 등 비실질적인 형태로 관여한 경우에는 그 자체로 테러행위의 국가 귀속을 위한 충분한 근거가 되지 않는다고 주장하였다.105) 즉, "수용국이 테러행위자들에 대해 적절한 조치를 취하지 않은 것은 규범적으로는 테러행위를 진압할 국제법상의 의무를 위반하는 것일지라도 이것이 자동적으로 수용국으로 하여금 테러행위자들에 의해 행해진 특정 공격에 대하여 책임을 지도록 하는 것은 아니라는 것"이다.106)

한편 국가가 테러조직의 자국 영토 사용을 묵인한 경우까지도 포함하도록 귀속 기준이 완화되어야 한다는 입장으로는 다음의 견해들이 언급될 수 있다.

Albrecht Randelzhofer는 "국가가 [테러]행위를 조장하였거나 직접적으로 지원하였거나 자국의 영토에서 그러한 행위를 부분적으로라도 계획 또는 준비하였거나 그러한 행위를 막으려고 하지 않았다면 [테러]행위는 국가로 귀속될 수 있다"고 주장하였다.107) 그리고 다른 국가에서 테러행위를 저지른 자들에게 은신처를 제공한 경우에도 역시 국가 귀속이 인정될 수 있다고 보았다.108)

---

104) Rainer Grote, "Between Crime Prevention and the Laws of War: Are the Traditional Categories of International Law Adequate for Assessing the Use of Force against International Terrorism?", in Christian Walter (ed.), *Terrorism as Challenge for National and International Law: Security versus Liberty?* (Springer, 2004), pp.972-973.

105) *Id*., pp.973-974.

106) *Id*., p.974.

107) Albrecht Randelzhofer, "Article. 51 of UN Charter", in Bruno Simma (ed.), *The Charter of the United Nations: A Commentary*, Vol. 1 (Oxford University Press, 2002), p.801.

Michael N. Schmitt는 "테러행위를 배후국가로 귀속시키는 데 필요한 지원의 정도 및 성질은 여전히 불명확할지라도 기준점이 급격하게 낮아지고 있다는 것은 의문의 여지가 없다"고 보았다.109) 따라서 "국가들이 [테러]행위를 원조 또는 조장하거나 [테러]행위를 막을 의무가 있음에도 이를 성사시킬 의도에서 그렇게 하지 않았다면 테러행위에 대해 책임이 있을 것(무력공격을 저지른 것으로 간주될 수 있을 것)"이라고 주장하였다.110) 그리고 그러한 예로 은신처 제공 또는 무기의 공급을 제시하였다.111)

John Alan Cohan 역시 이와 유사한 주장을 하였는데, 그는 자국 영토 내 테러행위를 방지하거나 처벌할 국제법상의 의무가 존재하므로 이를 묵인한 국가는 테러 배후국가로 간주되고 결국 피해국은 그 국가를 상대로 대응조치를 취할 수 있다고 보았다.112)

Michael Glennon은 위법행위자의 위해가능성이 수용국의 태도에 좌우되는 상황에서 "위법행위자에 대해서는 방어적 무력행사를 허용하면서 위법행위자의 수용국에 대해서는 이를 허용하지 않는 것은 이치에 맞지 않는다"며 그러한 상황에서의 부작위는 작위로 전환되어 피해국은 위법행위자와 수용국을 동일하게 취급할 수 있다고 주장하였다.113)

2) 귀속 기준 배제설

귀속 여부와는 관계없이 비국가행위자의 테러행위에 대해서 국가가 직접적인 책임을 부담할 수 있다는 입장으로는 공모 이론과 엄격 책임 이론(the

---

108) *Id.*
109) Michael N. Schmitt, 제1장 제1절 각주 10, p.400.
110) *Id.*
111) *Id.*
112) John Alan Cohan, "Formulation of a State's Response to Terrorism and State-Sponsored Terrorism", 14 *Pace International Law Review* 77, 2002, pp.88-95.
113) Michael J. Glennon, *supra* note 2, p.550.

theory of strict liability)이 있다. 이러한 이론들은 9.11 테러사건 이전에도 주장되었던 것이기 때문에 완전히 새로운 주장이라고는 볼 수 없다. 그러나 9.11 테러 이후에는 그 이전보다 좀 더 정교화된 형태의 이론들이 제시되고 있다는 점, 그리고 9.11 테러가 국제사회에 가져온 충격으로 인해 이러한 이론들이 보다 설득력 있게 다가올 가능성이 높아졌다는 점에서는 차이가 있다고 할 수 있다.

공모 이론으로 분류될 수 있는 견해로서 Barry A. Feinstein는 국가는 자국 영토 내에서 수행된 다른 국가들의 권리에 반하는 모든 행위에 대해 책임을 져야 하며 그러한 행위 및 위반을 적극적으로 방지해야 한다는 전제 하에 어느 국가가 테러행위를 막기 위하여 어떠한 조치도 취하지 않았다면 그 부작위 자체가 테러행위에 대한 공모를 구성한다고 주장하였다.114) 결국 테러공격은 테러조직에 의해서 뿐만 아니라 그러한 조직들이 활동하고 있는 국가에 의해서도 행해진 것으로 간주된다는 것이다.115) 그리고 Feinstein은 국가로서의 책임은 테러행위를 통제할 국가의 능력과는 관계가 없으므로 테러행위자들을 통제할 능력이 없다는 항변은 국가의 국제적 의무를 경감시키지 않는다고 보았다.116)

Tal Becker 역시 기본적으로 공모에 입각한 책임 이론을 주장하고 있으나,117) Feinstein과는 달리 스스로의 과실 없이 테러행위를 사전에 막을 능력이 없는 국가는 법적 의미에서 그러한 행위에 대해 책임이 있는 것으로 간주되어서는 안 된다고 보았다.118) 한편 Tal Becker는 기존의 공모 이론의 문제점을 제시하면서 자신의 이론과 기존의 이론과의 차별화를 시도하였다. 그가

---

114) Barry A. Feinstein, "A Paradigm for the Analysis of the Legality of the Use of Armed Force against Terrorism and States that Aid and Abet Them", 17 *Transnational Lawyer* 51, 2004, p.66.

115) *Id.*, p.67.

116) *Id.*

117) Tel Becker, 제3장 제1절 각주 12, p.280.

118) *Id.*

제시한 기존의 공모 개념의 문제점은 다음과 같다: 첫째, 국제법상의 책임은 국가의 주관적 동기가 아니라 위법한 작위 또는 부작위의 객관적 효과와 관련된 것이나, 공모는 종종 국가와 비국가행위자 간의 공통 의도를 의미하는 경우가 있다; 둘째, 공모는 국가범죄라는 개념을 거부하는 현재의 국가행위 개념에 잘 부합하지 않는 범죄성을 함축하는 용어이다; 셋째, 공모는 국가가 자신의 잘못에 대하여만 책임을 져야 하는 상황과 사적인 테러행위에 대한 직접적인 책임이 정당화되는 상황을 구별하기 위한 메커니즘을 제시하지 않는다.[119] Becker는 인과관계의 원칙을 적용함으로써 이러한 문제가 극복될 수 있다고 보았다. 즉, "국가가 직접적인 범죄자가 아님에도 불구하고 일정한 경우에 사적 행위에 대하여 책임이 있는 것으로 간주될 수 있는 것은 국가의 잘못과 사적 테러행위와의 인과관계적 관련성 때문"이라는 것이다.[120]

한편 Vincent-Joël Proulx는 "특히 테러리즘과의 투쟁에서 국제공동체의 이익 및 우선 과제는 초실체적 규칙들(trans-substantive rules), 즉 귀속을 우회함으로써 보다 잘 달성될 수 있을 것"이라며 엄격 책임에 입각한 이론을 주장하였다.[121] Proulx는 엄격 책임 이론은 결과에 대한 자동적 책임론과 입증책임 전환론 등으로 다시 분류될 수 있는데 테러공격이 발생하면 테러조직 수용국이 자동적으로 책임을 져야 한다는 주장은 합리적이지도 않을 뿐만 아니라 실행가능하지도 않다고 보았다.[122] 따라서 Proulx는 입증책임 전환론에 보다 가까운 것으로서 초국경적 테러공격이 발생하면 테러조직 수용국의 책임이 일응(*prima facie*) 추정되고 그 다음에 수용국이 이를 반박할 기회를 갖게 되는 두 단계로 구성된 엄격 책임 모델을 제시하였다.[123] 즉, 수용국의 책임

---

119) *Id*., pp.280-281.

120) *Id*., p.281.

121) Vincent-Joël Proulx, "Babysitting Terrorists: Should States Be Strictly Liable for Failing to Prevent Transborder Attacks", 23 *Berkeley Journal of International Law* 615, 2005, p.643.

122) *Id*., pp.654-655.

123) *Id*., pp.656-657.

이 일응 추정되고 나면 입증책임의 전환을 통하여 수용국은 테러공격을 막기 위하여 어떻게 상당한 주의를 행사하였고 이용가능한 모든 수단을 사용하였는지를 증명할 기회를 갖게 된다는 것이다.[124] Proulx에 따르면, 수용국의 병참능력이나 영토에 대한 통제 상실 등은 두 번째 단계에서만 고려되어야 한다.[125]

3) 문제점

앞에서 검토한 바에 따르면 9.11 테러사건 이전과는 달리 9.11 테러사건 이후에는 특정 국가가 자국 영토 내 테러조직을 통제한 경우뿐만 아니라 지원하거나 묵인한 경우에도 테러행위가 국가로 귀속되어야 한다는 주장이 많은 지지를 받고 있음을 알 수 있다. 그러나 9.11 테러사건 이전이나 이후에나 국가책임법상의 귀속 이론이 논의를 위한 기본적인 틀로서 주로 사용되었다는 점에서는 공통된다. 즉, 9.11 테러사건 이후에도 상당수의 학자들은 여전히 국가책임법상의 귀속 이론을 토대로 논의를 전개하되, 다만 귀속 기준의 완화를 통하여 기존에는 포섭되기 어려웠던 부분들에 대한 범위 확대를 시도하고 있는 것이다.

거의 모든 주요 테러조직이 적어도 하나 이상의 배후국가를 가지고 있을 정도로 국가와 테러조직이 밀접한 관계를 맺고 있었던 과거와는 달리 오늘날에는 독자적으로 활동하는 테러조직이 주를 이루면서 국가와 테러조직 간의 관계 역시 새로운 양상을 보이고 있다. 테러조직에 대한 국가의 관여 형태는 일반적으로 테러행위에 대한 국가의 지시 또는 통제, 테러조직에 대한 재정·무기·병참·군대·훈련 지원, 자국 영토에서 테러조직의 활동 묵인, 테러조직에 대한 이념적 또는 정치적 지지, 테러행위를 규제할 국가의 역량 부족으로 분류될 수 있다. 그러나 단순명료한 이론적 분류와는 달리 테러조직에

---

124) *Id.*
125) *Id.*

대한 국가의 관여는 실제로는 훨씬 더 복잡한 양상으로 나타나고 있다.[126)

국가들은 다양한 이유로 테러조직에 관여하기 때문에 그럴만한 동기가 사라지게 되면 더 이상 관여를 하지 않거나 관여를 제한할 수도 있고 경우에 따라서는 테러조직에 대한 통제를 강화하는 방향으로 나아갈 수도 있다.[127) 그리고 테러조직 자체에 대한 국가의 입장이 일관되게 나타나는 경우도 있지만 테러조직의 종류에 따라 그 입장을 달리하고 있는 국가들도 존재한다. 대표적인 예로 레바논은 다른 테러조직에 대해서는 대응노력을 기울이고 있는 것과는 달리 헤즈볼라(Hizbollah)[128)에 대해서만은 어떠한 조치도 취하지 않음으로써 이들을 묵인하고 있다는 비판을 지속적으로 받아 오고 있다.[129)

이처럼 현대적 테러리즘에서 나타나고 있는 국가와 비국가행위자 간의 복잡한 상호작용을 고려할 때 귀속이 인정될 수 있는 적정 범위에 대해 국제사회가 합의를 도출하기는 쉽지 않을 것으로 보인다. 귀속 기준이 완화될 경우 테러행위에 대한 직접적인 책임을 부담하게 될 가능성이 조금이라도 있는 국가들은 자국의 특수한 사정이나 입장에 대한 고려 없이 관여 유형에 따라서 일률적으로 귀속 여부가 결정되는 책임 체제를 수락하려고 하지 않을 것이다. 그러한 측면에서 귀속 이론을 바탕으로 하는 국가책임 강화 시도는 중대한 한계를 내포하고 있다고 할 수 있다.

---

126) Tel Becker, 제3장 제1절 각주 12, p.240.

127) Daniel Byman, *Deadly Connections: States that Sponsor Terrorism* (Cambridge University Press, 2005), pp.21-52. Daniel Byman은 테러조직을 지원하는 이유로는 국제정치·전략적 입장, 이데올로기, 국내적 지위 강화 등을 제시하였고, 그 반대의 이유로는 피해국으로부터의 보복에 대한 두려움, 테러조직에 대한 불신, 평판 하락에 대한 우려, 테러조직의 세력 강화 시 자국 이익 위협 가능성 등을 언급하였다.

128) 헤즈볼라에 대해서는 United States Department of State, 제1장 제1절 각주 6, pp.299-301 참조.

129) *Id.*, pp.128-129; United States Department of State, *Country Reports on Terrorism 2007* (April 2008), p.119; United States Department of State, *Country Reports on Terrorism 2004* (April 2005), p.65.

이러한 문제가 귀속 기준 완화설에 국한된 것이라면 귀속 기준 배제설도 포함한 새로운 국가책임론 전체에 대해서는 ILC 초안상의 귀속 기준이 사인 또는 사인 집단의 행위 일반에 대해서 적용되는 것임을 감안할 때 특히 테러행위와 관련해서만 그러한 기준의 완화 또는 배제가 자유롭게 논의될 수 있는가의 문제가 제기된다. 앞에서 살펴본 것처럼 ILC 초안은 제2차 규범만을 다룸으로써 특정 분야에 국한되지 않고 모든 국제적 의무에 대해서 적용될 수 있는 일반적인 규범 체계를 확립하고 있다. ILC 초안이 국제법상 어떠한 권위와 가치를 가지게 될지는 현재로서는 불분명하나,130) ILC 초안이 수십 년 동안의 저명한 국제법 학자들 및 정부 전문가들의 노력의 산물일 뿐만 아니라 ILC 초안에 대한 유엔 총회 제6위원회의 논의에서 다수의 국가 대표들이 광범위한 지지 의사를 표명하였다는 사실은 주목할 만하다.131) 유엔 총회가 각국 정부에 대해서 ILC 초안에 관심을 가질 것을 촉구하는 한편 이후 회기의 잠정 안건으로 국가책임에 관한 협약 또는 기타 적절한 방안의 검토를 포함시키는 내용의 결의를 채택하였다는 점 또한 ILC 초안이 국가책임 분야에서 차지하는 위치를 짐작케 한다.132) ILC 초안은 국가책임 문제를 포함하고 있는 다수의 국제소송에서도 자주 언급되어 왔는데, 특히 2001년 이래로 그러한 빈도는 계속 증가하고 있다.133) 그 밖에 세계무역기구(WTO), 유럽인

---

130) 이러한 문제를 다룬 것으로는 David D. Caron, "The ILC Articles on State Responsibility: The Paradoxical Relationship Between Form and Authority", 96 *American Journal of International Law* 857, 2002, p.876; Nirmalaguhan Wigneswaran, "Responsive Responsibility: Counter-Terrorism Obligations and Responsibilities of States under International Law", in Michael J. Glennon and Serge Sur (eds.), *Terrorism et droit international (Terrorism and International Law)* (M. Nijhoff, 2008), p.279 참조.

131) UN Doc. A/C.6/62/SR.12 (2007), pp.9-16.

132) GA Res 62/61, UN Doc. A/RES/62/61 (2008).

133) James Crawford and Simon Olleson, "The Continuing Debate on State Responsibility", 54 *International and Comparative Law Quarterly* 959, 2005, p.966. James Crawford와 Simon Olleson은 국제사법재판소(ICJ)가 ILC 초안을 언급한 예로서 *Case concerning*

권재판소(ECHR), 국제투자분쟁해결기구(ICSID), 그리고 기타 국제재판소들
역시 여러 사건들에서 ILC 초안을 광범위하게 인용하고 있다.[134] 이러한 점

---

the *Gabčíkovo-Nagymaros Project (Hungary v. Slovakia)*, ICJ Reports 1997, paras. 47, 50-53, 58, 79, 83; *Difference relating to Immunity from Legal Process of a Special Rapporteur of the Commission on Human Rights (Advisory Opinion)*, ICJ Reports 1999, para. 62; Dissenting Opinion of Judge Schwebel in *Military and Paramilitary Activities in and against Nicaragua (Nicaragua v. United States)*, Jurisdiction of the Court and Admissibility of the Application, ICJ Reports 1984, para. 74; Dissenting Opinion of Judge Schwebel in *Military and Paramilitary Activities in and against Nicaragua (Nicaragua v. United States)*, Merits, ICJ Reports 1986, paras. 232-3; Separate Opinion of Judge Shahabuddeen in *Certain Phosphate Lands in Nauru (Nauru v. Australia)*, Preliminary Objections, ICJ Reports 1992, pp.283-284; *Legal Consequences of the Construction of a Wall in the Occupied Palestine Territory (Advisory Opinion)*, ICJ Reports 2004, para. 140; Separate Opinion of Judge Simma in *Oil Platforms (United States v. Iran)*, ICJ Reports 2003, paras. 12, 75-78 등을 제시하고 있다. 그 밖의 예로는 중재재판소가 판정한 *Rainbow Warrior (New Zealand v. France)*, 20 *Report of International Arbitration Awards* 217, 1990, para. 75와 국제해양법재판소가 판결한 *The M/V 'Saiga' (No2) (Saint Vincent and the Grenadines v. Guinea)*, 38 *International Legal Materials* 1323, 1999, paras. 98, 133, 171을 언급하고 있다.

134) *Id.*, pp.967-968. James Crawford와 Simon Olleson은 세계무역기구(WTO)가 ILC 초안을 인용한 예로서 the decisions of the Appellate Body in *United States-Transitional Safeguard Measure on Combed Cotton Yarn from Pakistan*, WT/DS192/AB/R, 2001, para. 120; *United States-Definitive Safeguard Measures on Imports of Circular Welded Carbon Quality Line Pipe from Korea*, WT/DS202/AB/R, 2002, para. 259; the decision of the arbitrator in *United States-Tax Treatment for 'Foreign Sales Corporations'*, WT/DS108/ARB, 2002, para. 5.26; the Report of the Panel in *Measures Affecting The Cross-Border Supply of Gambling and Betting Services*, WT/DS285/R, 2004, paras. 6.128-6.129 등을 제시하고 있다. 유럽인권재판소(ECHR)가 ILC 초안을 인용한 예로는 *Ila̱cu and Others v. Moldova and Russia*, Merits and Just Satisfaction, Application No. 48787/99, 2004, paras. 319-321을 제시하고 있다. 그리고 국제투자분쟁해결기구(ICSID)가 ILC 초안을 인용한 예로는 *Mondev International Ltd v. United States of America*, ICSID Case No. ARB(AF)/99/2, 2002, paras. 68, 115; *Compañía de Aguas del Aconquija SA and Vivendi Universal v. Argentine Republic*,

들에 비추어 본다면 ILC 초안이 이 주제에 관한 가장 실용적인 접근방식을 반영하고 있다는 점은 부인할 수 없을 것이다.[135]

그러나 일각에서는 제2차 규범만을 다루고 있는 ILC 초안 체제가 일반적으로 수락될 수 있는 것과는 별개로 ILC 초안상의 원칙들이 테러행위에 대한 국가책임 분야에도 반드시 적용되어야 하는 것은 아니라는 주장도 제기된다. Tal Becker는 ILC 초안 규정에 포함되어 있는 사적 행위에 대한 국가책임 원칙들은 초국경적 테러리즘을 염두에 두고 만들어진 것이 아니므로 오늘날과 같은 형태의 테러사건들에 대해서는 적용될 수 없다는 견해를 제시하였다.[136] Becker는 테러사건이 ILC 초안이 본래 다루고자 한 종류의 사적 행위와 다음과 같은 측면에서 구별될 수 있다고 보았다: 첫째, 테러리즘을 자행하는 비국가행위자들은 정치적 또는 이념적 동기를 가지고 공적인 아젠다를 추구하므로 테러리즘은 순수하게 사적인 차원에서 행해지는 것이라고 할 수 없다; 둘째, 위협 가능성의 측면에서 오늘날의 테러리즘은 다른 종류의 범죄행위와는 분명하게 구별된다; 셋째, ILC 초안은 구제수단을 배상 및 비무

ICSID Case No. ARB/97/3, 2002, paras. 16, 95, 97; *ADF Group Inc v. United States of America*, ICSID Case No. ARB(AF)/00/1, 2003, paras. 166, 190; *The Loewen Group Inc. and Raymond L Loewen v. United States of America*, ICSID Case No. ARB(AF)/98/3, 2003, para. 149; *CMS Gas Transmission Company v. Republic of Argentina*, ICSID Case No. ARB/01/8, 2003, para. 108; *SGS Société Générale de Surveillance SA v. Republic of the Philippines*, ICSID Case No ARB/02/6, 2004, para. 122; *Tokios Tokeles v. Ukraine*, ICSID Case No. ARB/02/18, 2004, para. 102; *Impregilo SpA v. Islamic Republic of Pakistan*, ICSID Case No. ARB/03/3, 2005, paras. 312-313 등을 제시하고 있다. 그 밖의 예로는 상설중재재판소(Permanent Court of Arbitration)의 *Dispute concerning Access to Information under Article 9 of the OSPAR Convention (Ireland v. United Kingdom)*, Final Award, 2003, para. 145를 언급하고 있다.

135) Nirmalaguhan Wigneswaran, *supra* note 130, p.279.

136) Tel Becker, 제3장 제1절 각주 12, p.263. Tel Becker는 귀속 이론을 적용하되 테러리즘의 맥락에서만 별도의 완화된 귀속 기준이 적용될 수 있다는 취지가 아니라 테러리즘의 맥락에서는 아예 국가책임법상의 귀속 원칙들이 적용되어서는 안 된다는 논리를 전개하고 있다.

력적 대응조치로 제한하고 있는데, 자위권을 행사하기로 결정한 경우에도 ILC 초안상의 귀속 및 책임 원칙이 적용되어야 하는가의 의문이 제기된다.[137]

그러나 이러한 주장에 대해서는 각각 다음과 같은 비판이 가능하다. 첫째, 공적 또는 사적 행위를 구별하는 것은 행위의 주체, 유형, 목적 등 종합적인 요소가 고려되어야 하는 것이므로 단지 공적인 아젠다를 추구한다는 사실만으로는 행위의 성격을 결정하는 것은 무리가 있다. 둘째, 테러리즘에 의해 제기되는 위협이 그 정도 면에서 일반적인 범죄행위와 구별되는 것은 사실이지만, 그렇다고 해서 테러리즘의 맥락에서만 귀속 기준이 배제되어야 한다는 주장은 설득력이 약하다. 그러한 위협에 대한 대응 차원에서의 국가책임 강화는 다른 방법을 통해서도 이루어질 수 있다. 셋째, 자위권은 무력공격에 대한 대응수단인 것이지 위법행위에 대한 구제수단이 아니다.

한편 이 문제와 관련하여 ILC 초안의 이른바 '특별법(lex specialis) 조항'도 검토할 필요가 있는데, ILC 초안 제55조는 "국제위법행위의 존재 또는 국가의 국제적 책임의 내용이나 이행에 대한 조건들이 특별한 국제법상의 규칙들에 의해 규율되는 경우 그러한 범위 내에서는 이 규정들이 적용되지 않는다"고 규정하고 있다. 즉, 이 조항은 '특별법 우선의 원칙'을 반영하는 것으로, ILC 초안이 모든 국제적 의무에 적용되는 일반적 규범 체제라고 하더라도 일정한 경우에는 별도의 기준이 적용될 수 있음을 시사하고 있다. 국제법위원회(ILC)의 주해에 따르면, ILC 초안의 적용을 받지 않기 위해서는 ILC 초안상의 원칙들과 실제적으로 불일치하거나 그러한 원칙들을 배제하려는 의도가 확인될 수 있는 내용들을 포함하는 조약 규정 또는 이른바 '자기완비적 체제(self-contained regimes)'가 존재해야 한다.[138] 그러나 비국가행위자의 테러행위에 대한 국가 귀속 또는 책임과 관련해서는 이러한 규정 또는 체제가 존재하지 않기 때문에 비국가행위자 테러리즘 맥락에서는 제55조가 적용될

---

137) *Id.*, pp.263-265.
138) ILC, 제3장 제1절 각주 35, p.140.

여지가 없다.

결국 테러행위와 관련해서만 귀속 기준을 완화 또는 배제하려는 이론적 시도는 오늘날 국가책임 분야에서 중요한 문서로 인식되고 있는 ILC 초안상의 원칙들과 조화를 이루기 어렵다는 한계를 지닌다. 반테러 조치를 취할 국제적 의무 강화는 테러행위에 관한 국제적 규제 체제를 보다 분명하게 확립하고 이행하는 것에 의해서도 상당 부분 달성될 수 있다. Derek Jinks 역시 국가책임법상의 귀속 기준의 수정을 통한 국가책임 강화 시도를 비판하면서 테러리즘에 대한 지원 또는 묵인을 제한하고 억제할 가장 효과적인 전략은 국가의 일차적 의무들과 그 위반으로 인한 결과들을 보다 분명하게 정의하는 것이라고 주장하였다.[139] 그는 귀속 기준의 완화를 통해 테러행위에 대해 '국가행위(state action)'의 성격을 부여하는 것은 관련 규칙들의 과대 적용 또는 과소 적용을 초래할 위험이 있다고 지적하였다.[140] 과대 적용 또는 과소 적용의 예로 거론된 부분들이 모두 법적으로 타당한 것인지에 대해서는 별도의 검토를 요한다. 그러나 국가책임법상 귀속 기준 수정에 따른 실제적 효과와 테러행위에 관한 국제적 규제를 준수할 국가의 의무 및 그 위반에 따른 책임의 정립에 대한 주의를 환기시켰다는 점에서 Jinks의 견해는 유의미하다.

---

139) Derek Jinks, "State Responsibility for the Acts of Private Armed Groups", 4 *Chicago Journal of International Law* 83, 2003, pp.83-84.

140) *Id*. Jinks는 과대 적용의 예로 국가책임 부담의 우려 때문에 불량국가 내의 반대 세력들에 대한 지원을 국가들이 회피할 수 있다는 점, 너무 많은 국가들에 대해 급진적인 위법성을 부여함으로써 '테러와의 전쟁'에서의 협력 구축과 건설적 참여를 어렵게 할 수 있다는 점, 국제 테러행위를 다른 국가로 귀속될 수 있는 '전쟁행위'로 규정함으로써 국제인도법의 적용을 초래하고 이것은 결국 일상적인 법집행 활동을 저해할 수 있다는 점을 제시하였다. *Id*., pp.92-93 참조. 그리고 과소 적용의 예로는 전쟁법에서 확립된 특권과 면제가 테러조직에게 부여될 수 있다는 점, 테러조직에게 군대 또는 국가의 지원을 받는 무장세력으로서의 지위를 부여함으로써 테러조직을 상징적으로 강화시킬 수 있다는 점, 테러조직을 국가 대리인으로 격상시킴으로써 결국 집단 및 조직원들이 민사소송으로부터의 주권면제를 향유할 수 있다는 점을 제시하였다. *Id*., pp.93-94 참조.

이하에서는 테러조직을 지원하거나 묵인한 국가가 국제적 의무를 이행하지 않은 자신의 작위 또는 부작위로 인해 지게 되는 국제적 책임에 대해서 살펴보기로 하겠다.

5. 국제적 의무 위반에 대한 책임

이미 살펴본 바와 같이 국가의 지시 또는 통제에 해당한다고 볼 수 있을 정도로 지원이 적극적이고 구체적으로 이루어진 경우를 제외하고는 테러조직에 대한 국가의 일반적인 지원이 있었다고 해서 테러행위가 국가로 귀속되는 것은 아니다. 그러나 이 경우에도 해당 국가에게는 당연히 국가책임이 발생하게 되는데, 비국가행위자의 적대적 행위를 지원한 국가는 그러한 행위를 국가로 귀속시킬 필요 없이 그 자체로 위법한 것으로 간주될 수 있다는 것은 다수의 국제 판결들에서 이미 확인된 바 있다.[141] 예컨대, *Nicaragua* 사건에서 국제사법재판소(ICJ)는 니카라과 반군에 대하여 미국이 무기 및 재정을 지원하였다고 해서 반군의 행위가 미국으로 귀속된다고 볼 수는 없지만 미국은 다른 국가의 내정에 개입하는 것을 삼갈 의무, 무력사용 및 영토주권 침해 금지 의무 등 다른 국제적 의무들을 위반하였다고 판시하였다.[142] *Armed Activities on the Territory of the Congo* 사건에서도 재판소는 콩고 반군의 행위가 우간다로 귀속될 수 있다는 증거는 제시되지 않았을지라도 우간다가 콩고 반군을 지원한 것은 국제법상의 의무들을 위반하는 것이라고 언급한 후, 그 중 하나로 유엔 헌장 제2조 제4항에 규정된 무력사용금지의 중대한 위반을 제시하였다.[143]

---

141) Riccardo Pisillo-Mazzeschi, 제3장 제1절 각주 52, p.33.

142) *Military and Paramilitary Activities in and against Nicaragua*, 제3장 제1절 각주 37, paras. 227-228, 239-242, 251.

143) *Case Concerning Armed Activities on the Territory of the Congo (Democratic Republic of the*

이러한 의무들 외에도 국가들은 테러 관련 협약 체제 하에서의 조약당사
국으로서 그리고 유엔 안전보장이사회 체제 하에서의 유엔 회원국으로서 테
러리즘에 대응할 국제적 의무를 지고 있다.[144] 다수의 국제조약과 지역조약,
유엔 안전보장이사회 결의들을 고려하면 테러행위에 대한 국제적인 규제의
적용을 전혀 받지 않는 국가는 상상하기 어렵다. 특히 최근 들어 테러행위에
대한 국제적인 규제가 계속적으로 확대되고 강화되고 있다는 점을 고려하면
더더욱 그러하다. 테러행위에 대응할 의무를 부담하고 있는 국가가 적극적인
행위에 의해 오히려 테러행위를 지원한다면 이는 명백히 의무 위반에 해당
하는 것이므로 그 국가는 그에 따른 책임을 부담해야 한다.

한편 국가가 자국 영토를 근거지로 삼고 활동하는 테러조직의 테러행위를
방지하거나 처벌하기 위하여 적극적 조치를 취하지 않았다면 국가가 자국의
영토가 다른 국가에 대한 테러의 목적으로 사용되는 것을 묵인한 경우에 해
당한다. 테러행위자들에 대한 은신처가 "테러행위자들이 상대적으로 안전하
게 조직·계획·자금조달·연락·모집·훈련·활동할 수 있는 통제되지 않거나

Congo v. Uganda), ICJ Reports 2005, paras. 161, 165.

144) 테러리즘에 대한 대응에 있어서 유엔 안전보장이사회의 역할은 그 중요성이 점차
  커지고 있는데, 안전보장이사회의 활동은 크게 테러행위에 대한 비난, 제재의 부
  과, 모든 회원국에 대한 구속력 있는 반테러 의무의 부과, 역량구축으로 요약될
  수 있다. 9.11 테러사건 이전에는 주로 특정 사건과 관련이 있는 국가에 대한 비
  난 또는 제재에 초점을 맞춘 결의들이 채택되었다면, 9.11 테러사건 이후에는 반
  테러 의무와 역량구축을 포함하는 결의들이 잇달아 채택되었다. UN Doc. S/RES/
  731 (1992); UN Doc. S/RES/748 (1992); UN Doc. S/RES/1044 (1996); UN Doc.
  S/RES/1054 (1996); UN Doc. S/RES/1189 (1998); UN Doc. S/RES/1214 (1998);
  UN Doc. S/RES/1267 (1999); UN Doc. S/RES/1333 (2000); UN Doc. S/RES/1373
  (2001); UN Doc. S/RES/1377 (2001); UN Doc. S/RES/1390 (2002); UN Doc.
  S/RES/1452 (2002); UN Doc. S/RES/1455 (2003); UN Doc. S/RES/1456 (2003); UN
  Doc. S/RES/1526 (2004); UN Doc. S/RES/1535 (2004); UN Doc. S/RES/1540 (2004);
  UN Doc. S/RES/1566 (2004); UN Doc. S/RES/1617 (2005); UN Doc. S/RES/1624
  (2005); UN Doc. S/RES/1735 (2006); UN Doc. S/RES/1805 (2008) 참조.

불충분하게 통제되거나 잘못 통제되는 지역"으로 정의되고 있는 것에 비추어 볼 때, 테러조직에 대한 은신처 제공도 이 범주에 속하는 것으로 볼 수 있다.[145] 국가가 테러조직을 지원한 경우와 마찬가지로 이러한 경우에도 테러행위가 국가로 귀속되는 것은 아니다. 그러나 앞에서 이미 살펴본 것처럼 국가는 자국 영토로부터 비롯된 행위에 의해 다른 국가가 피해를 입지 않도록 그러한 행위를 방지하거나 관련자들을 처벌할 일반적 의무를 부담한다. 뿐만 아니라 특히 테러리즘 맥락에서는 테러행위를 방지하고 처벌할 의무가 관련 협약 및 유엔 안전보장이사회의 결의에 의해 부과되고 있으므로 그러한 의무를 이행하지 않은 국가에게는 국가책임이 발생한다.

이러한 의무가 위반되었는지를 결정하기 위해 적용될 수 있는 것이 바로 상당한 주의 원칙이다. 국가들은 테러행위를 방지하고 테러범들을 조사·추적·체포할 절대적 의무를 부담하는 것이 아니라 테러행위를 방지하고 테러범들을 조사·추적·체포하기 위해 상당한 주의를 행사할 의무를 부담한다. 그러므로 결과적으로는 테러행위를 방지하지 못하였거나 테러범들을 조사·추적·체포하는 데 실패하였다고 하더라도 그 과정에서 국가가 상당한 주의를 기울였다면 국제적 의무를 위반했다고 볼 수 없으며 국가책임은 성립하지 않게 된다. 문제는 테러리즘 맥락에서 국가에게 어느 정도의 주의가 요구되는가 하는 것인데, 상당한 주의 개념의 특성상 기본적으로는 구체적인 사안에 따라 검토될 수밖에 없다. 앞에서 살펴본 바와 같이 국가 통제의 실효성의 정도, 보호되어야 할 이익의 중요성, 위해에 대한 예견가능성의 정도는 이 경우에도 중요한 고려요소가 될 것이다.

테러행위를 방지하고 처벌하기 위해 상당한 주의를 행사할 국가의 의무와 관련하여 특히 검토가 필요한 문제는 국가의 역량, 보다 구체적으로는 수단 또는 자원의 이용가능성이 고려되어야 하는지 여부이다. 국가의 역량과 상당

---

145) United States Department of State, *Country Reports on Terrorism 2007*, *supra* note 129, p.184.

한 주의의무의 관계를 둘러싸고는 서로 다른 입장이 팽팽하게 대립하고 있다. 하나는 상당한 주의의무 이행 여부를 결정하는 데 있어서 국가의 역량은 고려요소가 아니라고 보는 입장이고, 다른 하나는 국가의 역량은 고려요소이므로 국가가 의무를 이행할 능력이 없다면 책임으로부터 면제되어야 한다고 보는 입장이다.

전자의 예로서 Clyde Eagleton은 의무를 충족시킬 국가의 역량은 추정된다며 "국가들이 의무를 이행할 능력이 없는 경우에도 의무불이행을 이유로 국가들에 대해서 불리한 중재판정들이 내려져 왔다"고 언급하였다.146) Barry A. Ferinstein은 1982년 레바논에 근거지를 두고 활동하고 있는 팔레스타인해방기구(PLO)가 이스라엘을 공격한 사건과 관련하여 "국가로서의 레바논의 책임은 그 영토로부터 비롯된 행위들을 통제할 수 있는 국가의 능력과는 관계가 없다"고 주장하였다.147) Manual R. Garcia-Mora는 국가의 방지의무가 불가피하게 국가의 역량에 의해 제한된다는 점을 인정하면서도 그러한 역량이 없는 국가는 역량이 있는 다른 국가들에게 도움을 청할 의무가 있으므로 "국가가 외국에 대한 개인의 적대행위를 방지하기 위하여 이용가능한 모든 수단을 명백히 사용했으나 물리적으로 그것을 억제할 수 없다면 국가는 틀림없이 그 국제적 의무를 이행하지 않은 것"이라는 견해를 제시하였다.148)

후자의 예로서 Richard B. Lillich와 John M. Paxman은 "국가가 실제로 테러행위자들을 막을 능력이 없는 경우 … 활동을 방지하기 위한 합리적인 가능성이 존재하지 않을 때, '불능 시 면제가 부여된다'고 결론내리는 것이 적절할 수 있다"고 하였다.149) Daniel Thürer 역시 국가가 조치를 취하는 데 필

---

146) Clyde Eagleton, *The Responsibility of States in International Law* (The New York University Press, 1928), p.90.

147) Barry A. Ferinstein, "The Legality of the Use of Armed Force by Israel in Lebanon-June 1982", 20 *Israel Law Review* 362, 1985, p.381.

148) Manual R. Garcia-Mora, 제3장 제1절 각주 1, pp.30, 63.

149) Richard B. Lillich and John M. Paxman, "State Responsibility for Injuries to Aliens

요한 능력을 가지고 있지 않은 경우 사적 개인들이 저지른 국제법 위반행위를 방지하지 못한 것에 대해서 책임이 있는 것으로 볼 수 없다는 견해를 제시하였다.[150] Liesbeth Zegveld는 국가가 영토 전체 또는 일부에 대한 통제를 행사하고 있는 경우와 없는 경우로 나누어서 국가가 통제를 하고 있는 경우에는 자원의 이용가능성이 국가가 준수해야 하는 상당한 주의의 정도에 영향을 미치며 국가가 통제를 상실한 경우에는 의무 및 그 위반에 대한 책임으로부터 면제된다고 주장하였다.[151]

그런데 Tal Becker는 두 입장 모두 테러리즘 맥락에서는 적절치 않다고 지적하였다.[152] 전자의 입장은 테러리즘에 대응할 수단이 부족한 국가에 대해 불합리한 부담을 부과하는 것이고 후자의 입장은 무능한 국가가 방지할 능력이 없다는 이유로 자국 내 테러활동을 방치하는 것을 허용함으로써 잠재적인 피해자들에 대한 불합리한 부담을 부과하는 측면이 있다는 것이다.[153] 그리고 Becker는 결의 제1373호[154]와 반테러리즘 위원회(CTC)[155]의 활동을

Occasioned by Terrorist Activities", 26 *American University Law Review* 217, 1976, p.270.

150) Daniel Thürer, 제2장 제1절 각주 60, p.747.

151) Liesbeth Zegveld, *Accountability of Armed Opposition Groups in International Law* (Cambridge University Press, 2002), pp.192, 207.

152) Tal Becker, 제3장 제1절 각주 12, p.143.

153) *Id.*

154) 결의 제1373호는 테러행위를 위한 자금 조달을 방지하고 억제하는 데 주안점을 두고 모든 회원국들에게 테러행위와 관련된 자금의 제공 또는 모금을 범죄로 규정하고 테러행위와 관련된 사람 또는 단체의 자금 및 기타 자산을 동결할 것을 요구하였다. 그리고 모든 회원국들에게 테러행위와 관련된 사람 또는 실체에게 어떠한 형태의 지원도 제공하지 않을 의무, 테러행위를 방지하기 위하여 필요한 조치를 취할 의무, 테러행위에 자금을 제공하거나 테러행위를 계획하거나 지원하거나 저지르거나 은신처를 제공한 자들에 대해서는 은신처를 제공하지 않을 의무, 테러행위와 관련된 자들이 재판에 회부되도록 하고 테러행위가 국내법상 중대한 범죄행위로 처벌되도록 할 의무, 테러행위를 위한 자금조달 및 지원에 관한 형사조사 또는 형사소송과 관련하여 최대한의 원조조치를 서로에게 제공할 의무, 효

통해 국가들의 역량구축의 중요성이 강조된 점에 주목하였다.[156] 그는 상당한 주의 기준이 두 개의 구별되는 의무들, 즉 필요한 영토적 통제뿐만 아니라 상당한 주의의무를 충족시켜야 할 법적·안보적·행정적 수단을 추구하고 획득할 의무와 상당한 주의로 그 역량을 사용할 의무를 포함한다고 보았다.[157] 특히 결의 제1373호에 비추어 볼 때, "반테러 역량을 구축할 별개의 의무를 확립하는 것은 상당한 주의 기준의 당연한 결과"라는 것이다.[158]

실제로 국가의 역량구축 의무는 초기의 중재판정들에서 언급되기도 하였다. 예를 들면, *Noyes* 사건의 재판소는 "당국의 책임이 인정되기 위해서는 특정 사건과 관련된 그들의 행동 또는 질서를 유지하거나 범죄를 방지하거나 범죄자들을 기소 또는 처벌할 의무의 불이행이라는 특별한 상황들이 증명되어야 한다"고 판시하였다.[159] *Kennedy* 사건에서도 영토에서 "일반적인 질서를 유지할" 국가의 의무가 언급되었다.[160]

Edwin Borchard, Hersch Lauterpacht, Riccardo Pissilo-Mazzeschi와 같은 학자들 역시 이와 유사한 견해를 제시하였다.[161] 그런데 특히 Borchard와 Pissilo-Mazzeschi는 방지의 목적으로 그러한 수단을 사용할 국가의 의무에 대해서만 상당한 주의 원칙이 적용된다는 점을 분명히 하였다. 즉, Borchard는 피해를

과적인 국경 통제 및 신분증과 여권 발행의 규제를 통하여 테러행위자들이나 테러조직들의 이동을 방지할 의무를 부과하였다. UN Doc. S/RES/1373 (2001).

155) 결의 제1373호는 반테러 의무의 이행을 감독하기 위하여 반테러리즘 위원회 (CTC)를 확립하였고, 모든 회원국들에게 이 결의를 이행하기 위하여 각국이 취하고 있는 조치들을 주기적으로 보고할 것을 요구하였다.

156) Tal Becker, 제3장 제1절 각주 12, p.144.

157) *Id.*, pp.144-145.

158) *Id.*

159) *Noyes Case*, 제3장 제1절 각주 26, p.311.

160) *Kennedy Case*, 제3장 제1절 각주 26, p.198.

161) Edwin Borchard, *The Diplomatic Protection of Citizens Abroad* (Banks Law Publishing, 1915), p.213; Hersch Lauterpacht, 제3장 제1절 각주 9, p.276; Riccardo Pissilo-Mazzeschi, 제3장 제1절 각주 52, p.26.

방지하기 위하여 상당한 주의를 행사할 국가의 의무와 입법적·행정적·사법적 수단을 제공할 의무를 구별하여 언급하였다. Pissilo-Mazzeschi는 "최소한의 법적·행정적 수단을 보유할 국가의 의무는 어떤 식으로든 상당한 주의 원칙에 의해 좌우되지 않는다"고 보았다.

그러나 Becker는 다음과 같은 이유에서 이러한 견해는 수용될 수 없다고 보았다: 첫째, 반테러 역량이 부족한 국가들에 대하여 이러한 기준은 상당한 주의를 절대적 의무로 전환하는 효과를 지닌다; 둘째, 현재의 국제적 상황에서 개발도상국이나 실패한 국가는 그 자신의 과실이 없이도 테러리즘에 대응하는 데 필요한 역량을 획득할 수 없을 것이다; 셋째, 결의 제1377호 등에서 국가들은 반테러 의무를 이행할 역량을 구축하는 데 있어서 원조를 필요할 것이라는 점이 언급된 것에 비추어 볼 때, 절대적 기준은 안전보장이사회가 결의 제1373호를 해석해 온 방법과도 배치되는 것이다.[162] 따라서 Becker는 국가의 역량구축 의무에 대해서도 상당한 주의 기준이 적용되는 것으로 보아야 한다고 주장하며 "합리적으로 이용가능한 기회를 통하여 반테러 의무를 이행하는 데 필요한 수단 및 통제의 정도를 추구하고 획득하기 위한 의무"로 그러한 의무를 설명하였다.[163]

결의 제1373호와 반테러리즘 위원회(CTC)는 입법적·행정적 차원에서 테러행위에 대응할 각국의 역량을 강화함으로써 전세계적으로 정부의 반테러 활동의 성과를 평균적인 수준으로 끌어올리는 것을 목적으로 하였고, 실제로 각국의 역량구축 노력에 중대한 기여를 하고 있다는 평가를 받고 있다.[164] 안전보장이사회의 이러한 선상에서의 활동은 그 이후에 채택된 결의 제1535

---

162) Tal Becker, 제3장 제1절 각주 12, p.145.

163) *Id.*, pp.145-146.

164) Eric Rosand, "Resolution 1373 and the CTC: The Security Council's Capacity-Building", in Giuseppe Nesi (eds.), *International Cooperation in Counter-Terrorism* (Ashgate, 2006), pp.81-82. 결의 제1373호의 이행에 대한 위원회의 자체 평가는 UN Doc. S/2008/379 (2008) 참조.

호, 제1566호, 제1624호, 제1805호, 제1540호에서도 계속되었다. 이를 고려한다면 유엔 회원국들의 경우 테러행위에 대응하기 위한 법적·행정적 수단을 보유할 의무를 부담한다는 주장은 상당한 설득력을 지닌다. 일각에서는 입법자로서의 안전보장이사회의 역할에 대해 의문을 제기하기도 하나,[165] 회원국들이 결의를 이행하는 데 효과적으로 협력하여 일반적인 수락의 증거가 발견된다면 안전보장이사회가 그러한 권한을 부여받았다는 주장이 가능할 것이다.[166]

그런데 아직까지는 테러행위에 대응하기 위하여 필요한 역량구축 의무의 위반 여부를 판단하기 위한 구체적인 기준이 제시된 바가 없기 때문에 절대적 기준이 적용될 것인지 상당한 주의 기준이 적용될 것인지가 불분명하다. 전자의 경우라면 원조의 요청 또는 수락 여부와 관계없이 어떠한 합의된 기준을 충족하지 못한 국가에 대해서 의무 위반이 인정될 것이다. 후자의 경우라면 그러한 기준을 충족하려고 노력하는 과정에서 국제사회에 원조를 구하지 않았거나 원조를 거절한 국가에 대해서 의무 위반이 인정될 것이다. 이 문제에 대해서 위원회가 합의에 도달하기는 쉽지 않을 것이라고 보는 시각도 있다.[167]

오늘날 각국이 처한 다양한 상황을 고려한다면 테러행위에 대응하기 위한 법적·행정적 수단을 보유할 절대적 의무를 부과하는 것은 현실적으로 가능하지 않다. 따라서 이러한 의무에 대해서도 상당한 주의 기준이 적용된다는 주장은 타당한 것으로 보인다. 그런데 상당히 장기적인 관점에서 바라본다면

---

165) UN Doc. S/PV.4950 (2004); Paz Andrés-Sánez-de-Santa-María, "Collective International Measures to Counter International Terrorism", in Pablo Antonio Fernández-Sánchez (ed.), *International Legal Dimension of Terrorism* (M. Nijhoff, 2009), p.98.

166) Alexander Marschik, "The Security Council's Role: Problems and Prospects in the Fight against Terrorism", in Giuseppe Nesi (eds.), *International Cooperation in Counter-Terrorism* (Ashgate, 2006), p.78.

167) Eric Rosand, *supra* note 164, p.87.

국가들이 테러행위에 대응하는 데 필요한 역량을 구축할 의무는 절대적 성질을 지니는 것으로 볼 수 있으므로 이러한 의무는 상당한 주의 기준이 적용되는 여타의 의무들과는 구별되는 측면이 있다.

6. 소결

9.11 테러사건 이후 미국은 테러조직에게 은신처를 제공한 국가는 테러행위에 대한 직접적인 책임이 있다며 알카에다가 근거지를 두고 활동하고 있는 아프가니스탄을 상대로 자위권에 따른 무력대응조치를 취하였다. 국제기구들과 국가들은 이러한 미국의 주장 및 대응에 대해서 적극적인 지지의사를 표명하였다. 미국이 주장하는 책임론은 비국가행위자의 일반적인 위법행위에 대한 국가책임 이론 및 관행에 부합되지 않을 뿐만 아니라 비국가행위자의 테러행위에 대한 국가책임 이론 및 관행에도 부합되지 않는다. 그럼에도 불구하고 국제사회의 광범위한 지지가 있었다는 점에서 9.11 테러사건 이후로 비국가행위자의 테러행위에 대한 국가책임 문제는 상당한 주목을 받고 있다.

9.11 테러사건 이후 미국의 주장 및 대응에 대한 국제사회의 지지를 근거로 일각에서는 새로운 국제관습법이 성립되었다는 주장이 제기되기도 한다. 그러나 9.11 테러사건 이후에 표명된 국제사회의 반응만으로 이러한 결론을 내리는 것은 현재로서는 시기상조이다. 테러행위에 대한 테러조직 수용국의 책임이 국제관습법상의 원칙으로 수락되기 위해서는 보다 충분한 국가관행이 형성될 필요가 있다. 이 문제를 다룬 학자들 대다수도 이러한 접근보다는 '있어야 할 법(lex ferenda)'의 관점에서의 이론적 논의에 보다 치중하고 있다. 즉, 테러리즘의 맥락에서는 국가책임법상의 귀속 기준이 완화되거나 배제되어야 한다는 것이다.

그러나 오늘날 국가들이 과거에 비해 훨씬 더 복잡한 양상으로 테러조직에 관여하고 있는 점에 비추어 볼 때 국가 귀속이 인정되는 범위에 대해서 국제사회가 합의를 이루기는 쉽지 않을 것으로 보인다. 또한 특히 테러행위와 관련해서만 국가로의 귀속 기준을 완화하거나 배제하는 것은 국가책임 분야에서 중요한 문서로 인식되고 있는 ILC 초안상의 원칙들에도 배치된다. 따라서 국가 귀속 기준의 완화 또는 배제를 통하여 테러조직 수용국에게 테러행위에 대한 직접적인 책임을 지우려는 시도는 수락되기 어렵다.

그리고 설사 이러한 주장이 수락될 수 있다고 가정하더라도 귀속 기준의 완화 또는 배제는 국가책임 분야에만 영향을 미치는 것이 아니므로 이러한 변화가 궁극적으로 어떤 결과를 초래할 것인지에 대해서는 신중한 검토를 요한다. 무력공격의 수준에 이르는 테러행위의 경우 그러한 행위가 국가의 행위로 간주된다는 것은 테러행위에 대한 국가의 직접적 책임을 확립하는 것인 동시에 그 국가를 상대로 자위권에 따른 무력대응조치를 취할 수 있도록 하는 것이기도 하다. 이는 곧 국제법상 허용될 수 있는 국가 간 무력행사의 범위가 확대된다는 것을 의미하는데, 테러조직에 대한 무력대응조치는 불가피한 면이 있을지라도 그 수용국에 대해서까지 무력행사가 허용되는 방향으로 나아가는 것이 과연 바람직한 것인지는 의문이다. 실제로 자위권을 발생시킨 것은 비국가행위자의 테러행위임에도 불구하고 그 수용국에 대해서까지 무력을 행사할 수 있도록 하는 것은 무력행사의 범위를 지나치게 확대하는 것일 수 있다.

물론 테러리즘 맥락에서 귀속 기준을 완화 또는 배제할 경우 반테러 조치를 취할 국제적 의무 이행을 보다 강제하는 효과가 있을 수는 있다. 그러나 이와 같은 긍정적 효과보다는 국가들 간의 무력충돌이 초래하는 부정적 효과가 훨씬 더 클 것으로 예상된다. 테러행위에 대한 국가들의 지원 또는 묵인을 억제하고 통제 역량을 강화하는 것은 테러행위에 관한 국제적 규제 체제를 정비함으로써 상당 부분 달성될 수 있다. 9.11 테러사건 이후에 유엔 안전보장이사회가 회원국들에게 강력한 반테러 의무를 부과하는 결의들을 채택하고 그러한 의무의 이행을 감독하는 위원회를 확립한 것은 이러한 노력의 일환이다.

제 4 장

비국가행위자의 테러행위에
대한 자위권 행사

제3장에서는 9.11 테러사건 이후 많은 논란이 되고 있는 테러행위에 대한 테러조직 수용국의 책임 문제를 검토하였다. 그 결과 테러리즘의 맥락에서는 국가 귀속 기준이 완화되어야 한다거나 배제되어야 한다는 주장은 수락되기 어렵다는 결론에 도달하였다. 이러한 접근은 테러행위의 주체인 비국가행위자보다는 그러한 행위자를 수용하고 있는 국가에 초점을 맞춤으로써 문제의 본질을 피해가고 있기도 하다. 그러나 9.11 테러사건 이후의 논의가 모두 이러한 측면에만 집중된 것은 아니었다. 다른 한편에서는 비국가행위자의 테러위협이 증대되고 있는 현실을 직시하고 비국가행위자의 테러행위에 대해서 직접적으로 자위권 규정을 적용하고자 하는 논의 또한 활발하게 이루어지고 있다. 이에 이 장에서는 독자적으로 활동하는 테러조직의 테러행위가 유엔헌장 제51조상의 무력공격에 해당되어 피해국이 테러조직을 상대로 자위권을 행사할 수 있는가의 문제를 검토하고자 한다.

제1절 비국가행위자에 대한
자위권의 원용가능성

1. 유엔 헌장 제51조

유엔 헌장 제51조는 "이 헌장의 어떠한 규정도 유엔 회원국에 대하여 무력공격이 발생한 경우 안전보장이사회가 국제평화와 안전을 유지하기 위하여 필요한 조치를 취할 때까지 개별적 또는 집단적 자위의 고유한 권리를 침해하지 아니한다"고 규정하고 있다. 그리고 "자위권을 행사함에 있어 회원국이 취한 조치는 즉시 안전보장이사회에 보고되어야 하며 국제평화와 안전의 유지 또는 회복을 위하여 필요하다고 간주되는 조치를 언제든지 취할 헌장 하에서의 안전보장이사회의 권한과 책임에 어떠한 영향도 미치지 아니한다" 는 점을 분명히 하고 있다.

일단 자위의 '고유한 권리'라는 표현으로부터 두 가지 사항을 확인할 수 있다. 첫째, 무력공격을 받은 국가에 대해서는 무력에 호소할 권한이 법적으로 인정된다는 점이다. 둘째, 유엔 헌장 이전에 이미 관습법적인 성격의 자위권이 존재하고 있음을 인정하고 헌장이 이를 수락하였다는 점이다.[1] 특히

---

1) 샌프란시스코 회의에서 위원회 I/1 보고자는 "적법한 자위 차원에서의 무력행사는 인정되며 손상되지 않은 채로 남아 있다"고 언급한 바 있다. Report of Rapporteur of Committee I/1 to Commission I, *Documents of the United Nations Conference on International Organization* (1945), Vol. 6, p.459. 국제사법재판소(ICJ) 역시 *Nicaragua* 사건에서 "헌장 제51조는 자연적 또는 고유한 자위권이 존재한다는 전제에서만 유의미하며 이것이 관습법적인 성격 이외의 다른 것일 수 있다고 보기는 어렵다"고 판시하였다. *Military and Paramilitary Activities in and against Nicaragua*, 제3장 제1절 각주 37, para. 176. 이러한 입장은 다수의 학자들에 의해서도 지지되

이와 관련하여 제51조가 어떠한 측면에서는 기존의 자위권을 확대했으나 다른 측면에서는 제한하였다는 주장,[2] 또는 제51조는 1945년 당시에 존재하던 국제관습법을 반영하였다는 주장[3] 등이 제기되었으나, 여하튼 유엔 헌장에서 확립된 자위권은 다음과 같다: 첫째, 개별적 자위권뿐만 아니라 집단적 자위권도 포함하는 것으로 자위권이 확대되었다; 둘째, 불법적인 무력사용에 대한 구실로 자위권이 남용되는 것을 피하기 위하여 자위권의 행사는 유엔 회원국에 대하여 무력공격이 발생한 경우로 제한되었다; 셋째, 자위권은 안전보장이사회가 국제평화 및 안보를 유지하기 위하여 필요한 조치를 취할 때까지만 행사될 수 있는 일시적 권리로 간주되었다.[4]

그런데 국제사법재판소(ICJ)는 Nicaragua 사건에서 헌장이 자위권의 존재를 인정하였다고 하더라도 그 내용의 모든 측면들을 직접적으로 규제하고 있지는 않기 때문에 제51조가 국제관습법을 "포섭하거나 대체하는(subsume or supervene)"것은 아니라고 판시하였다.[5] 재판소는 그러한 예로 제51조에는 국제관습법으로 확립된 원칙인 필요성 및 비례성 요건과 무력공격의 정의가 포함되어 있지 않다는 점을 제시하였다.[6] 그러나 이러한 차이들은 유의미하다고 볼 수 없는데, 필요성 및 비례성 요건이나 무력공격의 정의는 국제관습법에서만 찾아질 수 있는 것은 아니며 기본적으로 조약의 해석 문제

고 있는데, 예컨대 Derek Bowett, *Self-Defence in International Law* (Praeger, 1958), p.186; Arthur L. Goodhart, "The North Atlantic Treaty of 1949", 79 *Hague Recueil* 187, 1951, p.192.

2) 예컨대, Hans Kelsen, *The Law of the United Nations: A Critique Analysis of its Fundamental Problems* (Stevens, 1951), p.792.

3) 예컨대, Ian Brownlie, *International Law and the Use of Force by States* (Clarendon Press, 1963), p.274.

4) Stanimir A. Alexandrov, *Self-defense against the Use of Force in International Law* (Kluwer Law International, 1996), p.95.

5) *Military and Paramilitary Activities in and against Nicaragua*, 제3장 제1절 각주 37, para. 176.

6) *Id.*

라고도 볼 수 있기 때문이다. Tarcisio Gazzini는 이 사건에서 재판소가 조약
과 국제관습법이 독립적으로 존재한다는 사실에 초점을 맞춤으로써 이 두
연원이 상호작용하는 측면을 상대적으로 간과하였다고 지적하였다.[7] Gazzini
는 조약과 국제관습법 간의 상호작용을 다음과 같이 설명하고 있다:

> 특히 법전화의 경우에 조약은 관습법상의 규칙을 그대로 '투영(photograph)'하지
> 만, 그것이 조약상의 규칙에 최종적이고 영속적인 모습을 부여하는 것도 아닐뿐
> 더러 그에 상응하는 관습법상의 규칙의 발전을 저해하는 것도 아니다. 한편으로
> 는 조약상의 규칙들은 조약의 성질을 띠는 것이든 관습법의 성질을 띠는 것이든
> 관계없이 당사국들 간의 관계에 적용될 수 있는 여하한 국제법상의 관련 규칙들
> 을 고려해서 해석된다. … 다른 한편으로는 조약당사국들의 추후관행은 대규모로
> 관련 관습법상의 규칙들이 발전하는 데 기여할 수 있다. … 두 규칙 간의 상호작
> 용은 각각의 발전에 있어서 일정한 정도의 통일성과 일관성을 확보해 주는데, 조
> 약이 광범위한 지지를 얻은 경우에는 특히 그러하다.[8]

결국 "유엔 헌장과 국제관습법 간의 상호작용 그리고 기구의 실질적인 보편
성 때문에 헌장의 구속을 받는 국가들과 국제관습법의 구속을 받는 국가들
이 거의 완벽하게 일치하는 점을 고려한다면 무력사용에 관한 규범들은 두
연원 하에서 실질적으로 동일한 것으로 보아야 한다"는 것이다.[9] 이러한 점
에 비추어 볼 때 유엔 헌장상의 자위권 개념과 국제관습법상의 자위권 개념
간에 어떠한 차이가 있을 수 있다는 관념은 수락되기 어렵다.[10]

---

7) Tarcisio Gazzini, 제3장 제2절 각주 91, p.118.
8) *Id.*, p.120.
9) *Id.*, pp.121-122.
10) 이러한 견해로는 Roberto Ago, Addendum to the 8th Report on State Responsibility, *Yearbook of the International Law Commission* (1980), Vol. II, Part. I, p.63; Stanimir A. Alexandrov, *supra* note 4, pp.93-94; Avra Constatinou, *The Right of Self-Defence under Customary Law and Article 51 of the Charter* (A. N. Sakkoulas, 2000), p.204; Hans Kelsen, *Recent Trends in the Law of the United Nations* (Praeger, 1951), pp.913-914; Hans Kelsen, *supra* note 2, p.791.

한편 자위권과 구별되어야 할 개념으로는 복구(reprisal)가 있다. 일반적으로 복구는 사전에 이미 행해진 위법행위가 아니었다면 위법한 것으로 간주되었을 대응조치를 말한다.[11] 자위권과 복구는 둘 다 자력구제의 한 형태이나 자위권에 따른 무력행사와는 달리 복구에 따른 무력행사는 유엔 헌장 하에서 허용되지 않는다고 보는 것이 일반적이다.[12] Ian Brownlie는 "분쟁의 평화로운 해결 및 무력에의 호소를 금지하는 유엔 헌장의 규정들은 무력의 행사를 수반하는 복구를 금지하는 것으로 보편적으로 간주된다"고 하였다.[13] Derek Bowett은 "유엔 헌장 하에서 복구로서의 무력행사는 위법하다는 명제보다 더 많은 지지를 받은 국제법상의 명제는 없을 것"이라고 언급한 바 있다.[14] 1970년에 유엔 총회가 채택한 '유엔 헌장에 따른 각국 간의 우호관계 및 협력에 관한 국제법원칙에 관한 선언'에서도 국가들은 무력의 행사를 수반하는 복구행위를 삼갈 의무를 부담한다는 점을 분명히 하였다.[15]

이처럼 유엔 헌장 하에서는 무력복구가 허용되지 않는 점은 분명하게 확립되어 있으나, 문제는 자위권과 복구 간의 경계가 명확하지 않다는 데 있다. 따라서 자위권과 복구를 구별하는 것이 무엇보다 필요한데, Bowett는 이와 관련하여 유용한 기준을 제시한 바 있다. Bowett에 따르면, 우선 자위권과 복구는 세 가지 공통점을 지닌다. 첫째, 대상국이 권리주장국에 대해서 사전에 국제적 위법행위를 저질렀어야 한다.[16] 둘째, 다른 수단들에 의한 구제

---

11) Oscar Schachter, "International Law in Theory and Practice", 178 *Recueil des Cours de L'Academie de Droit International de la Haye* 9, 1982, p.168.

12) 예컨대, Mark B. Baker, "Terrorism and the Inherent Right of Self-Defence (A Call to Amend 51 of the United Nations Charter", 10 *Houston Journal of International Law* 25, 1987, pp.34-35; Jackson Nyamuya Maogoto, 제1장 제1절 각주 10, p.36; Guy B. Roberts, 제2장 제1절 각주 57, p.282.

13) Ian Brownlie, *supra* note 3, p.281.

14) Derek W. Bowett, "Reprisals Involving Recourse to Armed Force", 66 *American Journal of International Law* 1, 1972, p.1.

15) GA Res. 2625, UN Doc. A/8028 (1970).

16) Derek W. Bowett, *supra* note 14, p.3.

또는 보호를 얻고자 하는 권리주장국의 시도가 행해졌는데 실패했다거나 그러한 시도가 그 상황에서는 부적절 또는 불가능하다는 점이 인정되어야 한다.[17] 셋째, 권리주장국의 무력행사는 필요한 경우로 제한되어야 하며 대상국의 잘못에 비례하는 것이어야 한다.[18]

Bowett은 자위권과 복구 간의 차이에 대해서는 다음과 같이 설명하고 있다:

> 자위권은 국가의 안전과 그러한 안전이 의지하고 있는 본질적 권리-특히 영토보전 및 정치적 독립에 관한 권리-의 보호를 위해서 허용될 수 있다. 이와는 달리 복구는 성격에 있어서 징벌적이다: 복구는 피해에 대한 배상을 요구하거나 잘못을 저지른 국가가 향후에는 법을 준수할 것을 강요하기 위해서 추구된다.[19]

즉, Bowett은 무력을 행사하는 국가의 목적 또는 의도가 자위권과 복구를 구별하는 가장 중요한 기준이라고 보고 있음을 알 수 있다. 이러한 기준에 따르면, 처벌 또는 응징을 하기 위한 무력행사는 국제법상 허용되지 않는 무력복구에 해당하며 현재의 상태를 보존하거나 회복하기 위한 무력행사는 국제법상 허용되는 자위권의 행사에 해당한다. 그러나 무력대응을 하는 국가의 목적 또는 의도를 결정하는 것은 쉽지 않기 때문에 자위권과 복구를 구별하는 것은 여전히 어려울 수 있다. 이러한 부분을 보완하기 위해서는 보다 구체적인 기준이 필요한데, 무력공격과 무력대응 간의 시간 간격을 고려하는 것은 매우 유용할 수 있다.[20] 무력공격이 발생하고 나서 어느 정도 시간이 경과한 후에 무력대응이 이루어졌다는 것은 결국 그러한 무력행사가 보호의 수단은 아니라는 것을 의미한다.[21] 따라서 무력공격이 발생한 후 지체 없이

---

17) *Id.*
18) *Id.*
19) *Id.*
20) Mark B. Baker, *supra* note 12, p.43; Richard Erikson, 제1장 제1절 각주 10, p.144.
21) 그러나 시간이 경과했다고 해서 대응의 성격이 징벌적으로 되는 것은 아니라는 견

이루어졌다면 적법한 자위권의 행사로 간주되었을 무력대응이 상당한 시간
적 격차를 두고 이루어졌을 경우에는 위법한 무력복구가 된다.

2. 무력공격의 주체

2001년 9.11 테러사건 이후로 특히 많은 논란이 되고 있는 문제는 비국가
행위자가 유엔 헌장 제51조상의 무력공격의 주체가 될 수 있는가 하는 것이
다. 제51조는 "유엔 회원국에 대하여 무력공격이 발생한 경우"라고 함으로써
무력공격의 객체는 명시하고 있는 반면 무력공격의 주체에 대해서는 언급하
고 있지 않다. 따라서 비국가행위자도 무력공격의 주체에 포함되는 것으로
해석될 수 있는 여지를 남겨 두고 있다.[22]

흥미롭게도 자위권 개념에 대한 역사적 검토에서 가장 먼저 등장하는
1837년 *Caroline* 사건은 국가와 국가 사이에서가 아니라 국가와 비국가행위자
사이에서의 자위권의 행사 문제를 다루고 있어 검토의 필요성이 제기된다.
Caroline 사건은 "자위권을 정치적 구실로부터 법적 이론으로 변화시킨" 중요

해도 존재하는데, 예컨대 Yoram Dinstein, 제3장 제2절 각주 2, p.227 참조. Dinstein
의 경우에는 무력복구를 '방어적 무력복구'와 '징벌적 무력복구'로 나누고 전자는
국제법상 허용된다고 보고 있다. 그리고 이 때 무력공격과 피해국의 대응 사이에
시간이 경과했다고 해서 방어적 무력복구가 징벌적 무력복구가 되는 것은 아니라
고 보았다. Dinstein에 따르면, 즉각적인 무력대응은 자위권에 해당하나 본래의 무
력공격과는 다른 시간 및 장소에서의 무력대응은 방어적 무력복구에 해당한다. *Id.*,
pp.221-231.

22) Jörg Kammerhofer는 이 부분에 관한 규정이 불분명하기 때문에 텍스트에만 의존하
여 무력공격의 정의에서 개인 또는 집단의 행위를 배제하거나 포함시킬 수는 없다
는 견해를 제시하였다. 즉, 제51조는 단지 그것이 실체이든지 국가이든지 간에 공격
의 주체를 언급하고 있지 않을 뿐이라는 것이다. Jörg Kammerhofer, "Uncertainties
of the Law on Self-Defence in the United Nations Charter", 35 *Netherlands Yearbook
of International Law* 143, 2004, p.187.

한 사건으로 간주되고 있는데,[23] 이 사건에서는 다른 국가에서 발생한 반란
에 대한 외국 국민들의 지원행위와 이에 대한 무력내응의 적법성이 문제가
되었다. 1837년에 영국의 식민지였던 캐나다에서 독립을 요구하는 반란이
일어났을 당시 미국 국민들은 이러한 반란을 지원하고자 하였다.[24] 이를 막
기 위한 미국 정부의 시도에도 불구하고 일부 미국인들은 반란자들에게 무
기와 인력을 제공하였는데, '캐롤라인'이라는 기선이 이들의 운반과정에 사
용되었다.[25] 이에 1837년 12월 영국-캐나다 군대는 캐나다에서 출발하여 미
국 쪽 항구에 정박 중이던 캐롤라인호를 습격하여 불을 지른 후 나이아가라
폭포로 낙하시켰다.[26] John Forsyth 미국 국무장관은 이 사건과 관련하여 영
국 정부에 항의하였으나, 영국 측은 캐롤라인호의 파괴는 "자위 및 자기보존
의 필요"에 따른 행위라고 반박하였다.[27] 이후 후임자인 Daniel Webster 국
무장관은 영국 측에 보낸 서한에서 무력행위가 자위로 인정되기 위해서는
영국 정부가 "급박하고 압도적인 자위의 필요가 존재하고 다른 수단을 선택
할 여지가 없으며 숙고할 시간이 없었음을 보여주어야 할 것이다 … 행위는
… 필요에 의해 제한되며 명백히 그 한도 내에 머무는 것이어야 한다"고 주
장하였다.[28]

이 사건에서 문제가 된 비국가행위자의 행위는 다른 국가 내에 있는 반란
집단에 대한 원조라는 점에서는 오늘날 비국가행위자에 의해 제기되는 위협
과는 완전히 부합되지는 않는 측면이 있다. 그러나 미국 국민들의 반란 원조
행위에 미국 정부가 적극적으로 관여한 사실이 없을 뿐만 아니라 오히려 이
를 막기 위해 노력했음에도 불구하고 영국이 자위권을 원용하였다는 점에

---

23) Robert Y. Jennings, "The *Caroline* and *McLeod* Cases", 32 *American Journal of*
   International Law 82, 1938, p.82.
24) *Id.*
25) *Id.*, p.83.
26) *Id.*, p.84.
27) *Id.*, p.85.
28) *Id.*, p.89.

비추어 볼 때 적어도 국가만이 문제의 행위의 주체이어야 하는 것으로 간주
되지는 않았다는 해석이 가능하다.[29] 한편 *Caroline* 사건에 대한 이러한 해석
으로부터 또 다른 명제가 도출될 수 있다고 보는 시각도 있는데, 외국에 대
한 사인 집단의 적대행위를 방지하지 못한 국가의 영토주권은 피해국의 자
위권 행사에 의해 제한될 수 있다는 것이 그것이다. 예컨대, Manuel R.
Garcia-Mora는 *Caroline* 사건이 외국에 대해 적대행위를 하는 자국 영토 내 무
장반도를 진압할 의사가 없거나 능력이 없는 국가는 피해국의 자위권 행사
로 인한 자국 영토 침해를 감수해야 한다는 것을 시사한다고 주장하였다.[30]
즉, "영토주권은 결코 절대적이지 않으며 명백히 보다 강한 피해국의 자위권
행사에 양보해야 한다"는 인식이 내재되어 있다는 것이다.[31]

　제51조에 규정된 자위권이 유엔 헌장 채택 이전에 존재하던 국제관습법을
수락한 것이라는 점에서 이 사건은 자위권과 관련하여 중요한 기준을 제시
하는 것으로 인식될 수 있다.[32] 그러나 자위권이 국제관습법의 형태로도 존
재한다는 점과는 별개로 그 내용이 유엔 헌장상의 자위권의 내용과 다를 수
없다는 점은 앞에서 이미 살펴보았다. 따라서 유엔 헌장 체제 하에서는 무력
공격의 주체가 어떻게 이해되고 있는지를 파악할 필요가 있다. 제3장에서 검
토한 바와 같이 국제사법재판소(ICJ)는 무력공격이 확립되기 위해서는 일정
한 형태의 국가 통제에 의해 비국가행위자의 행위가 국가로 귀속될 수 있어
야 한다는 입장을 취하였다. 그리고 비국가행위자와 국가와의 관계에 있어서

---

29) 유사한 해석으로 Sean D. Murphy, 제3장 제2절 각주 7, p.50. 그는 "1837년 *Caroline*
　　사건은 … 자위권이 비정부적 실체의 공격(이 사건에서는 캐나다에 있는 반역자들
　　에 대한 미국 국민들의 지원)에 대한 대응으로서 허용될 수 있다는 주장을 지지하
　　는 것일 수 있다. … 유엔 헌장 이전의 [자위권은] 공격이 어디서부터 비롯된 것이
　　든지 간에 그에 대응할 권리를 포함하였다"는 견해를 제시하였다. 그 밖에도
　　Jordan J. Paust, 제3장 제2절 각주 79, p.535 참조.
30) Manuel R. Garcia-Mora, 제3장 제1절 각주 1, p.116.
31) *Id.*
32) Mark B. Baker, *supra* note 12, p.32.

재판소보다 좀 더 다양하고 유연한 기준을 제시하기도 하였지만 상당수의 학자들 역시 비국가행위자의 행위가 국가로 귀속될 수 있어야만 무력공격의 요건이 충족되는 것으로 보았다.

그러나 2001년 9.11 테러사건 직후에 표명된 국제사회의 반응은 이러한 입장과는 상당한 차이를 보이고 있어 많은 논란을 야기하고 있다. 유엔 안전보장이사회는 결의 제1368호와 제1373호에서 테러행위를 "국제평화 및 안전에 대한 위협"으로 간주하고 헌장에 따른 자위의 권리가 인정된다고 언급하였다. 다른 국제기구들 또한 이와 유사한 입장을 표명하였다. 따라서 비국가행위자의 무력공격에 대한 유엔 헌장 제51조의 적용 문제는 보다 면밀하게 검토될 필요가 있는데, 이하에서는 먼저 비국가행위자의 무력공격에 대한 피해국들의 대응과 이에 대한 국제사회의 반응, 즉 국가관행을 살펴보고자 한다.

3. 국가관행

(1) 팔레스타인해방기구와 헤즈볼라에 대한 이스라엘의 대응

비국가행위자의 무력공격과 이에 대한 무력대응의 가장 풍부한 사례를 제공하는 국가들 중 하나는 이스라엘이다. 이스라엘은 특히 팔레스타인해방기구(PLO)와 헤즈볼라와 오랜 기간 대립을 해 오고 있다. 이 조직들은 외국 정부들과 다양한 관계를 형성하고 있으며 그 본부 및 기관이 여러 국가에 소재하고 있기도 하다. 이 조직들이 주로 근거지를 두고 활동하는 국가는 레바논인데, 레바논은 여러 민족적·종교적 분파 간의 대립으로 인해 끊이지 않는 내전을 거치면서 국가 통제력이 약화된 대표적인 국가이다. 이스라엘은 비국

가행위자들에 의한 무력공격이 발생하였을 경우 그에 대한 무력대응을 정당
화하는 근거로 빈번하게 자위권을 원용해 왔다.[33]

먼저 팔레스타인해방기구(PLO)에 대한 이스라엘의 무력대응 사례부터 살
펴보고자 하는데, 1968년부터 계속되어 온 수많은 사건들 중에서도 피해국
의 입장과 이에 대한 국제사회의 반응이 보다 분명하게 드러난 사례들이 주
요 검토 대상이 될 것이다. 1970년에 이스라엘은 레바논 남부 지역에 있는
게릴라 조직들로부터의 계속적인 공격에 대해서 자위권을 원용하였다.[34] 그
결과 게릴라 조직들의 캠프와 근거지가 파괴되었다.[35] 이에 대해 레바논은
이스라엘이 자국을 침략하였다고 항의하였다.[36] 유엔 안전보장이사회 회의
에서 다른 일부 국가 대표들도 이스라엘의 조치가 레바논에 대한 침략이라
고 비난하였다.[37] 또 다른 일부 국가 대표들은 이스라엘의 조치가 비례에 맞
지 않는다거나 불법적 복구 또는 보복에 해당한다는 입장을 표명하였다.[38]

---

33) UN Doc. S/PV.1460 (1968), p.5; UN Doc. S/PV.1501 (1969), p.4; UN Doc. S/PV.1537 (1970), pp.4, 5; UN Doc. S/PV.1551 (1970), pp.4, 5; UN Doc. S/10550 (1972); UN Doc. S/PV.2146 (1979), p.5; UN Doc. S/PV.2292 (1981), p.5; UN Doc. S/PV.2375 (1982), p.3; UN Doc. S/16276 (1984); UN Doc. S/PV.2568 (1985), p.8; UN Doc. S/PV.2783 (1988), pp.34-35; UN Doc. S/24032 (1992); UN Doc. S/1997/108 (1997); UN Doc. S/1998/75 (1998); UN Doc. S/1999/1178 (1999); UN Doc. S/2001/385 (2001); UN Doc. S/2001/673 (2001); UN Doc. S/2002/115 (2002); UN Doc. S/2002/301 (2002); UN Doc. S/2002/374 (2002); UN Doc. S/2002/986 (2002); UN Doc. S/2003/976 (2003); UN Doc. S/2004/61 (2004); UN Doc. S/2004/465 (2004); UN Doc. S/2004/906 (2004); UN Doc. S/2005/312 (2005); UN Doc. S/PV.5404 (2006), p.10.
34) UN Doc. S/PV.1537 (1970), pp.4, 5.
35) United Nations, *Yearbook of the United Nations* (1970), p.234.
36) UN Doc. S/9795 (1970).
37) UN Doc. S/PV.1537 (1970), p.9; UN Doc. S/PV.1538 (1970), pp.4, 15; UN Doc. S/PV.1540 (1970), p.3.
38) UN Doc. S/PV.1539 (1970), pp.7, 8; UN Doc. S/PV.1540 (1970), pp.1, 5, 6; UN Doc. S/PV.1541 (1970), pp.4, 5; UN Doc. S/PV.1542 (1970), pp.8, 10.

이 사건과 관련하여 유엔 안전보장이사회는 이스라엘을 비난하는 결의를 채택하였다.[39]

그 이후에도 유사한 사건들이 계속되었는데, 1972년에도 이스라엘은 레바논 영토로부터 비롯되는 공격에 대해서 레바논 정부에게 여러 차례 경고를 하였음에도 불구하고 공격이 끓이지 않자 다시금 자위권을 원용하며 무력대응조치를 취하였다.[40] 이에 대해 레바논은 이스라엘이 자국을 침략하였다고 항의하였다.[41] 이 사건과 관련한 유엔 안전보장이사회에서의 논의 과정에서 아르헨티나 대표는 이스라엘의 자위권 주장을 언급한 후, 자위권은 "필요성과 비례성의 두 가지 필수불가결한 요건들이 충족된다는 전제 하에 국가들에 대해 자행된 불법적이거나 침략적 행위에 대한 대응을 위해 국제법상 인정된 개념"이라고 하였다.[42] 그러나 유감스럽게도 이 사건에서는 이 두 요건들이 모두 충족되지 않았다고 보았다.[43] 일부 국가 대표들은 이스라엘의 자위권 주장에 대한 언급은 없이 주로 대응조치의 비례성에 초점을 맞춰서 이스라엘의 조치가 과도하였기 때문에 그러한 조치는 정당화될 수 없다는 견해를 표명하였다.[44] 또 다른 일부 국가 대표들은 이스라엘의 행위가 침략에 해당한다고 보았다.[45]

앞에서 이미 검토한 바 있는 1982년 사건 이후 설치된 "이스라엘의 레바논 침공 당시 국제법 위반 여부를 조사하기 위한 국제위원회(International Commission to Enquire into Reported Violations of International Law by Israel during its Invasion of the Lebanon)"에서의 논의 역시 주목할 만하다. 이 위원회가 다룬 쟁점들은 대부분은 이스라엘의 국제인도법 위반에 관한 것이었으

---

39) SC Res 280, *supra* note 35, p.243.
40) UN Doc. S/10550 (1972).
41) UN Doc. S/10546 (1972).
42) UN Doc. S/PV.1644 (1972), p.3.
43) *Id.*
44) UN Doc. S/PV.1643 (1972), pp.13-15; UN Doc. S/PV.1644 (1972), pp.19, 21.
45) UN Doc. S/PV.1643 (1972), pp.4, 5, 12, 17.

나, 무력행사의 적법성 여부도 부분적으로 논의가 되었다.[46] 위원회는 이스라엘 정부가 국제법에 반하는 침략행위를 저질렀는지 또는 국제법상의 유효한 대응이었는지를 검토한 후, 이스라엘은 "자위에 의존할 어떠한 근거도 갖지 않았다"고 결론 내렸다.[47] 그러한 결정의 근거로 위원회는 레바논 측으로부터의 어떠한 심각한 위반도 없이 1981년 정전 협정이 완전히 준수되었다는 점 그리고 이스라엘의 조치는 너무 광범위하여 보복으로 분류될 수 있다는 점을 제시하였다.[48] 특히 위원회는 "레바논에 있는 팔레스타인해방기구(PLO)의 군사 시설이 결코 이스라엘 안보에 대한 심각한 위협을 제기하지 않았으므로" 이스라엘이 과잉행동을 한 것이라고 언급하였다.[49]

한편 1982년에 레바논에서 시아파 무장단체인 헤즈볼라가 결성된 이후로 이스라엘과 헤즈볼라 간에도 무력행사가 빈번하게 일어나고 있다. 형성 초기에는 헤즈볼라가 레바논 영토 내 외국 군대를 공격하였는데, 1983년에 레바논 내 이스라엘 군사 본부에 대한 공격은 그러한 예 중 하나이다. 이에 대한 대응으로 이스라엘은 헤즈볼라에 대한 공습을 개시하였고 그 근거로 자위권을 원용하였다.[50] 이스라엘은 레바논이 다른 국가에 대한 테러활동의 작전 기지로 자국 영토가 사용되는 것을 막을 의사가 없거나 능력이 없다면 피해국이 자위권에 따른 적절한 조치를 취할 것으로 생각해야 한다고 주장하였다.[51] 그러나 이 사건과 관련한 유엔 안전보장이사회에서의 논의 과정에서 자위권 문제는 거의 거론되지 않았다.[52]

---

46) International Commission to Enquire into Reported Violations of International Law by Israel during its Invasion of the Lebanon, Israel in Lebanon, *The Report of the International Commission to Enquire into Reported Violations of International Law during its Invasion of the Lebanon* (Ithaca Press, 1983).

47) *Id.*, p.190.

48) *Id.*, p.16.

49) *Id.*, p.18.

50) UN Doc. S/16276 (1984).

51) UN Doc. S/PV.2552 (1984), p.11.

1983년 사건 이후 헤즈볼라는 레바논 국경 밖으로까지 그 공격 범위를 확대하여 이스라엘 영토와 외국에 있는 이스라엘 대사관 및 유대인 관련 시설들을 공격하였다. 이에 대한 대응으로 이스라엘은 레바논에 있는 헤즈볼라에 대해서 자위권을 원용하며 무력대응조치를 취하였다. 특히 1996년에는 헤즈볼라가 100개의 로켓을 발사하여 이스라엘 내 20개의 도시를 공격하는 대규모 사건이 발생하였고,53) 이스라엘도 자위권을 원용하며 강력하게 대응하였다.54) 이에 대해 레바논은 이스라엘이 레바논의 주권 및 영토주권을 침해하였다고 항의하였다.55)

이스라엘의 무력대응 과정에서는 레바논 내 유엔 캠프가 폭격을 당하기도 하였는데, 그럼에도 불구하고 이 사건과 관련하여 일부 국가들은 비교적 우호적인 입장을 표명하였다. 예컨대, 유엔 안전보장이사회에서 독일 대표는 "자위권은 분명히 적법한 것일지라도 자위권에 따른 조치가 비례성을 규정하는 법의 기본원칙을 준수하지 않는다면 위법한 것이 될 수 있다"는 입장을 표명하였다.56) 러시아 대표는 이스라엘에 대한 테러공격을 강하게 비난하면서 그럼에도 불구하고 "이스라엘 군대의 공격은 어느 범위까지 극단주의자들의 행위에 비례하는 것인가의 문제가 제기된다"고 하였다.57) 미국 대표는 "헤즈볼라의 폭력에 대한 대응으로서의 이스라엘의 자위권 행사"에 대한 이해를 표명하였다.58) 이집트 대표는 자위권이 인정되기 위해서는 유엔 헌장 제51조 하에서 실제적인 무력공격이 존재해야 하며 비례성의 요건이 충족되어야 한다는 점을 강조하였다.59) 그러나 상당수의 국가 대표들은 이스라엘

---

52) UN Doc. S/PV.2552 (1984); UN Doc. S/PV.2553 (1984); UN Doc. S/PV.2554 (1984); UN Doc. S/PV.2555 (1984).
53) UN Doc. S/PV.3653 (1996), p.6.
54) *Id.*
55) UN Doc. S/1996/280 (1996).
56) UN Doc. S/PV.3653 (1996), p.9.
57) *Id.*, p.10.
58) *Id.*, p.13.

의 자위권 주장에 대한 언급은 없이 이스라엘이 레바논의 주권, 영토보전, 정치적 독립을 침해하였다는 입장을 표명하였다.[60] 이후 유엔 총회는 민간인 보호에 관한 국제인도법 규칙들에 위배되는 레바논 내 민간인들에 대한 이스라엘의 군사공격을 비난하고 이스라엘에 레바논 영토에 대한 군사조치를 즉각적으로 중지할 것을 촉구하는 결의를 채택하였다.[61]

2006년에는 헤즈볼라에 의해 이스라엘 병사 2명이 납치되고 3명이 살해당하는 사건이 발생하였는데, 이에 대한 대응으로 이스라엘은 대규모의 공습을 개시하였다. 이스라엘은 유엔 안전보장이사회에 보낸 서한에서 유엔 헌장 제51조에 따라서 조치를 취할 권리를 언급하는 한편 레바논, 시리아, 이란 정부에게도 책임이 있다고 주장하였다.[62] 이에 대해 레바논은 이스라엘의 무력행사가 자국에 대한 침략행위에 해당한다고 항의하였다.[63] 그리고 유엔 안전보장이사회 회의에서 레바논 대표는 "그 날 블루라인에서 발생한 사건을 알지 못하고 그에 대해 책임이 없으며 그러한 행위를 승인하지 않는다"고 하였다.[64] 이후 이스라엘 대표는 "국제사회는 결국에는 레바논을 점령하고 있는 테러리즘을 다루어야 한다. 현재의 위기는 이스라엘 및 레바논에 대한 위험일 뿐만 아니라 전 지역에 대한 위험이다. 우리는 착각해서는 안 된다: 이 위기의 근저에 있는 테러리즘은 모든 곳에서의 위험이다"라고 언급하였다.[65]

당시 유엔 사무총장이던 Kofi Annan은 "나는 이미 이스라엘에 대한 헤즈볼라의 공격을 비난하였고 유엔 헌장 제51조하에서 스스로를 방어할 이스라엘의 권리를 인정하였다. 나는 오늘 그것을 다시 한다"고 밝혔다.[66] 그리고

59) *Id.*, p.14.
60) *Id.*, pp.8, 9, 16-27.
61) UN Doc. A/RES/50/22C (1996).
62) UN Doc. S/2006/515 (2006).
63) UN Doc. S/2006/517 (2006).
64) UN Doc. S/PV.5489 (2006), p.4.
65) UN Doc. S/PV.5493 (2006), p.12.
66) Press Release, Secretary-General, Secretary-General Says 'Immediate Cessation of

"레바논 정부가 이러한 공격에 대해 사전에 알지 못하였음이 분명하다"는
점도 함께 언급하였다.[67] 캐나다, 독일, 프랑스, 이탈리아, 일본, 러시아, 영
국, 미국으로 구성된 G8 정상회담에서는 "레바논에서 헤즈볼라는 블루라인
을 위반하여 레바논 영토로부터 이스라엘을 공격하였고 … 이스라엘은 스스
로를 방어하기 위한 권리를 행사하면서도 그러한 조치의 전략적이고 인도적
결과를 염두에 두는 것이 중요하다"고 하였다.[68]

한편 헤즈볼라의 공격에 대한 이스라엘의 무력대응 직후 개최된 유엔 안
전보장이사회 회의에서 일부 국가 대표들은 명시적인 표현으로 이스라엘의
자위권을 인정하면서도 동시에 이스라엘에게 그러한 대응의 비례성을 간과
하지 말 것을 촉구하였다.[69] 다른 일부 국가 대표들은 이스라엘의 자위권 주
장과 관련한 언급은 없이 이스라엘의 조치가 레바논에 대한 침략이라거나
과도한 또는 비례에 맞지 않는 무력행사라는 입장을 표명하였다.[70] 이스라
엘과 헤즈볼라 간의 무력충돌이 4주 동안 계속되자 유엔 안전보장이사회는
양측에 적대행위의 완전한 중지를 촉구하는 한편 레바논 정부가 그 영토 전
체에 대한 통제를 확보하는 것의 중요성을 강조하는 결의를 채택하였다.[71]
이 결의는 헤즈볼라에 대한 이스라엘의 자위권을 명시적으로 언급하지는 않
았으나 이스라엘의 무력대응을 비난하지도 않았다. 실제로 유엔 안전보장이
사회에서의 투표 전후의 논의 과정에서 몇몇 국가 대표들은 헤즈볼라에 대
해 스스로를 방어할 권리가 이스라엘에게 있음을 명시적으로 또는 묵시적으

Hostilities' Needed in Lebanon, Describes Package Aimed at Lasting Solution, in
Security Council Briefing (July 20, 2006), UN Doc. SC/8781 (2006).

67) *Id.*
68) Press Release from the G 8, Middle East (July 16, 2006), <http://en.g8russia.ru/
docs/21.html> (2009.12.5. 최종 방문).
69) UN Doc. S/PV.5488 (2006), pp.4, 5; UN Doc. S/PV.5489 (2006), pp.9, 15-17; UN
Doc. S/PV.5493 (2006), p.17.
70) UN Doc. S/PV.5489 (2006), pp.10-13.
71) UN Doc. S/RES/1701 (2006).

로 확인하였다.[72]

(2) 서남아프리카인민기구에 대한 남아프리카의 대응

남아프리카도 인근 국가들에 근거지를 두고 있는 반(反) 남아프리카 게릴라 집단의 무력공격에 대한 무력대응을 정당화하기 위하여 자위권을 원용하곤 하였다. 남아프리카의 인종차별정책 및 식민지배정책은 국제사회로부터의 비난의 대상이 되었기 때문에 남아프리카의 무력행사에 대한 정당성 주장이 수락된 적은 거의 없다. 그러므로 인종차별정책 및 식민지배정책에 대한 국가들의 일반적인 거절로부터 비국가행위자에 대한 무력대응 문제만을 별도로 분리해 내는 것은 상당히 어려운 일이다.[73] 남아프리카에 대한 게릴라 조직의 대응은 대체로 적법한 것으로 간주되었기 때문에 더욱 그러하다.[74]

앞에서 이미 살펴본 바 있는 1981년 사건에서 남아프리카는 자국의 조치는 나미비아에 있는 민간인들에 대한 서남아프리카인민기구(SWAPO)의 초국경적 폭력이 증가하는 데 따른 대응이었다고 주장하였다.[75] 그리고 자국 군대의 조치는 앙골라 및 그 주민들에 대한 것이 아니라 오로지 서남아프리카인민기구(SWAPO)에 대한 것이라는 점을 강조하였다.[76] 이에 대해 몇몇 국가들은 남아프리카의 무력행사는 침략이라며 비난하였다.[77] 특히 프랑스는 "공격이 서남아프리카인민기구(SWAPO) 조직원들에 의한 침입에 대응하기 위하여 자위의 차원에서 행해졌다는 프리토리아의 주장은 전혀 타당하지 않다. 남아프리카의 영토는 위험에 처해 있지 않다"고 반박하였다.[78] 그리고

---

72) UN Doc. S/PV.5511 (2006), pp.5, 7, 10-12.

73) Gregor Wettberg, *The International Legality of Self-Defense against Non-State Actors: State Practice from the U.N. Charter to the Present* (Peter Lang publishing, 2007), p.124.

74) *Id.*

75) UN Doc. S/14652 (1981).

76) United Nations, *Yearbook of United Nations* (1981), p.219.

77) UN Doc. S/14650 (1981); UN Doc. S/14658 (1981); UN Doc. S/14665 (1981).

"남아프리카에 퍼져 있는 위험한 상황의 직접적인 원인은 나미비아에서의 정당화되지 않은 지배"라고 하였다.[79]

1983년과 1984년에도 남아프리카는 또 다른 군사조치를 시작하면서 유일한 목표는 앙골라 영토에서 활동하는 서남아프리카인민기구(SWAPO) 테러리스트들을 소탕하는 것이라고 하였는데, 그러면서도 비국가행위자를 지원하는 앙골라에게도 책임이 있다고 주장하였다.[80] 이에 대해 유엔 안전보장이사회는 남아프리카의 무력행사를 비난하는 3개의 결의를 잇달아 채택하였고,[81] 다른 국가들도 다양한 비난 의견을 표명하였다.[82]

1987년에도 남아프리카는 앙골라 영토에서 대규모 군사작전을 감행하였다. 이 사건에 대한 유엔 안전보장이사회에서의 논의 과정에서 앙골라 대표는 남아프리카가 자국 영토를 침입하였다고 주장하였다.[83] 그러나 남아프리카 대표는 자국은 테러공격으로부터 나미비아의 영토를 보호하기 위하여 행동하고 있다고 반박하였다.[84] 이에 대해 몇몇 국가 대표들이 의견을 표명하였는데, 예컨대 서독 대표는 나미비아가 남아프리카의 침략행위를 위한 발판으로 사용되고 있다는 점과 남아프리카의 초국경적 폭력은 국제법 위반이라는 점을 언급하며 남아프리카의 군사적 조치를 비난하였다.[85] 가나 대표는 남아프리카의 유엔 헌장 제2조 제4항 위반을 정당화할 수 있는 것은 없다고 언급하였다.[86] 미국 대표는 초국경적 폭력 또는 인근 국가들에 대한 남아프리카의 군사적 대응을 결코 묵과한 적이 없으며 이 사건과 관련해서도 그러

---

78) UN Doc. S/PV.2297 (1981), p.4.

79) Id., p 5.

80) UN Doc. S/PV.2509 (1984), p.4.

81) UN Doc. S/RES/545 (1983); UN Doc. S/RES/546 (1984); UN Doc. S/RES/547 (1984).

82) United Nations, *Yearbook of the United Nations* (1984), pp.180-182.

83) UN Doc. S/PV.2763 (1987), pp.11-16.

84) UN Doc. S/PV.2764 (1987), p.8.

85) UN Doc. S/PV.2766 (1987), p.13.

86) Id., pp.48-51.

한 입장은 변함이 없다는 점을 강조하였다.[87] 유엔 안전보장이사회는 남아
프리카의 무력행사가 앙골라에 대한 침략행위라며 강하게 비난하고 그러한
행위의 중단 및 군대의 무조건적인 철수를 요구하는 결의를 채택하였다.[88]

한편 남아프리카는 앙골라 영토 내에 있는 서남아프리카인민기구(SWAPO)
에 대한 무력대응을 정당화하기 위한 법적 근거로 자위권 외에 '추적권(hot
pursuit)'을 원용하기도 하였다.[89] 본래 추적권은 해양법상의 개념으로, 1958
년 공해에 대한 제네바 협약 제23조와 1982년 유엔해양법협약 제111조에서
규정되고 있다. 추적권은 연안국이 자국의 법령을 위반한 외국 선박을 추적할
수 있는 권리로, 추적은 외국 선박이 추적국의 내수, 영해, 접속수역, 군도수
역에 있을 때 시작되어야 하며 중단되지 아니한 경우에 영해나 접속수역 밖,
즉 공해상까지도 계속될 수 있다. 이러한 개념을 영토를 침입한 비국가행위자
에 대해서도 적용하려는 시도에 따르면, 공격을 받은 국가에게는 이들을 처벌
할 목적으로 이들이 근거지를 두고 활동하고 있는 영토로까지 추적할 권리가
인정되게 된다.[90] 그러나 해양법상의 추적권은 추적당하는 선박이 그 국적국
또는 제3국의 영해에 들어감과 동시에 소멸되는 것인데 반해 문제의 상황은
다른 국가의 영토 침해를 전제로 하는 것이기 때문에 이러한 차용은 "전적으
로 지지될 수 없는 유추"이다.[91] 실제로 유엔 안전보장이사회는 남아프리카
의 '추적권' 관행을 명시적으로 비난하고 거절하는 결의를 채택하였다.[92]

---

87) UN Doc. S/PV.2767 (1987), p.22.
88) UN Doc. S/RES/602 (1987).
89) UN Doc. S/PV.1944 (1976), pp.3, 9; United Nations, *Yearbook of the United Nations*
(1985), p.184.
90) Manuel R. Garcia-Mora, 제3장 제1절 각주 1, p.121.
91) *Id.*, p.123.
92) SC Res. 568, *supra* note 89, p.191.

(3) 쿠르드족 저항단체에 대한 터키 및 이란의 대응

쿠르드족 및 그들의 독립에 대한 열망을 가장 반대하였던 국가는 터키인데, 이에 대항하여 쿠르드족 저항단체가 형성되었다. 그 중 가장 유명한 단체는 쿠르드노동당(PKK)[93]으로, 이 단체는 터키 군부의 쿠데타 이후 쿠르드족에 대한 인권 탄압이 증가하면서 터키에 대한 무력투쟁을 시작하였다.[94] 이 집단의 조직원들은 주로 터키와 이라크 북부에서 활동하고 있다. 이라크 북부에 있는 쿠르드노동당(PKK)에 대한 터키의 최초 군사작전은 이라크의 동의하에 전개되었고 이후에도 이라크는 터키 군대가 자국에 들어오는 곳을 종종 허용하였다.[95] 그러나 터키가 제1차 걸프전에 참여하면서 이라크는 더 이상 터키의 초국경적 무력행사에 동의하지 않았고, 그 이후로는 테러행위자들을 추적한다는 구실로 자국 영토 내에 터키 군대가 들어오는 것은 유엔 헌장 및 국제법 위반이라며 반복적으로 항의하였다.[96]

그런데 흥미로운 것은 다른 국가들과는 달리 터키는 자국이 취하는 무력대응조치의 법적 근거를 명확하게 제시하지 않았다는 점이다. 예컨대, 1995년에 있었던 대규모의 군사작전 이후 터키는 다음과 같은 입장을 표명하였다:

> 이라크는 잘 알려진 이유들로 인해서 그 북부 지방에 대한 권한을 행사할 수 없었기 때문에 터키는 터키에 대한 테러행위의 발판으로 그 영토가 사용되는 것을 방지할 국제법상의 의무를 이행하라고 이라크에게 요구할 수 없었다. 이러한 상황 하에서 터키가 스스로의 안보를 위해 필요한 적법한 조치를 취한 것은 이라크 주권에 대한 침해로 간주될 수 없다. 자국의 영토보전이 인접국가에 근거지를 두

---

93) 쿠르드노동당(PKK)에 대해서는 United States Department of State, 제1장 제1절 각주 6, pp.306-307 참조.

94) Hanz Chiapetta, "Rome 11/15/98: Extradition or Political Asylum for the Kurdish Workers Party's Leader Abdullah Ocalan?", 13 *Pace International Law Review* 117, 2001, p.117.

95) *Id.*, p.144.

96) 예컨대, UN Doc. S/23141 (1991); UN Doc. S/23152 (1991).

고 활동하는 테러조직의 명백한 초국경적 공격에 의해 끊임없이 위협받고 있는데 인접국가는 그러한 공격을 차단할 수 없는 상황이라면 어떤 국가도 수수방관만 하고 있지는 않았을 것이다. 시간과 범위 면에서 제한적이었던 최근의 작전들은 이러한 틀 내에서 행해졌다.[97]

이처럼 터키 스스로는 자위권을 명시적으로 원용하지 않았음에도 불구하고 미국은 "앙카라 정부는 단지 자위권을 행사한 것이었다"라는 입장을 표명한 것은 주목할 만하다.[98]

1996년에도 터키는 쿠르드노동당(PKK)의 테러행위에 대한 대응으로 초국 경적 무력대응조치를 취하였는데, 그 정당성의 근거로 "인접국가가 그러한 공격 목적으로 영토가 사용되는 것을 방지할 의사가 없거나 능력이 없다면 인접국가로부터의 공격으로부터 스스로를 보호하기 위해 국가가 필요하고 적절한 무력을 행사하는 것은 불가피하다"는 입장을 제시하였다.[99] 그리고 "자기보존 및 필요성의 원칙"으로부터 비롯된 이러한 조치는 이라크의 주권 침해로 간주될 수 없다고 주장하였다.[100] 이때에도 터키는 자위권을 명시적 으로 원용하지 않았으나, 이번에는 이라크가 "터키 정부는 필요성의 원칙 또 는 적법한 자위권을 원용할 수 없다"며 자위권을 언급하였다.[101]

터키뿐만 아니라 이란 정부도 이라크에 기지를 두고 활동하는 쿠르드족의 초국경적 공격에 대응할 필요성을 느꼈는데, 터키와는 달리 이란은 이러한 대응을 정당화하기 위해 명시적이고 반복적으로 유엔 헌장 제51조를 원용하 였다. 예컨대, 1993년의 무력행사와 관련하여 이란은 "이라크 내부로부터 비 롯된 이러한 무력공격에 대한 대응으로, 그리고 유엔 헌장 제51조에 따라서, 이슬람공화국 공군의 제트 전투기는 최근의 무력공격이 시작된 테러조직의

---

97) UN Doc. S/1995/605 (1995).
98) UN Doc. S/1995/566 (1995).
99) UN Doc. S/1996/479 (1996).
100) *Id.*
101) UN Doc. S/1996/561 (1996).

군사 기지에 대한 짧고 필요하고 비례에 맞는 작전을 수행하였다"고 밝힌 바 있다.102) 1996년에도 이란은 이라크 영토 내에 있는 테러조직에 의한 무력 공격이 한층 심해지고 있음을 강조하면서 이에 대한 "대응으로, 그리고 헌장 제51조에 규정된 고유한 자위권에 따라, 이란이슬람공화국은 즉각적이고 비례에 맞는 조치들을 취하였다"는 내용의 서한을 유엔 안전보장이사회에 전달하였다.103) 1997년에도 유사한 상황이 발생하였는데, 이란은 다시금 헌장 제51조에 근거한 자위권을 명시적으로 원용하였다.104) 1999년에도 이란은 이라크 내 테러 관련 시설에 공격을 가하면서 유엔 헌장 제51조에 따른 조치였다고 밝힌 바 있다.105) 한편 이때에는 이전의 경우들과는 달리 이라크 정부가 테러조직에게 은신처를 제공하고 지원함으로써 국제법상의 의무를 위반하였고 결국 이라크 정부에게 책임이 있다는 점도 함께 언급되었다.106) 그러나 이란은 유엔 헌장 제51조에 따른 "조치는 이란 및 그 시민들에 대해 이미 행해진 테러범죄의 가해자들에 대한 필요적 방어 조치였으며 … 이란 이슬람공화국은 이라크의 주권 및 영토보전에 대한 존중을 전적으로 약속하며 위에 언급된 조치는 오로지 테러범들에 대한 것임을 다시 한 번 강조하고 싶다"고 함으로써 자위권의 행사는 오직 테러조직에 대한 것임을 분명히 하였다.107) 즉, 자국 영토로부터 비롯되는 테러행위를 방지하고 억제할 의무 위반에 따른 국가책임이 발생할 수 있다는 것과는 별개로 이라크가 실제적인 테러공격의 주체로 간주되지는 않았던 것으로 보인다. 이란은 2000년과 2001년에 발생한 사건들과 관련해서도 이러한 입장을 견지하였다.108) 이란의 대응조치들과 관련해서는 국제사회가 거의 반응을 보이지

---

102) UN Doc. S/25843 (1993).
103) UN Doc. S/1996/602 (1996).
104) UN Doc. S/1997/768 (1997).
105) UN Doc. S/1999/781 (1999).
106) Id.
107) Id.
108) UN Doc. S/2000/127 (2000); UN Doc. S/2001/381 (2001).

않았는데, 이것은 결국 별다른 비판이 제기되지 않았다는 것을 의미하는
것이기도 하다.

(4) 알카에다에 대한 미국의 대응

제3장에서 이미 살펴본 것처럼 1998년에 케냐와 탄자니아에서 발생한 미
국 대사관 테러사건에 대한 대응으로 미국은 아프가니스탄에 위치한 알카에
다 훈련 시설과 수단의 테러 관련 시설물들을 파괴하였다. 이러한 무력대응
과 관련하여 미국 대표는 유엔 안전보장이사회에 보낸 서한에서 다음과 같
은 입장을 밝혔다:

> 유엔 헌장 제51조에 따라 미국은 미국 대사관 및 미국 국민에 대한 일련의 무력
> 공격에 대한 대응으로 자위권을 행사하였음을 보고하고자 한다. 우리 정부는 여
> 러 믿을 만한 정보로부터 오사마 빈 라덴이 1998년 8월 7일 나이로비와 다르에스
> 살람 주재 미국 대사관 폭격에 책임이 있다는 확실한 증거를 가지고 있다. … 이
> 공격은 수단 정부 및 아프가니스탄의 탈레반 정부로 하여금 테러활동을 진압하고
> 빈 라덴 조직과의 협력을 중단하도록 하기 위한 지속적인 설득작업을 벌인 이후
> 에 이루어졌다. 그 조직은 미국인에 대한 "공격은 도처에서 계속될 것이라는 점
> 을 분명히 경고하였고, 우리는 그러한 후속 공격이 동일한 테러시설로부터 준비
> 되고 있다는 확실한 증거를 가지고 있다. 그러므로 미국은 이러한 공격이 계속되
> 는 것을 방지하기 위하여 무력을 사용할 수밖에 없었다.[109]

이에 대해 수단은 자국 영토 및 주권에 대한 침해라고 항의하였다.[110] 그런
데 앞에서 이미 살펴본 바와 같이 미국의 무력대응에 대해서는 많은 국가들
이 지지의사를 표명하거나 언급을 회피하였다. 아랍국가연맹(LAS)이 특히 수
단에서의 미국의 조치를 비난하면서 안전보장이사회가 사건을 다룰 것을 요
청하였으나,[111] 안전보장이사회뿐만 아니라 총회 역시 어떠한 비난의견도

---

109) UN Doc. S/1998/780 (1998).
110) UN Doc. S/1998/786 (1998).

표명하지 않았다.

한편 2001년 9.11 테러사건 바로 다음 날인 9월 12일에 유엔 안전보장이
사회는 "테러행위에 의해 초래된 국제평화 및 안전에 대한 위협에 모든 수단
을 사용하여 대응할 것을 결정"하며 "헌장에 따른 개별적 또는 집단적 자위
의 고유한 권리를 인정한다"는 내용을 포함하는 결의 제1368호를 채택하였
다.112) 그리고 17일 뒤인 9월 28일에 채택한 결의 제1373호에서도 이러한
내용을 거듭 확인하였다.113)

한편 북대서양이사회(North Atlantic Council) 역시 공격 다음 날인 9월 12
일에 회의를 소집하여 "미국이 국외로부터 공격을 받았음이 결정된다면, 유
럽 또는 북미에 있는 동맹국들 중 일부에 대한 무력공격은 전체에 대한 무력
공격으로 보아야 한다고 규정하고 있는 워싱턴 조약 제5조의 적용을 받는
행위로 간주되어야 한다"는 데 의견을 모았다.114) 이후 북대서양조약기구
(NATO)는 9.11 테러공격이 실제로 국외로부터 행해진 것이라고 결정하였고,
북대서양조약기구(NATO) 사무총장은 공격이 워싱턴 조약 제5조의 적용을
받는 행위라고 결론 내렸다.115) 북대서양조약기구(NATO)의 역사에서 1949
년 북대서양조약(워싱턴 조약) 제5조가 원용된 것은 이때가 처음이었다.

미주기구(OAS)의 외무장관 협의회도 9월 21일에 열린 회의에서 "유엔 헌
장 및 상호원조에 관한 미주조약(리우조약)에 따라 개별적 및 집단적 자위권
을 행사할 국가들의 권리"를 강조한 후, "미국에 대한 이러한 테러공격은 모
든 미주국가에 대한 공격"이라고 의결하였다.116)

---

111) UN Doc. S/1998/789 (1998); UN Doc. S/1998/791 (1998); UN Doc. S/1999/424
    (1999); UN Doc. S/1999/997 (1999).
112) UN Doc. S/RES/1368 (2001).
113) UN Doc. S/RES/1373 (2001).
114) NATO: Statement by the North Atlantic Council, 2001, reprinted in 40 *International
    Legal Materials* 1267, 2001.
115) Press Release, NATO, Invocation of Article 5 Confirmed (October 2, 2001),
    <http://www.nato.int/docu/update/2001/1001/e1002a.htm> (2009.12.5. 최종 방문).

(5) 하마스에 대한 이스라엘의 대응

하마스(Hamas)[117]는 1987년 후반에 결성된 이후로 계속해서 이스라엘에 대한 테러공격을 시도하고 있다.[118] 이스라엘 역시 이에 대한 대응으로 무력을 행사함에 따라 이스라엘과 하마스 간의 갈등은 최근까지도 심각한 양상으로 전개되고 있다. 하마스에 대한 무력대응 시 이스라엘은 때때로 자위권을 명시적으로 원용하기도 하였는데, 2004년에 발생한 사건이 그러한 예이다. 이스라엘과 하마스 간의 충돌은 하마스가 활동하고 있는 곳이 국가에 해당하지 않는 팔레스타인 자치지구라는 점에서 다른 사건들과는 구별된다. 뿐만 아니라 어느 국가가 특정 영토를 점령하고 있으면서 그 점령지역 내 테러조직을 상대로 국제적 성격을 지니는 자위권을 언급하였다는 점에서 독특한 상황이라고 할 수 있다. 이 사건에 대한 유엔 안전보장이사회의 회의에서 이스라엘은 팔레스타인 자치정부가 수천 명의 경찰과 병력을 보유하고 있었음에도 불구하고 어떠한 조치도 취하지 않음으로써 하마스가 팔레스타인 지역에서 자유롭게 활동할 수 있도록 하였다고 비판하였다.[119] 그리고 "이스라엘은 로켓 발포와 자국 시민의 죽음을 막기 위한 노력으로 자국에게 인정되는 자위의 권리 및 의무에 따라서 행동할 수밖에 없다"고 주장하였다.[120]

이 사건과 관련한 유엔 안전보장이사회에서의 논의 과정에서 스페인 대표는 "분명히 우리는 테러행위에 직면하였을 때 자기 자신을 보호하고 그 시민을 보호할 이스라엘의 권리를 인정하나, 우리는 여하한 국가의 자위권도 국제적 규범, 특히 인도법 규범을 존중하면서 행사되어야 한다는 사실을 염두

---

116) OAS: Terrorist Threat to the Americans, 2001, reprinted in 40 *International Legal Materials* 1273, 2001.

117) 하마스에 대해서는 United States Department of State, 제1장 제1절 각주 6, pp.296-297 참조.

118) *Id.*, p.296.

119) UN Doc. S/PV.5049 (2004), p.5.

120) *Id.*, p.6.

에 두어야 한다"고 언급하였다.121) 루마니아 대표도 이와 유사하게 "이스라엘은 과도한 무력행사 또는 집단적 처벌에 이르는 조치들을 금지하는 관련 국제법 규범들을 엄격히 준수하면서 그 고유한 자위권을 행사하여야 한다"는 입장을 표명하였다.122) 독일 대표도 "의심할 여지없이 이스라엘은, 특히 전투적 공격에 대해서 자국 시민을 보호하기 위하여, 자위권을 가진다"고 보면서도 "동시에 그러한 권리는 법 규칙에 따라서 그리고 국제법의 틀 내에서 행사되어야 한다"는 점을 강조하였다.123) 러시아 대표 역시 "테러공습에 대해 스스로를 충분히 보호하기 위한 이스라엘의 자위권을 확인"하였다.124) 베냉 대표와 파키스탄 대표는 무고한 민간인에게 피해를 입히는 자위권 행사는 정당화될 수 없다고 하면서도 자위권 주장 자체에 대해서는 이의를 제기하지 않았다.125) 영국 대표는 "테러리즘에 대하여 스스로를 보호할 이스라엘의 권리를 인정"하였으나, "그러한 대응은 비례에 맞아야 하며 국제법 범위 내에 있어야 한다"고 언급하였다.126) 한편 팔레스타인 문제에 관한 유엔 안전보장이사회 회의에서는 여러 유엔대표들 역시 팔레스타인 지역 내 테러조직에 의한 계속되는 공격에 대해서 이스라엘에게 자위권이 있음을 확인하였다.127)

하마스에 의한 로켓 공격이 계속되자 2006년에도 이스라엘은 자위권을 원용하였다.128) 이스라엘의 무력대응과 관련한 유엔 안전보장이사회에서의 논의 과정에서 상당수의 국가 대표들은 이스라엘의 조치가 비례에 맞지 않거나 국제인도법에 위배된다고 비난하면서도 테러공격에 대해 이스라엘이 자

---

121) *Id.*, p.9.
122) *Id.*, p.10.
123) *Id.*, p.12.
124) *Id.*
125) *Id.*, pp.13-14.
126) *Id.*, p.16.
127) UN Doc. S/PV.4757 (2003), p.3; UN Doc. S/PV.4773 (2003), p.3; UN Doc. S/PV.5077 (2004), p.8.
128) UN Doc. S/2006/798 (2006).

위권을 가진다는 점은 인정하였다. 예컨대, 프랑스 대표는 "자국 시민을 위한 이스라엘의 적법한 자위권은 국제인도법을 완전히 준수하면서 행사되어야 한다"고 언급하였다.[129] 슬로바키아 대표는 "이스라엘이 테러리즘 및 그것을 저지른 자들에 대한 자위권을 가진다는 점이 인정될지라도 그러한 대응은 항상 비례에 맞아야 하며 무고한 인명 손실을 피하기 위하여 가능한 모든 것이 행해져야 한다"고 하였다.[130] 영국 대표와 핀란드 대표는 "이스라엘의 적법한 자위권을 인정"하면서도 그것이 최대한 제한적으로 행사되어야 한다는 점을 강조하였다.[131] 콩고, 덴마크, 아르헨티나 대표는 이스라엘이 테러공격에 대해서 "그 스스로를 방어할 권리"를 가진다는 점을 인정하면서도 그러한 권리가 비례에 맞지 않거나 무차별적인 무력행사를 정당화하지는 않으며 국제인도법을 준수할 의무로부터 자유로운 것은 아니라는 입장을 표명하였다.[132]

비교적 최근인 2008년 12월에도 이스라엘은 가자지구에 있는 하마스를 상대로 유엔 헌장 제51조상의 자위권을 원용하며 대규모의 무력대응조치를 취하였다.[133] 2008년 12월 27일에 시작되어 2009년 1월 18일에 종료된 무력충돌 과정에서 팔레스타인 측에 약 1,440명의 사망자와 5,380명의 부상자가 발생하였는데, 이 중 상당수는 여자와 어린이였다.[134] 이 사건과 관련한 유엔 안전보장이사회 회의에서 말레이시아 대표는 "가자에서의 비례에 맞지 않고 무차별적이며 과도한 무력행사"는 "자위권이라는 이름으로도" 정당화

---

129) UN Doc. S/PV.5564 (2006), p.11.

130) Id., p.12.

131) Id., pp.16, 22.

132) Id., pp.14, 15, 18.

133) UN Doc. S/2008/816 (2008); UN Doc. S/2009/6 (2009).

134) United Nations Office for the Coordination of Humanitarian Affairs, Field Update on Gaza from the Humanitarian Coordinator (February 6-9, 2009), p.1, <http://www.ochaopt.org/documents/ocha_opt_gaza_humanitarian_situation_report_2009_02_09_english.pdf> (2009.12.5. 최종 방문).

될 수 없다는 입장을 표명하였다.[135] 미국 대표는 "미국은 다른 국가들과 마찬가지로 자위권을 행사할 이스라엘의 권리를 인정하며 우리는 민간인들에 대한 여하한 조치의 영향을 최소화하기 위해 실행가능한 조치를 취할 의무가 있음을 이스라엘에게 말해 왔다"고 언급하였다.[136] 다른 대부분의 국가 대표들은 자위권에 대한 언급은 없이 이스라엘의 조치가 과도한 또는 비례에 맞지 않는 무력행사라고 비난하거나 국제인도법 준수의 중요성을 강조하였다.[137] 이 사건 이후로도 이스라엘은 계속해서 가자지구로부터 비롯되는 하마스의 로켓 공격 및 박격포 공격에 대한 무력대응을 정당화하는 것으로 유엔 헌장 제51조상의 자위권을 원용하였다.[138]

(6) 국가관행의 분석

지금까지 살펴본 국가관행을 분석해 보면, 우선 민족해방단체나 테러조직으로부터 무력공격을 당한 국가들은 이에 대한 무력대응의 근거로 대체로 자위권을 원용해 왔음을 알 수 있다. 이 때 단지 '자위권'이라고만 언급한 국가들도 있었고 '유엔 헌장 제51조상의 자위권'이라고 언급한 국가들도 있었다. 그런데 전자의 경우에는 유엔 헌장 제51조상의 자위권, 즉 법적인 의미에서의 자위권을 의미하는 것인지 아니면 무력공격으로부터 스스로를 보호할 권리, 즉 일반적인 의미에서의 자위권을 의미하는 것인지가 다소 불분명한 측면이 있다. 만일 국가들이 엄밀한 의미에서 그러한 표현을 사용한 것이 아니라면 그로부터 어떠한 법적 추론을 이끌어내는 것은 어려울 수 있다. 그러나 다음과 같은 이유에서 '자위권' 역시 법적인 의미에서의 자위권으로 이

---

135) UN Doc. S/PV.6061 (2009), p.2.

136) UN Doc. S/PV.6063 (2009), p.5.

137) UN Doc. S/PV.6061 (2009), pp.5, 6, 8, 9, 15-17.

138) UN Doc. S/2009/131 (2009); UN Doc. S/2009/493 (2009); UN Doc. S/2009/614 (2009).

해하는 것이 타당할 것이다. 첫째, 유엔 헌장 체제 하에서 제51조상의 자위권 외에는 국가의 독자적 무력행사를 정당화하는 다른 수단이 존재하지 않는다. 둘째, 단순히 '자위권'이라고만 언급하였으나 유엔 헌장 제51조에 규정된 바와 같이 유엔 안전보장이사회에 서한을 보내 자국이 취한 조치를 보고한 경우들이 있다.[139] 셋째, '자위권'에 따른 무력대응조치가 자위권 행사 요건을 충족하는지 여부가 거의 항상 다른 국가들에 의해 검토되었는데, 이 때 유엔 헌장 제51조를 직접 언급하면서 그 요건의 충족 여부를 구체적으로 검토한 국가도 있었다.

이러한 전제 하에 국가관행으로부터 확인할 수 있는 것은 특정 국가로 귀속되는 것으로 보이지 않는 비국가행위자의 무력공격에 대해서 피해국들이 빈번하게 자위권을 원용해 왔다는 사실이다. 이러한 맥락에서의 자위권은 비국가행위자가 활동하고 있는 지역의 정부들이 비국가행위자의 행위를 지원 또는 묵인하거나 통제할 능력이 없는 상황에서 주로 원용되었다. 이에 대해 국가들은 무력공격의 주체에 대한 언급은 전혀 없이 다른 사실들에 기초해서만 그 적법성 여부에 대한 입장을 표명해 왔다. 특히 피해국이 취한 무력대응조치가 비례성 요건을 충족하였는지 여부와 국제인도법을 준수하였는지 여부가 주된 판단 기준이었다. 이러한 점에 비추어 본다면, 자위권 규정을 적용하는 데 있어서 무력공격 주체의 성격은 중요한 고려 대상이 아니었음을 알 수 있다.

그런데 국가관행으로부터 확인할 수 있는 또 다른 사실은 비국가행위자가 특정 국가의 영토 내에 있는 경우 비국가행위자에 대한 자위권 행사를 위해 사전 동의 없이 그 국가의 영토주권을 침해하였던 국가들은 거의 항상 수용국의 강력한 항의 및 일부 국가들의 비난에 부딪혔다는 사실이다. 이에 자위권을 원용하며 무력대응조치를 취하였던 국가들은 비국가행위자 수용국은

---

139) 예컨대, UN Doc. S/10550 (1972); UN Doc. S/16276 (1984); UN Doc. S/2006/798 (2006).

그 영토 내에서의 피해국의 자위권 행사를 감수해야 한다거나 오로지 비국
가행위자만을 대상으로 하는 자위권 행사는 수용국의 영토주권 침해가 아니
라고 주장하기도 하였다. 이처럼 피해국의 자위권과 비국가행위자 수용국의
영토주권이 서로 충돌하고 있지만, 그럼에도 불구하고 국가관행의 검토로부
터 도출될 수 있는 또 다른 시사점은 비국가행위자에 대한 피해국의 자위권
행사가 정당하고 적법한 것으로 인정될 경우에는 국제사회에서 비국가행위
자 수용국의 영토주권 침해 문제가 제기될 소지가 적다는 것이다. 1998년 아
프가니스탄 및 수단 내 테러 관련 시설에 대한 미국의 무력대응조치에 관한
국제사회의 반응은 이러한 해석을 뒷받침한다. 피해국의 자위권에 따른 조치
가 비례에 맞지 않는다거나 국제인도법에 위배된다는 측면에 주안점을 두고
입장을 표명하였던 국가들은 비국가행위자 수용국의 영토주권 침해 문제에
대해서는 별다른 고려를 하지 않았다는 점도 주목할 만하다.

한편 앞에서 살펴본 사건들 중 일부는 팔레스타인해방기구(PLO)나 서남아
프리카인민기구(SWAPO)와 같은 민족해방단체를 상대로 무력대응조치를 취
한 경우였기 때문에 테러조직을 상대로 무력대응조치를 취한 경우와는 다소
구별해서 볼 필요가 있다. 민족해방단체가 외국의 지배로부터 독립을 얻고자
하는 투쟁은 '정당한 전쟁 이론(theory of just war)' 하에서 그 적법성이 인정
되었다.140) 다수의 제3세계 국가들이 포함된 유엔 총회에서는 "자유와 독립
을 위한 열망을 억누르는 식민지 국가들에 대하여 할 수 있는 모든 필요한
수단을 동원하여 투쟁할 식민지 주민들의 고유한 권리를 확인"하기도 하였
다.141) 이는 특히 *jus ad bellum* 하에서 민족해방단체에게 일정한 권리가 있음
을 시사하는 것일 수 있다.

그러나 테러행위의 정의 부분에서 살펴본 것처럼 1990년대에 들어서면서
테러행위에 대한 논의에 있어서 큰 변화가 나타나기 시작하였다. 유엔 총회

---

140) Yoram Dinstein, 제3장 제2절 각주 2, pp.69-70.
141) GA Res. 3193, UN Doc. A/8086 (1970).

는 결의 제48/122호를 시작으로 어떠한 원인 및 동기에 의해서 행해졌든지 간에 일단 테러리즘의 방법이 사용된 행위는 어떠한 상황에서도 정당화될 수 없다는 내용의 결의들을 지속적으로 채택하고 있다.[142] 이를 근거로 "'민족해 방단체'라는 용어는 대테러 조치의 목적상 그리고 그 결과로서 자위권의 목적 상 [테러조직과] 구별되는 어떠한 법적 차이도 지니지 않는다"고 보는 시각 도 있다.[143] 그러나 국제 테러리즘에 대한 포괄적인 협약 초안의 논의 과정에 서 민족해방단체에 대한 협약의 적용 여부를 둘러싸고 논란이 계속되고 있는 상황을 고려하면 이러한 주장이 완전히 타당하다고는 볼 수 없다.

그런데 국가관행에 따르면, 1990년대에 들어서면서는 테러조직에 대해서 도 피해국이 자위권을 원용하고 국제사회 역시 이를 지지하거나 최소한 반 대하지는 않는 것으로 보이는 사례들이 나타나고 있음을 알 수 있다. 특히 9.11 테러사건 직후에 채택된 유엔 안전보장이사회의 결의들은 "테러행위" 와 관련하여 "헌장에 따른 개별적 또는 집단적 자위의 고유한 권리"를 언급 하였다는 점에서 시사하는 바가 크다. 이에 대해 유엔 안전보장이사회는 특 정 대상에 대한 자위권을 인정한 것이 아니라 일반적으로 자위권을 인정 또 는 확인한 것에 불과하며 심지어 자위권이 테러행위에 대한 대응에서 또는 테러조직에 대하여 적용되는 것인지조차 명확히 하지 않았다고 보는 시각도 일부 존재한다.[144] 그러나 Michael N. Schmitt도 지적하고 있는 것처럼 어느 국가가 공격에 가담하였다는 것이 드러나지 않은 시점에서 자위권을 인정하 는 안전보장이사회 결의가 채택되었다는 사실은 최소한 안전보장이사회가

---

142) UN Doc. A/RES/48/122 (1994); UN Doc. A/RES/49/60 (1994); UN Doc. A/RES/ 50/53 (1995); UN Doc. A/RES/51/210 (1996); UN Doc. A/RES/52/165 (1997); UN Doc. A/RES/53/108 (1998); UN Doc. A/RES/55/158 (2000); UN Doc. A/RES/ 58/81 (2003); UN Doc. A/RES/59/46 (2004); UN Doc. A/RES/60/43 (2005).

143) Gregor Wettberg, *supra* note 73, p.60.

144) Jörg Kammerhofer, *supra* note 22, p.181. 유사한 견해로는 신용호, "테러와의 전쟁 의 국제법적 문제", 민주법학 통권 제26호 (2004), p.211.

무력공격의 주체 또는 자위권의 대상이 어떠한 성격을 지닌 실체인가 여부를 중요하게 고려하지는 않았다는 것을 보여주는 것일 수 있다.[145]

그 밖에도 자위권에 대한 언급이 안전보장이사회 결의의 실질적인 부분이 아니라 전문에서 언급되었다는 점 그리고 사용된 표현이 '무력공격'이 아니라 '국제평화 및 안보에 대한 위협'이었다는 점에서 이 결의가 테러행위에 대한 자위권을 지지하는 것인지에 대한 의문이 제기되기도 하였다.[146] 그러나 전자의 지적과 관련해서는 반대의 해석도 존재하는데, Christine Gray는 "안전보장이사회는 그 결의들에서 자위권에 대한 명시적인 언급을 일반적으로 하지 않기 때문에 전문에서 자위권을 언급한 것은 … 보다 중요한 의미를 지닌다"는 견해를 제시하였다.[147] 그리고 후자의 지적과 관련해서는 안전보장이사회가 결의 제1368호 및 제1373호에서 "헌장에 따른 개별적 또는 집단적 자위의 고유한 권리"를 인정한 것은 무력공격의 발생을 이미 전제로 하고 있다는 반론이 가능하다. Matthew Scott King 역시 이러한 해석을 제시하였는데, 그는 유엔 안전보장이사회가 두 개의 결의들에서 미국의 자위권을 재차 확인한 것은 "미국에 대한 무력공격이 있었다"는 것을 나타낸다고 보았다.[148]

---

145) Michael N. Schmitt, "Deconstructing October 7th: A Case Study in the Lawfulness of Counterterrorist Military Operations", in Michael N. Schmitt and Gian Luca Beruto (eds.), *Terrorism and International Law: Challenges and Responses* (International Institute of Humanitarian Law, 2003), p.43.

146) Antonio Cassese, "Terrorism is Also Disrupting Some Crucial Legal Categories of International Law", 12(5) *European Journal of International Law* 993, 2001, p.993; Eric P.J. Myjer and Nigel D. White, 제3장 제2절 각주 81, p.5; Tom Ruys and Sten Verhoeven, 제3장 제2절 각주 2, p.312; 김명기, 제3장 제2절 각주 81, p.161.

147) Christine Gray, *International Law and the Use of Force*, 3rd ed. (Oxford University Press, 2008), p.199.

148) Matthew Scott King, "Legality of the United States War on Terror: Is Article 51 a Legitimate Vehicle for the War in Afghanistan or Just a Blanket to Cover-up International War Crimes", 9 *ILSA Journal of International and Comparative Law* 457, 2002-2003, p.465.

유엔 헌장 제51조상의 무력공격의 주체로서의 비국가행위자 문제는 9.11 테러사건 이후 특히 많은 논란이 되고 있다. 그런데 국가관행을 검토한 바에 따르면, 그 이전에도 실제의 국제사회에서는 비국가행위자를 상대로 자위권에 따른 무력대응조치가 취해져 왔고, 국가들은 이에 대해 다양한 입장을 표명하면서도 무력공격의 주체가 비국가행위자라는 사실을 문제 삼지는 않았다. 그럼에도 불구하고 9.11 테러사건은 보다 분명하게 그리고 공식적으로 비국가행위자, 특히 테러조직에 대한 자위권의 원용가능성을 인식시키는 계기를 제공하였다는 점에서 중요한 의미를 지닌다고 할 수 있다.149) 그러나 국제사법재판소(ICJ)는 2004년과 2005년에 이와는 부합되기 어려운 결정들을 내림으로써 논란을 야기하고 있는데, 이하에서는 이러한 결정들에 대해서 살펴보기로 한다.

4. 국제사법재판소(ICJ)의 최근 결정

(1) *Israeli Wall*에 대한 권고적 의견

2003년 10월 유엔 주재 이스라엘 대사는 총회에서의 연설에서 이스라엘이 요르단강 서안지구에 수백 킬로미터에 이르는 긴 장벽을 설치할 수밖에 없는 이유를 설명하면서 다음과 같은 내용을 언급하였다:

> 보안장벽(security force)은 민간인 지역 한복판에서 테러리즘을 방지하기 위한 가장 효과적인 비폭력적 방법 중 하나라는 것이 증명되었다. 장벽은 헌장 제51조에 규정된 자위에 대한 국가들의 권리와 전적으로 일치하는 조치이다. 국제법 및 결

---

149) Terry D. Gill, "The Eleventh of September and the Right of Self-Defense", in Whybo p.Heere, *Terrorism and the Military: International Legal Implications* (T.M.C. Asser Press, 2003), p.25; Jackson Nyamuya Maogoto, 제1장 제1절 각주 10, p.171.

의 제1368호(2001)와 결의 제1373호(2001)를 포함하는 안전보장이사회 결의들은 테러공격에 대하여 자위로 무력을 행사할 국가들의 권리를 분명하게 인정해 왔으며, 그러므로 그러한 목적을 위해 비무력적 조치들을 취할 권리도 인정하고 있음은 의문의 여지가 없다.[150]

2003년 12월 유엔 총회는 이 문제에 대한 권고적 의견을 국제사법재판소(ICJ)에 요청하였고, 재판소는 2004년 7월 9일의 권고적 의견에서 다음과 같이 결정하였다:

> 헌장 제51조는 한 국가의 다른 국가에 대한 무력공격의 경우에 고유한 자위권을 인정한다. 그러나 이스라엘은 자국에 대한 공격의 책임이 외국에 전가될 수 있다고 주장하지 않는다. 재판소는 또한 이스라엘이 팔레스타인 점령지구에서 통제를 행사하고 있으며 이스라엘이 스스로 언급한 것처럼 이스라엘이 장벽의 설치를 정당화하는 것으로서 간주하는 위협이 영토의 외부에서가 아니라 내부에서 비롯된 것이라는 점에 주목한다. 따라서 이러한 상황은 안전보장이사회 결의 제1368호(2001)와 제1373호(2001)에 의해 고려된 상황과는 다르므로 이스라엘은 어떠한 경우에도 자위권의 행사라는 주장을 지지하기 위하여 그러한 결의들을 원용할 수 없다. 결과적으로 재판소는 헌장 제51조는 이 사건과 관련이 없다고 결론 내린다.[151]

이 사건에서 재판소는 '한 국가의 다른 국가에 대한 무력공격'이라고만 언급하였을 뿐 비국가행위자의 무력공격에 대한 자위권의 원용가능성은 검토하지 않았다. 자위권에 대한 논의 자체가 매우 간명한 것에 비추어 볼 때 그러한 가능성을 재판소가 명시적으로 거절한 것이라는 해석이 많은 학자들에 의해 제시되었다.[152] 별개의견에서 Higgins 재판관과 Buergenthal 재판관 또

---

150) UN Doc. A/ES-10/PV.21 (2001), p.6.

151) *Legal Consequences of the Construction of a Wall in the Occupied Palestinian Territory (Advisory Opinion)*, ICJ Reports 2004, para. 139.

152) 예컨대, Sean D. Murphy, "Self-Defense and the Israeli *Wall* Advisory Opinion: An *Ipse Dixit* from the ICJ", 99 *American Journal of International Law* 62, 2005, p.63; Ruth Wedgwood, "The ICJ Advisory Opinion on the Israeli Security Fence and the

한 이러한 전제 하에서 재판소의 결정을 비판하였다.[153]

그러나 Kooijmans 재판관은 이와는 다른 시각에서의 해석을 제시하였는데, 그는 결의 제1368호와 제1373호에서 무력공격으로서의 비국가행위자의 테러공격이라는 새로운 요소가 제시되었음에도 불구하고 아쉽게도 재판소가 이러한 쟁점을 다루는 것을 회피하였다고 주장하였다.[154] 그러나 Sean D. Murphy는 다음과 같은 이유에서 이러한 해석은 문제가 있다는 설득력 있는 비판을 제기하였다: 첫째, 이스라엘은 비국가행위자 테러공격에 대하여 제51조상의 자위권을 원용하고 있음을 직접적으로 주장하였고 재판소도 그러한 주장을 언급하였는데, 이것은 재판소가 이스라엘의 주장을 고려하였고 그러한 주장을 거절하였다는 것을 강하게 시사한다; 둘째, Higgins 재판관과 Buergenthal 재판관이 이의를 제기한 근거가 재판소는 국가에 의해 무력공격이 행해진 경우에만 자위권이 이용가능한 것으로 보고 있다는 것이었기 때문에 재판소는 자신의 입장이 비국가행위자에 대한 자위권을 배제하는 것으로 해석될 것이라는 점을 잘 인식하고 있었다.[155] 즉, 재판소는 자신이 사용한 문구가 어떻게 해석될 것인지에 대한 이해가 있었음에도 불구하고 그러한 해석을 채택하기로 결정하였다는 것이다.[156] 한편 Christoph Müller는 "재판소는 무력공격이 공격을 받은 당사자의 통제 밖에 있는 영토로부터 비롯되어야 한다는 점을 강조하려고 했던 것이 분명"하므로 재판소의 결정과 안

Limits of Self-Defense", 99 *American Journal of International Law* 52, 2005, p.58; Christian J. Tams, "Light Treatment of a Complex Problem: The Law of Self-Defence in the Wall Case", 16 *European Journal of International Law* 963, 2005, p.967; Gregor Wettberg, *supra* note 73, p.23.

153) *Legal Consequences of the Construction of a Wall in the Occupied Palestinian Territory*, *supra* note 151, Separate Opinion of Judge Higgins, paras. 33-35; *Id.*, Separate Opinion of Judge Buergenthal, para. 6.

154) *Id.*, Separate Opinion of Judge Kooijmans, para. 35.

155) Sean D. Murphy, *supra* note 152, p.63.

156) *Id.*

전보장이사회의 결의가 서로 부합하지 않는 것으로 이해되어서는 안 된다고 주장하였다.157) 그러나 전반적인 맥락을 고려하면 재판소가 무력공격의 주체로서의 비국가행위자를 의도적으로 배제하였다고 보는 것이 보다 타당한 해석으로 보인다.

9.11 테러사건 이후 비국가행위자의 테러행위에 대한 자위권의 원용가능성을 시사하는 국제기구들의 결의들이 채택되었고 이 문제와 관련된 논란이 계속되고 있음에도 불구하고 재판소가 그런 부분에 대한 최소한의 언급도 없이 단 두 문장으로 결론을 내려 버렸다는 것은 이해하기 어려운 부분이다. Christian J. Tams 역시 이 부분을 문제 삼고 있는데, 그는 무력공격에의 국가관여를 전혀 언급하고 있지 않은 유엔 헌장 제51조의 규정은 광의적 해석에 대한 가장 좋은 근거를 제시하는 것으로 일반적으로 간주된다고 보았다.158) 그러므로 "재판소가 제51조에 대한 전통적이고 제한적인 해석을 정당화하기를 원했다면 문리적 해석을 넘어서야 했으며, … 제51조의 광의적 해석을 지지하는 보다 최근의 관행을 다루었어야 한다"고 지적하였다.159)

한편 이 사건과 관련하여 재판소의 결정 이전에 제출된 서면 의견서들(Written Statements)에서는 재판소와 같은 이유에서 이스라엘이 자위권을 원용할 수 없다는 견해는 제시되지 않았다. 문제의 상황과 관련하여 44개 국가들과 3개의 국제기구들, 그리고 팔레스타인이 자신들의 법적 이해를 표명하였는데,160) 무력공격의 주체가 비국가행위자라는 이유만으로 자위권이 원용될 수 없다고 본 견해는 찾을 수 없다. 이스라엘이 자위권을 행사할 수 없는

---

157) Christoph Müller, "The Right of Self-Defense in the Global Fight against Terrorism", in Thomas McK. Sparks and Glenn M. Sulmasy (eds.), *International Law Challenges: Homeland Security and Combating Terrorism* (Naval War College, 2006), p.354.

158) Christian J. Tams, *supra* note 152, p.973.

159) *Id.*

160) Written Statements, <http://www.icj-cij.org/docket/index.php?p1=3&p2=4&k=5a&case=131&code=mwp&p3=1> (2009. 12. 16. 최종 방문) 참조.

이유로는 주로 필요성 또는 비례성 요건의 위반이 제시되었다.[161] 그 밖에 무력공격이 존재하지 않는다는 점도 언급되었는데, 이 경우에도 무력공격 주체의 법적 성격이 판단의 근거는 아니었다.[162] 다만 남아프리카의 경우 무력공격이 존재하지 않는다는 견해를 제시하면서 무력공격 주체의 법적 성격을 언급하기는 하였다.[163] 그러나 그 밖의 다른 요건도 함께 언급되었기 때문에 남아프리카가 무력공격의 주체가 비국가행위자라는 이유만으로 무력공격이 존재하지 않는 것으로 보았다고 결론 내리기는 어렵다. 이처럼 서면의견서에 표명된 견해들은 재판소의 접근과는 차이가 있음을 알 수 있다.

(2) *Armed Activities on the Territory of the Congo* 사건

비국가행위자의 무력공격과 이에 대한 피해국의 자위권 행사는 *Armed*

---

161) Written Statement of the Kingdom of Saudi-Arabia (January 27, 2004), paras. 32, 34; Written Statement Submitted by the Government of the Republic of Indonesia to the International Court of Justice (January 29, 2004), paras. 5-7; Written Statement of the Hashemite Kingdom of Jordan (January 30, 2004), para. 5.275; Written Statement of the French Republic (January 30, 2004), para. 58; Letter dated 30 January 2004 from the Ambassador of The Sudan to the Netherlands, together with the Written Statement of The Government of The Sudan (January 30, 2004), p.1.

162) Written Statement of the Kingdom of Saudi-Arabia, *supra* note 161, para. 31; Written Statement Submitted by Palestine (January 29, 2004), para. 531; Written Statement of the Hashemite Kingdom of Jordan, *supra* note 161, para. 5.270.

163) Written Statement Submitted by the Government of the Republic of South Africa (January 30, 2004), para. 33. 남아프리카는 무장단체·집단·용병·비정규군의 행위가 무력공격으로 간주되기 위해서는 그 심각성이 정규군에 의한 실제적 무력공격에 이르는 정도여야 하며 그러한 세력이 국가에 의하여 또는 국가를 대신하여 파견되어야 한다고 판시한 *Nicaragua* 판결을 언급하면서 팔레스타인에서의 충돌은 그러한 경우에 해당되지 않는다고 보았다.

Activities on the Territory of the Congo 사건에서 다시 한 번 문제가 되었다. 1999 년에 콩고는 자국 영토에서 우간다에 의해 자행된 무력침략행위에 관한 분쟁을 재판소에 부탁하였다.164) 콩고는 우간다가 콩고에 대한 군사적 및 준군사적 활동을 함으로써, 콩고 영토를 사용함으로써, 그리고 콩고 영토에서 활동하는 반군들에 대한 군사·군수·경제·재정 지원을 적극적으로 확대함으로써, 무력사용금지 원칙을 포함하여 조약 및 관습법상의 여러 원칙들을 위반하였다고 주장하였다.165)

이에 대한 대응으로 우간다는 자국 군대의 콩고 영토 주둔은 그곳에서 수단과 콩고 정부의 지원을 받고 있는 반우간다조직인 동맹민주군(ADF)의 공격에 대한 자위권의 발동이라고 반박하였다.166) 이러한 주장을 뒷받침하기 위한 우간다의 논리는 *Nicaragua* 사건에서의 다수의견은 무력공격을 너무 좁게 해석하였으며 "그 목적을 알면서 무장단체에게 병참지원을 하는 것은 무력공격을 구성할 수 있는 것"으로 보아야 한다는 것이었다.167) 즉, 우간다는 과거에 일부 학자들이 주장하였던 것과 같이 비국가행위자의 행위에 관여한 국가 자신의 행위가 무력공격으로 간주된다는 접근방식을 취하고 있음을 알 수 있다.168)

이에 대해 재판소는 다음과 같은 견해를 제시하였:

---

164) *Case Concerning Armed Activities on the Territory of the Congo*, 제3장 제2절 각주 143, para. 1.

165) *Id.*, para. 24.

166) *Id.*, para. 120.

167) Uganda, *Case Concerning Armed Activities on the Territory of the Congo*, Counter-Memorial, 2001, para. 350; *Id.*, Rejoinder, 2002, paras. 268-270. 국제사법재판소(ICJ)는 *Nicaragua* 사건에서 무력공격의 개념에 "무기의 제공이나 군수 또는 기타 지원의 형태로 반군들을 원조하는 것은 포함되지 않는다"고 판시한 바 있다. *Military and Paramilitary Activities in and against Nicaragua*, 제3장 제1절 각주 37, para. 195.

168) 이에 대해서는 제3장 제2절 3 참조.

우간다는 자위로 행동하였다고 주장하였지만 콩고 군대의 무력공격을 받았다는 주장은 하지 않았다는 것에 주목한다. 언급되었던 "무력공격"은 오히려 동맹민주군(ADF)로부터 비롯된 것이었다. 이러한 공격에 콩고 정부가 직접적 또는 간접적 관여를 하였다는 만족할만한 증거는 발견되지 않는다. 공격은 1974년 12월 14일에 채택된 침략의 정의에 대한 결의 제3314호(XXIX) 제3조 (g)의 의미에서 콩고가 보낸 또는 콩고를 대신하는 무장단체 또는 비정규군으로부터 행해진 것이 아니었다. 재판소는 재판소에 제시된 증거를 근거로 하여 이 일련의 유감스러운 공격들이 성격상 누적적인 것으로 간주될 수 있을지라도 여전히 콩고로는 귀속될 수 없다고 본다. 이런 이유들 때문에 재판소는 콩고에 대한 우간다의 자위권 행사를 위한 법적인 그리고 사실적인 상황들이 존재하지 않았다고 결정한다. 따라서 재판소는 현대의 국제법이 비정규군에 의한 대규모의 무력공격에 대한 자위권을 규정하고 있는가 여부 및 그 조건에 대한 당사자들의 주장들에 대답할 필요가 없다.[169]

이 사건에서는 콩고가 무장단체를 지원했는지 여부 자체가 명확하게 확립되지 않았고 재판소도 주로 이러한 점에 근거하여 결정을 내렸다는 점에서 Nicaragua 사건과는 다소 차이가 있다. 그러나 기본적으로 재판소가 Nicaragua 판결에서의 논리를 그대로 적용하고 있다는 점은 분명해 보인다.[170] 즉, 재판소는 무력공격이 콩고로 귀속될 수 있는지 여부에 초점을 맞추었으며, 이에 대한 부정적인 결론이 도출된 다음에는 더 이상 검토를 진척시키지 않았다.

이러한 결정에 대해서 Simma 재판관과 Kooijmans 재판관은 재판소가 많은 논란이 되고 있는 문제, 즉 비국가행위자의 무력공격에 대한 자위권 행사 문제를 다룰 수 있는 좋은 기회를 놓쳤다고 비판하였다.[171] 이들은 별개의견

---

169) *Case Concerning Armed Activities on the Territory of the Congo*, 제3장 제2절 각주 143, paras. 146-147.
170) 실제로 임시재판관인 Kateka는 반대의견에서 다수의견이 취하고 있는 좁은 해석을 비판하면서 재판소는 *Nicaragua* 사건에서의 결정이 아니라 Jennings 재판관의 반대의견을 채택했어야 한다는 견해를 제시하였다. *Id.*, Dissenting Opinion of Judge ad hoc Kateka, paras. 13-34.
171) *Id.*, Separate Opinion of Judge Simma, paras. 4-15; *Id.*, Separate Opinion of Judge Kooijmans, paras. 16-31.

에서 무력공격이 자국 영토에 대한 실효적 권한을 행사하지 않는 국가에 있는 비정규군에 의해 행해진 경우 이러한 활동이 영토국가로 귀속될 수 없다고 하더라도 여전히 무력공격인 것이며 공격당한 국가에게 자위권을 인정하지 않는 것은 합리적이지 않다고 주장하였다. 이러한 주장을 뒷받침하는 것으로 특히 9.11 테러사건이 법에서의 변화를 가져왔다는 점이 강조되었다. 특히 Simma 재판관은 *Israeli Wall*에 대한 권고적 의견을 언급하면서 유엔 헌장 제51조에 대한 그와 같은 제한적 해석은 오래 전에는 정당화될 수 있었겠으나 국가관행 및 법적 확신에서의 변화를 감안하면 "신속하게 재고되어야 한다"고 주장하였다.[172] 그는 9.11 테러사건의 결과로 제51조가 테러조직에 대한 대응조치에도 적용된다는 주장이 국제사회에 의해 우호적으로 받아들여지고 있다며 그 근거로 유엔 안전보장이사회 결의 제1368호(2001)와 제1373호(2001)를 제시하였다.[173]

5. 이론적 논의

(1) 자위권 적용론

1) 테러조직에 대한 자위권의 원용 문제

9.11 테러사건 이전에는 국가뿐만 아니라 비국가행위자도 유엔 헌장 제51조상의 무력공격의 주체가 될 수 있다는 입장을 취한 학자들은 극소수에 불과하였다.[174] Robert J. Beck과 Anthony Clark Arend는 비교적 일찍 이러한

---

172) *Id.*, Separate Opinion of Judge Simma, paras. 10-11.
173) *Id.*, para. 10.
174) 예컨대, Robert J. Beck and Anthony Clark Arend, ""Don't Tread on Us": International Law and Forcible State Responses to Terrorism", 12 *Wisconsin International Law Journal* 153, 1993-1994, p.216; Ruth Wedgwood, 제2장 제1절 각주 58, p.564.

접근의 필요성을 주장한 대표적인 학자들인데, 이들은 테러행위 중 상당수는 무력공격의 수준에 이르는 것으로 볼 수 있으므로 국가의 자위권 발동이 고려될 수 있다는 견해를 제시하였다.[175] Ruth Wedgwood 역시 1998년에 발생한 케냐와 탄자니아 주재 미국 대사관 테러사건을 다루면서 이러한 입장을 취한 바 있다. Wedgwood는 유엔 헌장상의 요건을 가장 엄격하게 해석한다고 하더라도 이러한 행위는 명백히 자위권에 따른 무력대응을 허용하는 무력공격이라고 보았다.[176] "정부뿐만 아니라 사적 행위자들도 침략행위를 할 수 있기 때문에 유엔 헌장상 또는 국가관행상 국가가 대응할 수 있는 침략자의 실체를 제한하는 것은 아무것도 없다"는 것이다.[177] 그러나 Robert J. Beck과 Anthony Clark Arend, Ruth Wedgwood처럼 순수한 의미에서의 비국가행위자의 테러행위에 대해서 자위권이 원용될 수 있다고 보는 경우는 드물었다. 앞에서 살펴본 것처럼 대부분의 학자들은 테러행위가 국가의 무력공격으로 간주될 수 있는가 또는 테러행위에 관여한 국가 자신의 행위가 무력공격으로 간주될 수 있는가에 초점을 맞추었고 일단 이 부분이 인정되는 경우에 한해서 자위권이 적용될 여지가 있다고 보았다.

9.11 테러사건 이후에도 여전히 많은 학자들이 국가만이 제51조상의 무력공격의 주체가 될 수 있다는 전제에서 논의를 전개하고 있지만, 다른 한편에서는 그에 버금갈 정도로 많은 학자들이 그러한 전제에 이의를 제기하고 있다.[178] 즉, 비국가행위자의 테러행위도 제51조상의 무력공격에 해당할 수 있

---

175) Robert J. Beck and Anthony Clark Arend, *supra* note 174, p.216.

176) Ruth Wedgwood, 제2장 제1절 각주 58, p.564.

177) *Id.*

178) 예컨대, Davis Brown, 제3장 제2절 각주 87, pp.28-29; Antonio Cassese, *supra* note 146, pp.996-997; Yoram Dinstein, 제3장 제2절 각주 2, pp.206-208; Tom J. Farer, "Beyond the Charter Frame: Unilateralism or Condominium?", 96 *American Journal of International Law* 359, 2002, p.359; Thomas M. Franck, "Terrorism and the Right of Self-Defense", 95 *American Journal of International Law* 839, 2001, p.840; Terry D. Gill, *supra* note 149, p.27; Anna Caroline Müller, "Legal Issues Arising

고 피해국은 이에 대해 자위권을 원용할 수 있다는 것이다. 그러한 주장의 근거로는 주로 9.11 테러사건 이후에 채택된 유엔 안전보장이사회 및 여타 국제기구들의 결의들이 제시되었다.[179] 그런데 대부분의 학자들이 이러한 결의들에서 자위권 또는 무력공격이 언급되었다는 점에 초점을 맞추고 있는 것과는 달리 Thomas M. Franck는 유엔 안전보장이사회 결의 제1368호에서 9.11 테러공격이 "국제평화 및 안전에 대한 위협"으로 간주되었다는 점에 보다 주목하였다.[180] 유엔 헌장 제39조에 따르면 안전보장이사회는 국제평화와 안전을 유지하거나 이를 회복하기 위하여 제41조 및 제42조에 따라 어떠한 조치를 취할 것을 결정할 수 있다. Franck는 그러한 조치가 그 이후에 채택된 결의 제1373호에 의해 사실상 취해진 것이라고 보았다.[181] 이를 토대로 그는 유엔 안전보장이사회가 제41조 및 제42조 하에서 비국가행위자에 대하여 조치를 취할 권한이 있다면 피해국이 제51조 하에서 동일한 행위자에 대하여 취하는 조치 역시 허용되어야 한다고 보았다.[182]

그 밖에도 무력공격의 주체를 명시적으로 규정하고 있지 않은 유엔 헌장 제51조도 비국가행위자의 테러행위에 대한 자위권의 원용가능성을 인정하는 주요 논거로 제시되고 있다.[183] 특히 Michael N. Schmitt는 '회원국에 의한'

---

from the Armed Conflict in Afghanistan", 4 *Non-State Actors and International Law* 239, 2004, p.251; Michael N. Schmitt, *supra* note 145, p.43; Rein Müllerson, "*Jus ad Bellum* and International Terrorism", 32 *Israel Yearbook on Human Rights* 1, 2003, pp.31-36; Gregor Wettberg, *supra* note 73, pp.208-210; Rüdiger Wolfrum, 제3장 제2절 각주 66, p.36; 여영무, "9.11 후 대테러전쟁과 국제법적 문제: 아프가니스탄과 이라크 전쟁을 중심으로", 인도법논총 제25집 (2005), pp.146-147.

179) Davis Brown, 제3장 제2절 각주 87, pp.28-29; Yoram Dinstein, 제3장 제2절 각주 2, pp.206-208; Tom J. Farer, *supra* note 178, p.359; Thomas M. Franck, *supra* note 178, p.840; Anna Caroline Müller, *supra* note 178, p.251; Michael N. Schmitt, *supra* note 145, p.43.

180) Thomas M. Franck, *supra* note 178, p.840.

181) *Id.*

182) *Id.*

무력행사를 금지하고 있는 유엔 헌장 제2조 제4항에 비추어 볼 때 "무력공격의 출처는 자위권의 원용과 관계가 없음이 분명하다"고 주장하였다.[184] Yoram Disntein 역시 제2조 제4항과 제51조의 규정상의 차이에 주목하고 제51조상의 무력공격은 비국가행위자에 의해서도 행해질 수 있다고 보았다.[185] 그런데 제51조 규정 자체보다도 오늘날의 현실에 맞게 유엔 헌장을 해석할 필요성으로부터 이와 같은 결론이 도출될 수 있다고 보는 시각도 존재한다. Rein Müllerson은 규정 자체에서는 명시적인 언급이 없을지라도 제51조의 기초자들은 국가들에 의한 무력공격만을 염두에 두었을 것이라고 보았다.[186] 그렇지만 이제는 현실적으로 비국가행위자의 무력공격에 대해서도 자위권이 발생할 수 있는 것으로 해석할 필요성이 제기된다는 것이다.[187] Müllerson은 유엔 헌장이 채택되었던 1945년 당시에 비해 국제법은 더 이상 "국가중심적(state-centric)"이지 않다는 점을 강조하였다.[188]

한편 비국가행위자의 무력공격 주체성을 인정하고 있는 학자들 대부분은 외국 영토에 있는 테러조직에 대한 자위권의 행사가 국제법상 허용되기 위해서는 그러한 조직에 대한 인식 하에 그 국가의 적극적 관여 또는 소극적 대처가 인정되어야 한다는 것을 전제로 하고 있다.[189] 이러한 상황은 앞에서

---

183) *Id.*; Yoram Dinstein, 제3장 제2절 각주 2, p.204; Michael N. Schmitt, *supra* note 145, p.43.

184) Michael N. Schmitt, *supra* note 145, p.43.

185) Yoram Dinstein, 제3장 제2절 각주 2, p.204.

186) Rein Müllerson, *supra* note 178, p.37.

187) *Id.*

188) *Id.* Müllerson은 이러한 현상을 나타내는 것으로 개인들이 제노사이드, 전쟁범죄, 인도에 반하는 죄에 대해 국제법 하에서 직접적으로 형사책임을 부담하고 있는 점과 안전보장이사회가 비국가실체들에 대해서도 제재를 부과하고 있는 점을 언급하였다. 후자의 예로는 앙골라 완전 독립 민족 동맹(Nation Union for Total Independence of Angola, UNITA)에게 무기금수조치를 부과한 유엔 안전보장이사회 결의 제864호를 제시하였다.

189) Robert J. Beck and Anthony Clark Arend, *supra* note 174, p.218; Davis Brown, 제

도 살펴보았듯이 세부적으로는 테러조직 수용국에 의한 테러행위의 지원 또
는 묵인, 테러행위를 통제할 테러조직 수용국의 능력 부족 등으로 구분될 수
있다. 일부 학자들은 테러조직 수용국이 테러행위를 통제 또는 방지할 '의사
가 없거나 능력이 없는(unwilling or unable) 경우'라는 표현을 사용하고 있기
도 하다.190)

　테러행위를 통제 또는 방지할 '의사가 없다'는 것이 어떠한 경우를 의미하
는 것인가에 대해서는 구체적인 검토가 필요하다. 예컨대, Terry D. Gill은 자
국 영토를 근거지로 활동하는 테러조직을 지원하는 국가와 그러한 조직의
행위를 중단시킬 의사가 없는 국가를 분명하게 구별하고 있다.191) 여기서 후
자의 국가는 결국 테러조직의 행위를 묵인하는 국가를 의미하는 것으로 이
해될 수 있다. Yoram Dinstein, Davis Brown, Robert J. Beck과 Anthony Clark
Arend 역시 이와 같은 의미로 '의사가 없다'는 표현을 사용하고 있다.192) 그

3장 제2절 각주 87, pp.30-31; Antonio Cassese, *supra* note 146, p.997; Yoram
Dinstein, 제3장 제2절 각주 2, p.247; Tom J. Farer, *supra* note 178, p.359; Terry
D. Gill, *supra* note 149, pp.28-29; Michael N. Schmitt, *supra* note 145, pp.44-45;
Ruth Wedgwood, 제2장 제1절 각주 58, p.565; Gregor Wettberg, *supra* note 73,
p.210; 여영무, *supra* note 178, p.147.

190) Robert J. Beck and Anthony Clark Arend, *supra* note 174, p.218; Davis Brown, 제
3장 제2절 각주 87, pp.30-31; Yoram Dinstein, 제3장 제2절 각주 2, p.247; Terry
D. Gill, *supra* note 149, pp.28-29; Gregor Wettberg, *supra* note 73, p.210.

191) Terry D. Gill, *supra* note 149, p.29.

192) Yoram Dinstein, 제3장 제2절 각주 2, pp.244-247. Dinstein은 테러공격을 위한 발
관으로 자국 영토가 사용되는 것을 알면서도 수용국이 어떠한 조치도 취하지 않
는 상황을 다루면서 "무력공격의 재발을 방지할 의사가 없는 경우"라는 표현을
사용하고 있다. Davis Brown, 제3장 제2절 각주 87, p.30. Brown은 "테러조직이
자신을 지원하지 않는 … 또 다른 국가의 영토 내에 물리적으로 위치하고 있을
때, 자위의 고유한 권리는 국가 주권 평등 및 국제관계에서 무력의 포기라는 국제
법의 두 근본원칙들과 충돌한다. … [이에 대한] 예외는 테러행위자들이 활동하는
국가가 자국 영토가 공격에 사용되는 것을 방지할 의사가 없는 경우이다"라는 견
해를 제시하였다. Robert J. Beck and Anthony Clark Arend, *supra* note 174, p.218.
Beck과 Arend는 자국 영토 내 테러행위자를 진압하기 위해 조치를 취할 의사가

라나 모든 학자들이 그러한 취지에서 '의사가 없다'는 표현을 사용한 것은 아니다. Gregor Wettberg는 비국가행위자 수용국이 자국 영토에서 활동하는 비국가행위자를 통제할 의사나 능력이 없는 경우 피해국은 비국가행위자에 대해 자위권을 행사할 수 있다는 견해를 제시하면서 수용국의 상황을 보다 구체적으로는 지원, 묵인, 무능으로 분류하고 있다.193) 즉, Wettberg의 경우에는 비국가행위자에 대한 수용국의 지원과 묵인을 포함하는 것으로서 비국가행위자를 통제할 '의사가 없다'는 표현을 사용한 것으로 보인다. 결국 테러행위를 통제 또는 방지할 '의사가 없다'는 표현은 일률적으로 해석되어야 할 것이 아니라, 각각의 견해를 토대로 그 의미가 개별적으로 판단되어야 할 것이다.

그런데 일부 학자들의 경우에는 비국가행위자의 테러행위에 대해서 유엔 헌장 제51조가 적용될 수 있음을 인정하면서도 자위권의 행사 대상이라는 별도의 항목에서 그러한 행위의 국가 귀속 여부를 검토함으로써 다소 혼란을 야기하고 있다. 예컨대, Carsten Stahn은 "무력공격의 귀속 기준은 무력공격의 정의의 맥락에서가 아니라 무력대응이 누구에 대해서 행해질 수 있는가 하는 맥락에서만 적절하다"고 주장하였다.194) Stahn에 따르면, 테러공격이 피해국 이외의 다른 국가로부터 비롯되거나 피해국 영토에서 발생하더라도 외국인들에 의해 행해지는 등 '외부 고리(external link)'를 가지는 동시에 상당한 규모에 이른다면 제51조상의 무력공격에 해당한다.195) 이 때 자위권의 행사는 상황에 따라서 테러조직에 대해서뿐만 아니라 수용국에 대해서도

없는 국가와 자국 영토 내 테러행위자의 활동을 지원하는 국가를 분명히 구별하고 있다.

193) Gregor Wettberg, *supra* note 73, pp.220-225.

194) Carsten Stahn, ""Nicaragua is Dead, Long Live Nicaragua"-the Right to Self-Defence under Art. 51 UN Charter and International Terrorism", in Christian Walter (ed.), *Terrorism as Challenge for National and International Law: Security versus Liberty?* (Springer, 2004), p.850.

195) *Id.*, pp.851, 860.

행해질 수 있다.196) Stahn은 수용국이 테러조직을 실제로 통제한 경우뿐만 아니라 상당한 규모로 지원을 한 경우에도 테러조직에 대한 '전반적 통제'가 인정되어 피해국은 수용국을 상대로 무력대응조치를 취할 수 있다고 본 다.197) 그리고 수용국이 단지 묵인을 한 경우에 불과하더라도 테러조직에 대한 피해국의 무력행사를 수용국이 방해하거나 수용국이 테러조직에 가담하였다면 수용국에 대해서도 무력대응조치를 취할 수 있다고 주장한다.198)

Christopher Greenwood는 9.11 테러사건 이후에 채택된 유엔 안전보장이사회 및 여타 국제기구들의 결의, 미국의 대응, 다른 국가들의 반응을 검토한 후에, "관행상 '무력공격'의 개념은 충분한 강도를 지닌 테러공격을 포함할 만큼 넓은 것으로 간주되고 있음이 분명해 보인다"는 견해를 제시하였다.199) 그런데 Greenwood는 뒤에서 다시 자위권의 행사 대상을 별도의 항목으로 다루면서 "테러공격에 대한 대응으로 무력행사가 허용된다면 그것은 그러한 공격이 귀속될 수 있는 국가를 포함하여 공격에 책임이 있는 대상을 상대로 행해질 수 있다"고 하였다.200)

Christoph Müller도 이와 유사하게 안전보장이사회 결의 제1368호와 제1373호를 언급하면서 비국가행위자가 제51조상의 무력공격을 가할 가능성을 인정하더라도 이에 대한 대응 시 누가 또는 어떠한 실체가 적법한 대상이 될 수 있는가의 어려운 문제가 제기된다고 하였다.201) 그러나 Müller는 9.11 테러사건 이후 이 문제에 대한 해답은 상대적으로 간단해졌다며 알카에다와 탈레반 간의 관계를 고려할 때 탈레반은 적법한 대상이었다고 주장하였다.202)

---

196) *Id.*, pp.869-871.
197) *Id.*, p.870.
198) *Id.*
199) Christopher Greenwood, "War, Terrorism and International Law", in *Essays on War in International Law* (Cameron May, 2006), p.421.
200) *Id.*, p.424.
201) Christoph Müller, *supra* note 157, p.354.

이러한 입장을 취하고 있는 학자들은 결국 누구에 의한 것이든 여하튼 '테러행위'가 제51조상의 무력공격에 해당할 수 있다는 점에 초점을 맞추고 있는 것으로 보인다. 그러나 자위권은 무력공격을 가한 실체에 대한 무력대응을 정당화하는 것이라는 점을 상기할 때, 이러한 주장들은 납득하기 어렵다. 즉, 우선적으로 무력공격의 주체부터 분명하게 확립할 필요가 있는 것이다. 어떠한 맥락에서든 무력공격의 국가 귀속이 인정된다는 것은 무력공격의 주체는 국가라는 것을 의미한다. 그리고 그 당연한 결과로 그 국가가 자위권에 따른 무력대응조치의 대상이 되는 것이다. 이는 곧 귀속 기준을 적용하는 한에서는 무력공격의 정의의 맥락과 무력대응의 대상의 맥락이 구별될 여지가 없음을 의미한다.

2) 테러조직 수용국의 영토주권 침해 문제

테러조직이 테러공격이 발생한 국가의 관할권 내에 있거나 어느 국가의 관할권에도 속하지 않는 공간에 있는 경우 국제인권법 또는 국제인도법에 의해 부과된 제한들이 준수되는 한에서는 피해국은 테러행위를 진압하기 위해 필요한 모든 조치들을 취할 수 있다.[203] 그러나 테러조직이 테러공격이 발생한 국가 또는 어느 국가의 관할권에도 속하지 않는 공간에서 활동하는 경우는 극히 드물며, 테러조직은 다른 여러 국가들의 영토에서 활동하는 경우가 대부분이다. 그런데 테러조직 수용국의 동의 없이 그 영토 내에 있는 테러조직을 상대로 취하는 무력대응조치는 불가피하게 그 국가의 영토주권을 침해하게 된다. 테러행위자들이 공해상에 있는 특정 국가의 선박에 탑승하고 있는 경우에도 유사한 문제가 발생한다. 일부 학자들은 이런 경우 1958년 공해에 관한 제네바 협약과 1982년 유엔해양법협약에 규정된 해적의 진압에 관한 조항들이 유추적용되어 선박의 국적국이 아닌 국가들도 그러한

---

202) *Id.*
203) Tarcisio Gazzini, 제3장 제2절 각주 91, p.188.

선박에 대해서 강제조치를 취하는 것이 국제법상 허용된다고 주장한다.204) 그러나 공해상에서 자신의 기를 게양하며 어떠한 국가의 관할권에도 속하지 않는 해적과 특정 국가의 기를 게양한 선박을 사용하고 있는 테러조직과는 구별되어야 한다. 특정 국가의 선박에 탑승하고 있는 테러조직을 상대로 한 무력대응은 기국의 주권을 침해한다. 이와 같은 주권 침해 문제는 비국가행위자의 무력공격에 대해서는 유엔 헌장 제51조상의 자위권 규정이 적용될 수 없다는 입장을 지지하는 가장 강력한 논거이기도 하다.205)

비국가행위자의 테러행위에 대한 자위권의 원용가능성을 주장하는 학자들 중 상당수는 테러조직 수용국의 영토주권 침해를 정당화하는 나름대로의 근거 또한 제시하고 있다. 전자와 관련해서는 거의 공통된 근거가 제시되고 있는 것과는 달리 후자와 관련해서는 다양한 근거들이 제시되고 있는데, 이를 몇 가지로 분류해 보면 다음과 같다.

첫 번째로, 자위권은 비국가행위자에 대한 무력대응조치가 아니라 비국가행위자 수용국의 영토주권 침해를 정당화하기 위한 근거라고 보는 입장이 있다. Anna Caroline Müller는 자위권은 유엔 헌장 제2조 제4항에 위배되는 무력대응조치를 정당화하기 위해서 원용되는 것인데 비국가행위자는 무력사용금지 원칙에 의해 보호되는 대상이 아니므로 비국가행위자에 대한 무력대응의 경우에는 자위권에 의한 정당화를 필요로 하지 않는다고 주장한다.206)

---

204) Yoram Dinstein, 제3장 제2절 각주 2, p.205; Tarcisio Gazzini, 제3장 제2절 각주 91, p.188.

205) 예컨대, Jörg Kammerhofer, "The *Armed Activities* Case and Non-state Actors in Self-Defense Law", 20 *Leiden Journal of International Law* 89, 2007, p.105; Oscar Schachter, "The Lawful Use of Force by a State against Terrorists in Another Country", in Henry H. Han (ed.), *Terrorism and Political Violence: Limits and Possibilities of Legal Control* (Oceana Publications, 1993), pp.248-249.

206) Anna Caroline Müller, *supra* note 178, p.256. 유사한 견해로는 Greg Travalio, "Terrorism, International Law, and the Use of Military Force", 18 *Wisconsin International Law Journal* 145, 2000, pp.166-167.

그러므로 Müller는 비국가행위자를 상대로 무력대응조치를 취하는 데 있어서 피해국이 자위권을 원용하는 유일한 이유는 타국 영토에서 취해지는 비국가행위자에 대한 조치를 정당화하기 위해서라고 보았다.207) 그러나 이러한 입장은 많은 학자들이 주목하고 있는 유엔 헌장 제2조 제4항과 제51조의 규정상의 차이를 간과하고 있다.

두 번째로, 무력공격의 피해국이 타국 영토 내 비국가행위자를 상대로 취하는 무력대응조치는 그 국가가 그러한 무력공격을 방지할 의사가 없거나 능력이 없는 경우에 역외적으로 국제법을 집행할 피해국의 권한에 의해서 정당화될 수 있다고 보는 입장이 존재한다. Yoram Dinstein은 타국의 동의 없이 그 영토 내에 있는 테러조직 및 무장집단을 상대로 취해지는 무력대응조치를 지칭하는 것으로 '역외적 법집행(extra-territorial law enforcement)'이라는 용어의 사용을 제안한다.208) Dinstein에 따르면, 역외적 법집행은 자위권의 한 형태이며 오로지 수용국의 영토로부터 테러조직 및 무장집단에 의해 가해진 공격에 대한 대응의 목적으로 그 영토 내 테러조직 및 무장집단을 상대로 행해질 수 있다.209) 그러나 역외적 법집행이라는 개념 자체가 모호할 뿐만 아니라 그러한 권한이 국제법에서 인정될 수 있을지도 의문이다.

세 번째로, 일부 학자들은 비국가행위자 수용국이 테러행위를 통제 또는 방지할 능력이 있는 경우를 전제로 그러한 능력이 있음에도 불구하고 그러한 행위로부터 다른 국가들을 보호할 의무를 위반한 국가들은 피해국의 자위권 행사에 따른 영토주권 침해 결과를 감수해야 한다는 입장을 취하고 있다.210) 그런데 문제는 그러한 의무 위반에 따른 책임의 내용으로서 위반국의 영토주권에 대한 제약이 포함될 수 있다는 뚜렷한 법적 근거를 찾기 어렵다

---

207) *Id.*

208) Yoram Dinstein, 제3장 제2절 각주 2, p.247.

209) *Id.*

210) Davis Brown, 제3장 제2절 각주 87, p.30; Ruth Wedgwood, 제2장 제1절 각주 58, p.565.

는 것이다. ILC 초안에서는 국가책임의 일반적 내용으로 위법행위의 중지(cessation)와 손해배상(reparation)만을 규정하고 있을 뿐이며,[211] 앞에서 검토한 테러행위에 관한 국제적 규제 체계 하에서도 위반국의 영토주권 침해가 위반에 따른 책임의 내용을 구성한다는 결론은 도출되지 않는다.

네 번째로, 기존의 국제법 하에서는 비국가행위자의 테러행위에 대한 자위권의 행사를 위해 타국의 영토주권을 침해하는 것이 정당화되기 어려운 것이 사실이지만, 오늘날 테러행위에 의해 제기되는 위협의 심각성을 고려할 때 자위권이 영토주권보다 우선시될 수 있는 경우가 있을 수 있다고 보는 입장이 있다.[212] 오늘날 비국가행위자의 테러행위에 의해 제기되고 있는 위협과 이에 대한 적절하고 효과적인 대응의 필요성을 감안하면 일정한 경우에 테러조직 수용국의 영토주권을 제약하는 것은 정당화될 수 있는 측면이 있다. 문제는 충돌하는 두 권리 사이에서의 적절한 균형점을 찾는 것이 쉽지 않다는 데 있다.

(2) 개입권 적용론

일각에서는 다른 국가의 영토에 소재하고 있는 테러조직에 대한 무력대응은 유엔 헌장 제51조의 자위권이 아닌 다른 법적 근거 하에서 허용되어야 한다는 주장이 제기되기도 한다. 예컨대, Rainer Grote는 테러리즘에 대한 대응 문제는 전통적인 국가 간의 충돌에서 발생하는 문제들과 다르기 때문에 제51조 자위권의 범위를 단순히 확대함으로써 범세계적으로 활동하는 테러조직에 대한 효과적인 예방적 조치의 필요가 충족될 수 있을지 의문이며 오히려 다른 분야에까지 광의적 해석이 적용되는 부작용이 초래될 수 있다고 지

---

211) ILC 초안 제30조, 제31조.
212) Terry D. Gill, *supra* note 149, p.29; Michael N. Schmitt, 제1장 제1절 각주 10, pp.390-392; Michael N. Schmitt, 제3장 제2절 각주 94, pp.82-83.

적하였다.[213] 따라서 Grote는 테러공격을 사주하거나 테러행위에 실질적으로 관여한 국가에 대한 초국경적 무력사용과 다른 국가에서 활동하고 있는 테러조직만을 직접적인 대상으로 하는 반테러 조치를 구별한 후, 전자의 적법성 여부는 국가 간 충돌에서 무력사용을 규제하는 일반적 기준에 근거하여 평가되어야 하지만 후자의 적법성 여부는 다른 법적 기준의 적용을 받는다는 견해를 제시하였다.[214] 즉, 후자의 경우는 국가에 대한 무력행사가 아니라 테러조직 또는 테러행위자에 대한 무력행사이므로 이러한 종류의 제한된 개입의 구체적인 목적과 성질을 적절하게 반영하는 별도의 규칙들의 적용을 받아야 한다는 것이다.[215] Grote에 따르면, 테러조직을 대상으로 하는 무력대응조치에 의해 수용국의 영토보전이 침해되더라도 조치의 목적, 그 보충적 성격, 비례에 맞는 이행과 관련된 엄격한 조건들 하에서는 그러한 조치가 국제법에 의해 허용되거나 최소한 묵인되어야 한다.[216]

그러나 무력금지의 예외로 주장되는 이른바 '개입권(right to intervention)'은 그 국제법적 근거를 찾기가 어렵다. 뿐만 아니라 실제로 테러공격을 입은 국가들이 그 대상이 누구이든 간에 무력대응의 정당화 근거로 자위권을 원용하고 있는 현실과도 부합하지 않는다. 그리고 Grote는 그러한 권리의 행사에 상당 부분 제한을 가하는 조건들을 설정하고 있기는 하지만, 이러한 성격의 무력행사를 인정하는 것은 자위권을 확대 적용하는 것보다 오히려 더 큰 문제를 야기할 수도 있다. 따라서 이러한 주장은 수락되기 어렵다.

(3) 긴급피난 적용론

일부 학자들은 일정한 경우 특정 국가 내에 존재하는 테러조직에 대한 무

---

213) Rainer Grote, 제3장 제2절 각주 104, p.970.
214) *Id.*, p.971.
215) *Id.*, p.972.
216) *Id.*, p.984.

력대응의 근거로 긴급피난(state of necessity)[217] 개념이 원용될 수 있다고 주장한다. Oscar Schacter는 이러한 입장을 취한 대표적인 학자인데, 그는 테러행위에 실질적으로 관여하지 않은 국가의 영토 내에 있는 테러조직에 대한 무력대응 또는 유엔 헌장 제51조상의 무력공격에 이르지 않은 중대한 테러위협에 대한 무력대응은 긴급피난에 의해 정당화될 수 있다고 주장하였다.[218] Schachter는 수용국 정부가 상당한 규모로 테러조직에게 무기, 기술, 교통, 원조를 제공하는 것은 실질적으로 관여한 경우에 해당되나,[219] 수용국 정부가 테러행위를 묵인한 경우는 여기에 해당되지 않는다고 보았다.[220] Tarcisio Gazzini는 테러조직 수용국이 테러행위를 지원하거나 묵인한 경우와 그러한 행위를 진압할 능력이 없는 경우를 구별하여 특히 후자의 상황에서 취해지는 테러조직에 대한 무력대응조치는 긴급피난에 의해 정당성이 부여될 수 있다는 견해를 제시하였다.[221] Rein Müllerson도 특히 자국 영토 내 테

---

217) 국내 저서에서 확인된 'state of necessity'의 우리말 번역은 다음과 같다: '긴급피난'이 사용된 저서로는 김대순, 제3장 제1절 각주 51, p.607; 나인균, 제3장 제1절 각주 51, p.416; 유병화·박노형·박기갑, 국제법 II (법문사, 2000), p.417; 이석용, 국제법, 3정판 (세창출판사, 2003), p.250; 최재훈, 국제법신강, 제2판 (신영사, 2004), p.460. '필요성'이 사용된 저서로는 김석현, 국제법상 국가책임 (삼영사, 2007), p.273; 김정균·성재호, 국제법, 제5개정판 (박영사, 2008), p.198. '필수적 상황'이 사용된 저서로는 김정건, 제3장 제1절 각주 51, p.243. '국가적 필요상황'이 사용된 저서로는 이병조·이중범, 국제법신강, 제9개정 제2보완수정판 (일조각, 2008), p.216. '긴급상태'가 사용된 저서로는 山本草二(박배근 역), 신판 국제법 (국제해양법학회, 1999), p.648; 장효상, 현대국제법 (박영사, 1987), p.112. 이상을 보면 통설적 번역이라고까지는 할 수 없으나 '긴급피난'이 다소 우위를 점하고 있음을 알 수 있다. 본 논문에서는 특히 자위권의 한 요건으로 언급되는 '필요성'과 구별하기 위해 '긴급피난'을 사용하고자 한다.

218) Oscar Schachter, *supra* note 205, pp.256-260.

219) *Id.*, p.250. Schachter는 이러한 경우에는 테러행위가 수용국 정부로 귀속되어 수용국이 자위권 행사의 대상이 될 수 있다고 주장하였다.

220) *Id.*, p.256.

221) Tarcisio Gazzini, 제3장 제2절 각주 91, p.205.

러조직을 통제할 능력이 없는 국가에서 취해지는 테러조직에 대한 무력대응조치는 긴급피난에 의해 정당화될 수 있다고 주장하였다.[222] 그러나 Müllerson은 Schacter와 Gazzini와는 달리 테러조직에 대한 무력대응조치는 자위권에 의한 별도의 정당화를 필요로 한다고 보고 있다. 즉, 테러조직에 대한 무력행사를 특징짓는 것으로는 자위의 개념이 사용되며, 다른 국가의 영토에서의 그러한 무력행사를 특징짓는 것으로는 긴급피난의 개념이 사용된다는 것이다.[223] 한편 앞에서 검토한 1995년과 1996년의 쿠르드족에 대한 무력대응 당시 터키가 주장한 근거 역시 자위권 보다는 오히려 긴급피난에 가까운 것이라고 보는 견해들이 있다.[224]

긴급피난은 위법성조각사유, 즉 외관상 법적 의무의 위반으로 보이는 행위가 그 발생 당시의 예외적 상황으로 인하여 위법성이 면제되는 경우의 하나로서 검토되어 왔다.[225] 국제법상 위법성조각사유로서의 긴급피난은 특히 국가책임에 관한 국제법위원회(ILC)의 작업을 계기로 그 개념과 적용 요건이 정리되어 가고 있다.[226] 위원회는 긴급피난을 "국가가 중대하고 급박한 위험에 의하여 위협 받는 본질적 이익을 보호하기 위하여 그보다 덜 심각하거나 위급한 다른 국제적 의무를 잠정적으로 불이행하는 것이 유일한 수단인 예외적인 상황"이라고 정의하고 있다.[227] 위법성을 조각하는 상황으로서의 긴급피난이라는 개념 자체가 국제법에서 존재하는지 여부는 오랫동안 논란의 대상이 되어 왔으나, 국제법위원회(ILC)에서의 작업과 긴급피난을 국제관습법의 일부로 인정한 국제사법재판소(ICJ)의 결정으로 이제 그러한 논란은 상

---

222) Rein Müllerson, *supra* note 178, p.34.

223) *Id.*

224) Tarcisio Gazzini, 제3장 제2절 각주 91, p.206; Andreas Laursen, "The Use of Force and (the State of) Necessity", 37 *Vanderbilt Journal of Transnational Law* 485, 2004, p.517.

225) 김석현, *supra* note 217, p.236.

226) *Id.*, p.273.

227) ILC, 제3장 제1절 각주 35, p.80.

당 부분 해소되었다고 할 수 있다.[228] 그러나 위원회는 긴급피난을 위법성조
각사유로 인정하면서도 그 예외적인 성격 및 남용가능성에 대한 우려를 강
조하기 위하여 그 적용 요건을 다음과 같이 엄격하게 규정하고 있다:

> 1. 다음의 경우를 제외하고는, 긴급피난은 국가의 국제적 의무와 일치하지 않
>   는 행위의 위법성을 조각시키기 위한 사유로 원용될 수 없다.
>   (a) 그 행위가 그 국가에게 있어서 중대하고 급박한 위험으로부터 본질적 이
>   익을 보호하기 위한 유일한 수단인 경우; 그리고
>   (b) 그 행위가 의무상대국(들) 또는 국제공동체 전체의 본질적 이익을 심각하
>   게 침해하지 않는 경우
> 2. 그러나 긴급피난은 다음의 경우에는 위법성조각을 위한 근거로 원용될 수
>   없다.
>   (a) 문제의 국제적 의무가 긴급피난의 원용가능성을 배제하고 있는 경우;
>   또는
>   (b) 그 국가가 긴급피난의 상황 조성에 기여한 경우.[229]

그러나 일각의 주장처럼 긴급피난이 무력행사의 근거로 원용될 수 있는가
여부는 별도의 검토를 요하는 문제이다. 이 문제는 특히 두 번째 특별보고자
였던 Ago의 보고서를 반영하여 작성된 1980년 ILC 보고서에서 집중적으로
다루진 바 있다. 이 보고서에서 위원회는 자위권과 긴급피난의 차이를 설명
하면서 전자는 무력공격이라는 국제위법행위에 대한 대응인데 반해, 후자는
대상국의 사전 행위와는 전혀 무관하게 원용될 수 있다는 점을 언급하였
다.[230] 즉, 긴급피난에 의해 국제법상의 의무와 일치하지 않는 행위의 위법
성이 배제되는지 여부를 결정하는 데 있어서는 대상국이 이전에 국제위법행

---

228) *Gabčíkovo-Nagymaros Project Case (Hungary v. Slovakia)*, ICJ Reports 1997, para. 51.

229) ILC 초안 제25조.

230) ILC, Report of the International Law Commission on the Work of its Thirty-Second
  Session, *Yearbook of the International Law Commission* (1980), Vol. Ⅱ, Part Two, p.34.
  2001년 ILC 보고서에서도 이 부분은 언급되고 있다. ILC, 제3장 제1절 각주 35,
  p.80.

위를 저질렀는지를 확인할 필요가 없다는 것이다.[231]

　이러한 전제 하에 위원회는 자국의 인명 또는 재산에 피해를 입힌 비국가행위자를 공격하거나 체포하기 위하여 어느 국가의 군대가 다른 국가의 영토주권을 침해하는 상황이 긴급피난에 의해 정당화될 수 있는가 여부를 검토하였다. 위원회는 긴급피난에 의해 다른 국가에 대한 침략행위를 구성하는 무력행사의 위법성이 조각될 수는 없다는 점을 분명히 하면서도 이러한 상황에 해당되지 않는 경우의 다른 국가의 영토주권 침해 문제에 대해서는 다른 입장을 취하였다. 위원회는 후자에 해당하는 경우로 국가 영토에 대한 공격을 준비하고 있는 무장단체의 위해행위를 미리 막기 위하여 또는 외국 영토에 근거지를 두고 국경을 넘어 왔던 무장단체나 범죄자 집단을 추적하기 위하여 또는 국가의 권위 및 통제 하에 있지 않은 적대 세력이나 집단들에 의해 공격 받거나 억류된 국민들 또는 다른 사람들의 생명을 보호하기 위하여 또는 국경을 넘어 발생하거나 확대될 우려가 있는 문제의 근원을 제거하거나 무력화하기 위하여 외국 영토로 들어가는 것을 제시하였다.[232] 위원회에 따르면, 이러한 상황들의 공통적인 특징은 무엇보다도 국가나 그 국민 일부 또는 단순히 사람들에 대한 심각하고 급박한 위험이 존재하고, 외국의 영토가 위험의 근원지이며, 당해 외국이 그 자신의 조치에 의해 위험을 막을 의무가 존재함에도 행동할 의사가 없거나 능력이 없어서 그러한 위험이 계속되도록 한다는 것이다.[233] 그러면서 위원회는 과거에는 이와 같은 상황에서 실제로 긴급피난이 원용되기도 하였다고 언급하면서 대표적인 사례로 앞에서 이미 살펴본 바 있는 *Caroline* 사건을 제시하였다.[234]

---

231) ILC, *supra* note 230, p.34.

232) *Id*., p.44.

233) *Id*.

234) *Id*. 2001년 ILC 보고서에서도 위원회는 같은 입장을 고수하고 있는데, 위원회는 특히 미국의 John Tyler 대통령이 1841년 12월 7일 의회에 보낸 교서에서 "이 정부는, 매우 급박하고 극단적인 긴급피난 경우를 제외하고는, 그러한 외국 정부의

그러나 오늘날에도 유사한 상황에서 긴급피난이 원용될 수 있을지는 보다 면밀한 검토를 요한다. 유엔 헌장 체제에서 회원국들은 "다른 국가의 영토보전이나 정치적 독립에 대하여 또는 유엔의 목적과 양립하지 아니하는 어떠한 기타 방식으로도 무력의 위협이나 행사를 삼갈" 의무를 부담하고 있기 때문이다.[235] 긴급피난 규정에 따르면, 이러한 국제적 의무가 긴급피난의 원용가능성을 배제하고 있다면 긴급피난은 위법성조각을 위한 근거로 원용될 수 없다. 이에 대해 위원회는 1980년 ILC 보고서에서 이 문제는 자신들이 다룰 대상이 아니며 헌장의 조항들을 해석하는 일은 유엔의 다른 기관들의 몫이라는 입장을 취하였다.[236] 위원회는 2001년 ILC 보고서에서도 "긴급피난의 항변은 원칙적으로 일차적 의무들에 의해 규율되는 행위를 다루기 위해 의도된 것이 아니다"라고 함으로써 같은 입장을 고수하였다.[237] 결국 유엔 헌장이 무력사용금지에 대한 예외로서 제51조상의 자위권을 명시적으로

국내법을 위반했을 수도 있는 자들을 체포하거나 그들의 재산을 파괴하기 위하여 영토에 침입할 수 있는 권한을 어떠한 외국 정부에게도 부여할 수 없다"고 한 것에 주목하였다. 1842년의 서신 교환에서 양국 정부가 "이 위대한 원칙이 정지될 수 있고 정지되어야 할 때 강하고 압도적인 긴급피난이 일어날 수 있다"는 데 합의하였다는 점, 그리고 워싱턴에 파견된 영국 정부의 임시 외교 사절이 "그것은 인정된 압도적 긴급피난의 기간 중에도 가능한 최단 시일 이내여야 하며 그 긴급피난에 의해 부과된 가장 좁은 제한의 범위 내로 엄격하게 제한된다"는 내용을 추가하였다는 점도 함께 언급되었다. ILC, 제3장 제1절 각주 35, p.81. 이러한 해석에 대한 반대 의견으로는 Yoram Dinstein, 제3장 제2절 각주 2, p.247 참조. Dinstein은 "분명한 사실은 당사자들이 명시적으로 자위의 표현을 사용하였고 그러한 표현이 이 주제에 대한 미래의 법에 그 족적을 남겼"으며 "그 역사적 탯줄을 소급적으로 자를 방법은 없다"고 주장하였다. Dinstein은 그러한 측면에서 '자위권'과 '긴급피난'을 개념적으로 구별하고 있는 위원회의 입장은 "인위적이고 잘못된 것"이라고 비판하였다. 그리고 이러한 "개념적 분리의 결과로서 위원회는 (다른 국가에 의해서가 아니라) 다른 국가로부터 비롯된 무력공격에 노출된 국가의 문제에 대한 적절한 해결책을 실제로 발견하지 못하였다"고 지적하였다.

235) 유엔 헌장 제2조 제4항.
236) ILC, *supra* note 230, p.45.
237) ILC, 제3장 제1절 각주 35, p.84.

허락함으로써 그 밖의 다른 예외들을 묵시적으로 배제한 것인지 여부가 문제된다.

한편 ILC 초안은 제26조에서 "본 장의 여하한 규정도 일반국제법의 강행규범으로부터 발생하는 의무와 합치되지 않는 어떠한 국가행위에 대해서도 위법성을 조각시키지 않는다"고 규정하고 있다. 이것은 결국 긴급피난을 포함한 어떠한 위법성조각사유도 강행규범 위반의 구실로 원용될 수 없음을 의미하는 것이다. 그렇다면 앞에서 언급한 문제 이외에 무력행사의 금지가 강행규범으로부터 도출되는 의무인가 하는 또 다른 문제가 제기된다. 이러한 체계 하에서는 만일 무력행사의 금지가 강행규범으로부터 도출되는 의무라면 그러한 의무가 긴급피난의 원용가능성을 배제하고 있는가의 문제는 검토할 필요조차 없게 된다.

무력행사금지가 강행규범의 성질을 지니는 국제규범이라는 점은 일반적으로 인정되고 있는데, 국제사법재판소(ICJ)는 Nicaragua 사건에서 유엔 헌장 제2조 제4항에서 규정된 무력행사금지를 강행규범의 예로 판시한 바 있다.[238] 그리고 1987년에 유엔 총회에서 채택된 '국제관계에서 무력행사의 위협 또는 무력행사의 금지에 관한 원칙의 효력강화를 위한 선언(Declaration on the Enhancement of the Effectiveness of the Principle of Refraining from the Threat or Use of Force in International Relations)'에서도 "어떠한 성격의 고려도 헌장을 위반한 무력행사의 위협 또는 무력행사에 호소하는 것을 정당하기 위하여 원용될 수 없다"는 점이 언급되었다.[239] 그러므로 국가책임법상의 긴급피난 개념이 무력대응조치의 근거로는 원용되기 어렵다고 보아야 할 것이다.[240]

---

238) *Military and Paramilitary Activities in and against Nicaragua*, 제3장 제1절 각주 37, para. 190.

239) UN Doc. A/RES/42/22 (1987).

240) 이러한 견해로는 Andreas Laursen, *supra* note 224, p.508; Peter Malanczuk, "Countermeasures and Self-Defence as Circumstances Precluding Wrongfulness in

6. 자위권 적용범위 확대의 필요성

특히 9.11 테러사건 이후로 비국가행위자의 테러행위에 대한 무력대응 문제는 상당한 관심을 받고 있으며 많은 논의의 대상이 되고 있음을 알 수 있다. 그런데 비국가행위자의 테러행위에 대해서 무력대응조치를 취할 필요가 있는 상황이 존재한다는 점에 대해서는 공감대가 형성되고 있는 것과는 달리 그러한 조치가 어떠한 법적 틀에서 이루어져야 하는지에 대해서는 여전히 혼란이 존재한다. 국제사법재판소(ICJ)는 유엔 헌장 제51조의 자위권 규정은 국가들 간에만 적용된다는 입장을 고수하고 있으며, 비국가행위자에 대한 자위권의 원용가능성을 부정하는 학자들도 많다.

그런데 테러조직과 같은 비국가행위자에 대해서는 자위권의 원용가능성이 배제된다고 가정해 보면, 9.11 테러사건과 유사한 사건이 발생하여 피해국이 무력대응을 할 필요가 있는 상황에서 피해국이 주장할 수 있는 법적 근거로는 무엇이 있겠는가의 의문이 제기된다. 앞에서 살펴본 바와 같이 개입권이라든지 긴급피난의 경우에는 유엔 헌장 체제 하에서 무력대응조치의 근거로 원용되기에는 무리가 있다. 그리고 설사 일부 학자들의 주장처럼 개입권이나 긴급피난이 무력대응조치의 근거로 원용될 수 있다고 하더라도 자위권의 경우와 같이 실체적이고 절차적인 통제 장치가 제대로 확립되어 있지 않은 상황에서는 무력행사가 남용될 가능성이 높다.[241] 그러므로 오늘날 비국가행

---

the International Law Commission's Draft Articles on State Responsibility", in Marina Spinedi and Bruno Simma (eds.), *United Nations Codification of State Responsibility* (Oceana, 1987), p.286; Anna Caroline Müller, *supra* note 178, p.255; Alexander Orakhelashvili, "The Impact of Peremptory Norms on the Interpretation and Application of United Nations Security Council Resolutions", 16(1) *European Journal of International Law* 59, 2005, p.63; Tom Ruys and Sten Verhoeven, 제3장 제2절 각주 2, p.309.

241) 유사한 견해로는 Carsten Stahn, "Collective Security and Self-Defence after the September 11 Attacks", 10 *Tilburg Foreign Law Review* 10, 2002, p.19.

위자의 테러행위가 국가의 무력행사에 버금갈 정도로 파괴력을 지닐 수 있다는 점을 부인하기 어렵다면 현재의 국제법 체제 하에서는 자위권에 의존할 수밖에 없으며 결국 자위권의 적용범위 확대는 불가피하다. 무력공격의 주체가 국가가 아닌 비국가행위자인 경우에는 국가들은 스스로를 보호할 권리를 갖지 않으며 그러한 공격을 감수해야 한다는 것이 유엔 헌장의 의도는 아닐 것이다.

비국가행위자의 테러행위에 대해서 자위권이 원용될 수 있다고 보는 것은 조약 해석의 일반규칙에도 부합한다. 조약법에 관한 비엔나 협약(Vienna Convention on the Law of Treaties) 제31조 제1항에 따르면, "조약은 조약의 문맥 및 조약의 대상과 목적으로 보아 그 조약 규정에 부여되는 통상적 의미에 따라 성실하게 해석되어야 한다." 유엔 헌장은 제51조에서 무력공격의 주체를 명시하고 있지 않다. 그리고 테러행위는 유엔이 유지하고자 하는 국제평화와 안전에 대한 큰 위협이 될 수 있다는 것은 이미 확인되었다. 그러므로 무력공격에 이르는 비국가행위자의 테러행위에 대해서 자위권 규정이 적용된다고 보는 것은 조약의 문맥과 목적으로 보아 조약 규정에 부여되는 통상적 의미에 따른 해석이라고 할 수 있다. 그리고 국가들이 민족해방단체와 같은 비국가행위자뿐만 아니라 테러조직과 같은 비국가행위자에 대해서도 자위권을 원용하고 있고 다른 국가들 역시 이 부분을 문제 삼지 않는 관행이 나타나고 있다는 점 역시 이러한 해석을 강하게 뒷받침한다. 비엔나 협약 제31조 제3항 (b)에 따르면, 조약을 해석하는 데 있어서는 조약 규정과 함께 조약당사국들의 추후관행이 참작되어야 하기 때문이다.

국가관행에서 이미 살펴본 것처럼 테러조직은 일반적으로 자신들의 행위를 지원 또는 묵인하거나 통제할 능력이 없는 국가들의 영토에서 근거지를 두고 활동한다. 이러한 국가들이 테러조직을 상대로 한 군사적 조치를 성공적으로 완수할 수 있을 것으로 기대하기는 어렵기 때문에 이와 같은 수용국의 태도 또는 상황은 자위권 행사의 한 요건인 필요성 여부를 판단하는 데

있어서 중요하게 고려된다. 그런데 문제는 테러조직의 행위를 지원 또는 묵
인하거나 통제할 능력이 없는 국가라고 하더라도 타국이 그 영토주권을 침
해하는 결과를 감수해야 할 명확한 국제법적 근거가 존재하지 않는다는 데
있다. 결국 피해국으로서는 비국가행위자의 테러행위에 대한 자위권의 행사
요건이 충족된 경우에도 실제로는 그러한 권리를 행사할 수 없게 되는 딜레
마에 빠지게 되는 것이다.

국가의 영토주권에 대한 존중은 기본적이고 중요한 국제법상의 원칙이다.
그러나 국가의 무력공격에 버금가는 비국가행위자의 테러행위에 대해 피해
국이 스스로를 방어할 권리가 공허한 것이 되지 않도록 하기 위해서는 일정
한 경우 수용국의 영토주권을 제약하는 것은 불가피할 수밖에 없다.242) 테러
조직에 대한 자위권 행사 맥락에서의 영토주권 침해는 피해국이 자신의 국
제법상의 권리를 행사하는 과정에서 부수적으로 일어나는 것인 만큼 특정
국가의 영토주권을 침해하는 것이 근본적인 목적인 경우와는 구별된다. 따라
서 자위권의 행사가 적법하게 이루어지는 한 국제사회에서 이러한 맥락에서
발생하는 영토주권 침해는 용인될 여지가 있으며, 실제의 국가관행에서도 이
와 같은 경향이 점차 나타나고 있음은 앞에서 살펴보았다. 특히 테러조직 수
용국의 관여 정도가 크면 클수록 그리고 그러한 사실이 국제사회에서 광범
위하게 인정되면 될수록 그 영토주권 침해가 용인될 가능성은 높아질 것이
다. 또한 유엔 안전보장이사회 결의 제1368호와 제1373호에서와 같이 유엔
안전보장이사회가 자위권이 원용될 수 있는 상황임을 확인하였는지 여부도
중요한 고려요소가 될 수 있다. 본래 안전보장이사회에게는 이러한 상황의
존재를 확인할 것이 요구되지 않지만 그럼에도 불구하고 안전보장이사회가
그 결의에서 자위권을 인정한다면 이는 "무력행사의 적법성에 대한 중요한
증거"가 될 수 있다.243) 무력행사가 적법한 것으로 인정된다는 것은 그 과정

---

242) Anna Caroline Müller, *supra* note 178, p.256; Michael N. Schmitt, 제3장 제2절 각
주 94, p.82.

에서 발생하는 타국의 영토주권 침해에 대해서 국제사회가 관대하게 반응할 가능성이 높다는 것을 의미한다.

테러행위 피해국의 자위권 행사로 인해 테러조직 수용국의 영토주권이 제약되는 결과가 어느 정도 용인될 수 있다고 하더라도 자위권 행사국에게 지나치게 많은 재량이 부여되는 결과를 피하기 위해서는 다음과 같은 몇 가지 통제 장치가 마련될 필요가 있다.

첫째, 자위권을 원용하고자 하는 국가는 반드시 사전에 테러조직 수용국과의 성실한 협의 절차를 거쳐야 한다. 보다 구체적으로는 테러조직 수용국에게 그 영토 내 테러조직을 상대로 필요한 조치를 취할 것을 요청하거나 자국 군대가 수용국 영토로 들어가 무력대응조치를 취하는 것에 대한 동의를 구하는 절차가 될 것이다. 테러조직 수용국과의 협의 절차는 특히 테러행위를 통제 또는 방지할 의사는 있으나 능력이 없는 테러조직 수용국과 관련하여 매우 중요하다. 그리고 자국 영토 내 테러조직을 지원하거나 묵인해 온 국가라고 하더라도 테러행위가 발생한 이후에 그 입장이 변화될 수도 있는 만큼 이러한 절차를 거치는 것은 필요하다.

둘째, 테러조직 수용국의 영토주권 침해는 테러조직에 대한 자위권 행사의 목적으로만 허용되는 것이므로 자위권 행사의 대상은 테러단체의 조직원들, 테러기지, 테러 관련 시설 또는 물자와 같이 테러조직과 관련된 것으로 제한되어야 한다. 그리고 그 목적이 달성되면 자위권 행사국은 테러조직 수용국의 영토에서 즉각적으로 철수해야 한다. 자위권 행사국이 이러한 요건들을 준수하지 않는 경우 테러조직 수용국의 영토주권 침해는 더 이상 정당한 것으로 간주될 수 없다.

셋째, 자위권에 따른 무력대응조치를 취한 국가는 즉각적으로 안전보장이사회에 보고하고 안전보장이사회가 그 대응에 있어서 일정한 역할을 담당할 것을 요청해야 한다. 다른 국가의 영토 내에 있는 테러조직을 상대로 한 자

---

243) Carsten Stahn, *supra* note 241, p.38.

위권 행사는 국가들 간의 무력충돌로 이어질 가능성이 매우 높은 만큼 테러 행위 피해국은 일방적 조치를 가능한 한 최소화하고 다자적 조치에 보다 의존할 필요가 있다. 실제로 유엔 안전보장이사회는 테러리즘에 대한 대응에 있어서 다자적 접근의 필요성을 강조하고 있다. 예컨대, 유엔 안전보장이사회는 9.11 테러사건 다음 날 채택한 결의 제1368호에서 "유엔 헌장 하에서의 책임에 따라 2001년 9월 11일의 테러공격에 대응하고 모든 형태의 테러리즘과 투쟁할 준비"가 되어 있다는 입장을 표명한 바 있다.244)

귀속 기준의 완화 또는 배제를 통하여 테러조직 수용국을 포섭하는 방향으로 자위권의 적용범위를 확대하는 것과는 달리 테러조직 자체를 포섭하는 방향으로 자위권의 적용범위를 확대하는 것은 유엔 헌장 제51조의 해석을 통해 정당화되는 것이기도 하지만 정책적으로도 보다 바람직하다. 후자와 같은 접근 하에서는 자위권에 따른 무력대응조치가 테러조직 수용국의 영토 내에서 취해진다고 하더라도 그 국가가 그러한 조치의 대상이 되지는 않는다.245) 그러나 전자와 같은 접근 하에서는 테러조직 수용국 자체가 자위권 행사의 대상이 되므로 국가의 정치적 및 군사적 구조물들이 자위에 따른 무력대응조치의 적법한 대상이 될 수 있다.246) 이것은 피해국의 무력대응조치가 보다 강도 있게 그리고 광범위하게 취해질 가능성이 높다는 것을 의미한다. 물론 일부 학자들은 테러조직 수용국이 자위에 따른 무력대응조치의 대상이 되는 경우에도 비례성 요건에 따라 그러한 조치는 테러조직과 관련된 인력 및 시설로 제한되어야 한다는 견해를 제시하기도 한다.247) 그러나 실제로 자위권을 원용하는 국가들이 이러한 관점에서 비례성을 이해하고 있는지

---

244) UN Doc. S/RES/1368 (2001), para. 5.
245) Yoram Dinstein, "Comments on the Presentations by Nico Krisch and Carsten Stahn", in Christian Walter (ed.), *Terrorism as Challenge for National and International Law: Security versus Liberty?* (Springer, 2004), p.923.
246) 예컨대, John Alan Cohan, 제3장 제2절 각주 112, p.108.
247) 예컨대, Greg Travalio and John Altenburg, 제1장 제1절 각주 10, p.112.

는 의문인데, 일반적으로 자위권 행사의 한 요건으로서의 비례성은 다양하고 유연하게 해석 및 적용되어 왔기 때문이다. 심지어 수용국의 정부 또는 사실상의 체제를 전복시키려는 의도로 공격이 행해질 수 있는 가능성도 전혀 배제할 수 없다. 그러나 처음부터 테러조직만이 자위권 행사의 대상이 되는 법적 틀 하에서는 이러한 범위까지 무력행사가 확대될 여지가 없다.

7. 소결

유엔 헌장 제51조에는 무력공격의 주체에 대한 명시적인 규정이 없음에도 불구하고 9.11 테러사건이 발생하기 이전까지는 비국가행위자에 대한 제51조의 적용가능성은 이론적으로 거의 논의된 적이 없다. 사실 비교적 최근까지도 군사적 능력은 국가의 전유물이었다는 점을 고려한다면 이를 규제하는 규정 또한 통상 국가들 간에 적용되는 것으로 여겨졌던 것은 어찌 보면 당연한 일이다. 그러나 9.11 테러사건을 통해 테러조직과 같은 비국가행위자가 국제평화와 안보를 위협하는 주체로 전면에 등장함으로써 이들의 행위에 대해서도 유엔 헌장 제51조를 직접적으로 적용하는 문제가 적극적으로 검토되고 있다. 9.11 테러사건 직후에 유엔 안전보장이사회를 비롯한 국제기구들이 그 결의들에서 국가 관여에 대한 언급 없이 자위권을 인정하였던 것이 이러한 논의의 직접적인 계기가 되었다.

실제의 국제사회에서는 특정 국가로 귀속될 수 없는 것으로 보이는 비국가행위자의 무력공격에 대한 대응으로 피해국이 자위권을 원용하며 무력대응조치를 취한 경우가 종종 있어 왔다. 이러한 조치는 거의 항상 비국가행위자가 근거지를 두고 활동하고 있는 지역의 정부들이 비국가행위자의 행위를 지원 또는 묵인하거나 통제할 능력이 없는 상황에서 이루어졌다. 1980년대까지는 주로 민족해방단체가 그 대상이었지만 1990년대 이후로는 테러조직을 상대로 그러한 조치가 취해지는 경우가 증가하고 있다. 국가들은 이에 대해 다양한 입장을 표명하면서도 무력공격의 주체가 비국가행위자라는 사실을 문제 삼지는 않았는데, 이러한 현상은 2000년대에 이르러 더욱 두드러지게 나타나고 있다. 이러한 점에 비추어 볼 때, 국가들은 유엔 헌장 제51조를 해석 및 적용하는 데 있어서 무력공격 주체의 성격은 중요하게 고려하지 않아 왔음을 알 수 있다. 특히 9.11 테러사건 이후로는 상당수의 학자들 또한 비국가행위자의 테러행위도 제51조상의 무력공격에 해당할 수 있으며 피해국은 비국가행위자를 상대로 자위권을 원용할 수 있다는 견해를 제시하고 있다.

　국제사법재판소(ICJ)와 상당수의 학자들은 여전히 유엔 헌장 제51조는 국가들 간에만 적용되는 것으로 보고 있으며 일부 학자들은 개입권과 긴급피난 등 자위권 이외의 다른 법적 근거의 적용을 주장하기도 한다. 그러나 법적인 측면에서나 정책적인 측면에서나 가장 타당하면서도 바람직하다고 할 수 있는 것은 유엔 헌장 제51조 자위권 규정의 적용범위를 확대하는 것이다. 유엔 헌장은 자위권만을 국가의 독자적인 무력행사가 정당화 될 수 있는 근거로 명시하고 있다. 뿐만 아니라 자위권의 행사를 통제하는 실체적이고 절차적인 장치가 확립되어 있기 때문에 자위권을 적용하는 경우에는 다른 법적 근거를 적용하는 경우에 비해 무력행사가 남용될 위험성 또한 상대적으로 적다. 테러조직과 같은 비국가행위자에 대해서도 유엔 헌장 제51조가 적용될 수 있다고 보는 것은 조약 해석의 일반규칙에도 부합한다.

　그런데 대부분의 테러조직은 특정 국가, 특히 테러조직을 지원 또는 묵인하거나 테러행위를 통제할 능력이 없는 국가에서 주로 활동하기 때문에 피해국의 자위권 행사는 테러조직 수용국의 영토주권을 침해하게 되는 문제가 발생한다. 피해국의 자위권이 공허한 것이 되지 않도록 하기 위해서는 일정한 경우 수용국의 영토주권을 제약하는 것은 불가피한데, 테러조직에 대한 자위권 행사 과정에서 그 수용국의 영토주권 침해가 부수적으로 일어나는 것인 만큼 이러한 결과는 국제사회에서 용인될 여지가 있다. 특히 테러조직 수용국의 관여 정도가 크면 클수록 그리고 그러한 사실이 국제사회에서 광범위하게 인정되면 될수록 그 영토주권 침해가 용인될 가능성은 높아질 것이다. 유엔 안전보장이사회가 자위권이 원용될 수 있는 상황임을 확인하였는지 여부도 중요한 고려요소가 될 수 있다. 그럼에도 불구하고 자위권 행사국에게 지나치게 많은 재량이 부여되는 결과를 피하기 위해서는 다음과 같은 통제 장치가 마련될 필요가 있다. 첫째, 자위권을 원용하고자 하는 국가는 사전에 테러조직 수용국과의 협의 절차를 거쳐야 한다. 둘째, 자위권 행사국은 오로지 테러조직과 관련된 것에 대해서만 무력을 행사할 수 있으며 그 목적이 달성되면 테러조직 수용국에서 즉각적으로 철수해야 한다. 셋째, 자위권을 행사한 국가는 즉각적으로 안전보장이사회에 보고하고 안전보장이사회가 그 대응에 있어서 일정한 역할을 담당할 것을 요청해야 한다.

비국가행위자의 테러행위를 수용하는 방향으로 자위권의 적용범위를 확대하는 것은 유엔 헌장 제51조의 해석을 통해 정당화되는 것이기도 하지만 허용될 수 있는 무력대응조치의 범위가 보다 제한적이라는 점에서 귀속 기준의 완화 또는 배제를 통하여 자위권의 적용범위를 확대하는 것보다 바람직한 것이기도 하다. 그러나 실제로 이러한 맥락에서 무력대응조치를 취하고자 하는 국가들은 여러 가지 불확실성에 직면하게 된다. 테러조직과 국가 간에 무력이 행사되는 상황은 국가들 간에 무력이 행사되는 상황과는 다르므로 어느 경우에 자위권 행사 요건이 충족되었다고 볼 것인가의 어려운 문제가 제기되기 때문이다. 보다 구체적으로는 무력공격에 해당하는 테러행위의 범위를 확립하는 문제 그리고 테러조직을 상대로 취해진 무력대응조치가 필요하고도 비례에 맞는 것인지를 판단하는 문제가 될 것이다. 이 부분에 대해서는 절을 바꾸어 검토하기로 한다.

제2절 자위권 행사의 적법성 판단기준

1. 무력공격 해당 여부

어떠한 행위가 무력공격을 구성할 것인가는 비단 테러행위와 관련해서만 제기되는 문제는 아니다. 무력공격에 대한 정의에 따라 어느 정도까지 국가의 일방적인 무력행사가 유엔 헌장 하에서 허용될 수 있을지가 결정되므로 이 문제는 특히 많은 논란이 되고 있다. 이처럼 무력공격은 유엔 헌장 제51조상의 자위권에서 핵심적인 개념임에도 불구하고 유엔 헌장 어디에도 무력공격에 대한 정의는 없으며 샌프란시스코 회의 기록에서도 이에 관한 언급을 찾을 수 없다.[1] 결국 무력공격의 정의를 둘러싸고는 다양한 주장들이 제기되어 왔다. 일부 학자들은 제51조의 자위권이 인정되기 위해서는 공격이 피해국의 불가침성을 위협할 정도로 심각한 성격을 띠어야 한다는 견해를 제시하였다.[2] 반면에 다른 학자들은 제51조에 따른 자위권의 행사는 대규모

---

1) Stanimir A. Alexandrov는 북대서양조약 제5조의 '무력공격'과 관련하여 미국 외교 관계 위원회의 상원의원이 무력공격은 "일반적으로 자명"하며 "그것이 발생하였는지 또는 누구에 의하여 그것이 시작되었는지에 관하여 의문이 있는 경우는 거의 없을 것"이라고 언급한 것에 비추어(Report of the Senate Committee on Foreign Relations on the North Atlantic Treaty (June 6, 1949), in *Review of the United Nations Charter: A Collection of Documents* (Government Printing Office, 1954), pp.141, 150) 샌프란시스코 회의에서도 '무력공격'이란 표현이 충분히 명확한 것으로 간주되었을 것이라는 견해를 제시하였다. Stanimir A. Alexandrov, 제4장 제1절 각주 4, p.96.

2) Bengt Broms, *The Definition of Aggression in the United Nations* (Turku, Turun Yliopisto, 1968), p.129; Christine Gray, 제4장 제1절 각주 147, p.148; Josef Mrazek, "Prohibition of the Use and Threat of Force: Self-Defence and Self-Help in

또는 직접적인 또는 중대한 무력공격으로만 제한되지 않으며 국경을 넘어
온 무장군인에 의한 단순한 총격도 무력공격에 해당하는 것으로 볼 수 있다
고 주장하였다.[3] 이러한 논란 외에도 제51조가 무력공격에 이르지 않는 불
법적인 무력행사에 대해서는 자위권의 행사를 배제하였는가의 문제 그리고
제51조가 무력행사의 위협에 대한 자위권의 행사를 배제하였는가의 문제가
제기되었다.[4] 제51조의 연혁으로부터 이러한 문제들에 대한 분명한 해답을
발견하기는 어려우나, 유사한 용어들에 대한 해석과 무력사용 규제에 관한
유엔 헌장의 전반적인 취지로부터 무력공격의 범위를 어느 정도 가늠해 볼
수는 있을 것이다.

　무력공격의 정의와 관련하여 검토할 수 있는 것으로 1974년에 유엔 총회
가 채택한 '침략의 정의(Definition of Aggression)'에 관한 결의 제3314호가
있다. '침략의 정의' 제1조에서는 침략을 "국가가 타국의 주권, 영토보전 혹
은 정치적 독립에 대하여 혹은 본 정의에 명시된 것처럼 유엔 헌장과 일치하
지 않는 방법으로 무력을 사용하는 것"이라고 정의하고 있다.[5] 이 결의를 채
택하는 과정에서는 무력공격의 정의가 구체적으로 다루어지지는 않았으나,

International Law", 27 *Canadian Yearbook of International Law* 81, 1989, p.109;
Ahmed M. Rifaat, *International Aggression: A Study of the Legal Concept: Its Development
and Definition in International Law* (Almqvist & Wiksell Int'l., 1979), p.125; Georg
Schwarzenberger, "The Fundamental Principles of International Law", 87 *Hague
Recueil* 195, 1955, p.133.

3) Yoram Dinstein, 제3장 제2절 각주 2, p.195; John Lawrence Hargrove, "The
Nicaragua Judgment and the Future of the Law of Force and Self-Defense", 81
American Journal of International Law 135, 1987, p.139; Joseph L. Kunz, "Individual
and Collective Self-Defense in Article 51 of the Charter of the United Nations", 41
American Journal of International Law 872, 1947, p.878; William H. Taft, "Self-
Defense and the *Oil Platforms* Decision", 29 *Yale Journal of International Law* 295,
2004, p.300.

4) Humphrey Waldock, "The Regulation of the Use of Force by Individual States in
International Law", 81 *Hague Recueil* 455, 1952, pp.496-497.

5) UN Doc. A/RES/29/3314 (1974).

침략을 정의하는 문제에 관한 특별위원회에서 다수의 국가들은 무력공격을 가장 심각한 형태의 침략으로 간주하였다.[6] 상당수의 학자들 역시 이러한 입장을 취하고 있다.[7]

국제사법재판소(ICJ)는 *Nicaragua* 사건에서 무력공격에 대한 정의 대신에 무력공격의 존재를 설명하기 위한 예로 국제적 경계를 넘어서 활동하는 정규군의 행위, 정규군에 의한 실제적 무력공격에 이르는 정도의 무력행위를 다른 국가에 대해 수행하는 무장단체·집단·비정규군·용병을 국가가 또는 국가를 대신하여 보내거나 그에 실질적으로 관여하는 것 등을 제시한 바 있다.[8] 그럼에도 불구하고 무력공격의 개념은 여전히 모호한데, 재판소가 *Nicaragua* 사건에서 공격이 어느 정도 수준에는 이르러야 할 것임을 강조하고 *Oil Platforms* 사건에서 이러한 입장을 다시 한 번 확인하였다는 점은 주목할 만하다.[9] 무력공격의 심각성 요건이 존재하지 않는다면 국경에서 벌어지는 사소한 사건들 또는 그 밖의 다른 사소한 무력행사에 의해서도 국가 간 분쟁이 일어날 수 있기 때문에 정책적인 측면에서 이러한 해석은 바람직한 것으로 보인다.[10] 그러나 무력공격에 대한 명확한 정의가 없는 상황에서는 "무엇이 무력공격을 구성하는가는 기본적으로 자위권 과정에 관련된 국가들에 의해 결정될" 수밖에 없다.[11] 그리고 유엔 안전보장이사회가 평화를 회복

---

6) UN Doc. A/AC.134/L.16 and Corr.1, Add.1 and 2, Report of the Special Committee on the Question of Defining Aggression, 24 GAOR, Suppl. No. 20, UN Doc. A/7620 (1969), pp.4-6.

7) Albrecht Randelzhofer, 제3장 제2절 각주 107, p.794. 그러나 결의 제3314호에서 정의된 '침략'과 헌장 제51조에서의 '무력공격'을 동일시하는 입장도 존재하는데, 예컨대 김석현, 제3장 제2절 각주 81, p.80; 한형건, "9.11 테러와 자위권", 대테러연구 제25집 (2002), p.286.

8) *Military and Paramilitary Activities in and against Nicaragua*, 제3장 제1절 각주 37, para. 195.

9) *Id.*, para. 191; *Case Concerning Oil Platforms (Iran v. US)*, ICJ Reports 2003, paras. 51, 62.

10) Christine Gray, 제4장 제1절 각주 147, p.148.

하기 위하여 필요한 조치를 취하는 경우에는 "무력공격이란 용어를 해석하고 무력공격이 구체적인 경우에 존재하는가 여부를 확인하는 권한은 안전보장이사회에게 이전"될 것이다.[12]

한편 '무력의 위협이나 행사(threat or use of force)'를 금지하고 있는 유엔 헌장 제2조 제4항과 '무력공격(armed attack)'을 자위권의 요건으로 규정하고 있는 유엔 헌장 제51조는 그 범위에서 서로 정확하게 일치하지 않음을 알 수 있다. '무력공격'이 '무력의 위협이나 행사'보다는 훨씬 더 좁은 개념이라고 보는 것이 학자들의 지배적인 견해인데,[13] 과거의 다른 체제들보다 훨씬 강력하게 무력행사를 규제하고 있는 유엔 헌장 체제를 고려한다면 이러한 해석은 타당해 보인다. 그렇다면 제2조 제4항에 반하는 '무력의 위협이나 행사'가 있는 모든 경우에 피해국이 자위권을 원용할 수 있는 것은 아니라는 결론에 이르게 된다. 다시 말하면, '무력공격'에 이르지 않는 다른 국가의 불법적인 무력행사에 의해 피해를 입은 국가는 그러한 침해를 감수하든지 또는 '무력의 위협이나 행사'가 아닌 다른 수단에 의해서 대응할 수밖에 없다.[14] 이러한 결론은 수락되기 어려운 것일 수도 있으나, 유엔 헌장은 가능한 한 일방적인 무력행사를 배제하고자 하였기 때문에 이는 명백히 의도된 결과라고 할 수 있다.[15]

테러행위의 경우에는 그 범위와 성격이 매우 다양하기 때문에 가능성 있는 모든 시나리오를 예상하거나 가능한 모든 테러행위를 구체적으로 확인하는 법적 체계를 고안하는 것은 실질적으로 불가능하다.[16] 그럼에도 불구하고 무력공격에 해당하는 것으로 간주될 수 있는 테러행위의 범주가 존재한

---

11) Stanimir A. Alexandrov, 제4장 제1절 각주 4, p.98.
12) Hans Kelsen, "Collective Security and Collective Self-Defense under the Charter of the United Nations", 42 *American Journal of International Law* 783, 1948, p.792.
13) Albrecht Randelzhofer, 제3장 제2절 각주 107, p.789.
14) *Id.*
15) *Id.*
16) Robert J. Beck and Anthony Clark Arend, 제4장 제1절 각주 174, p.216.

다는 점에 대해서는 의문의 여지가 없을 것이다. 문제는 그러한 범주에 해당하는 테러행위가 무엇인가 하는 것이다. 이에 대해서는 그동안 학자들 간에도 의견이 분분하였는데, 이러한 견해들은 크게 세 가지로 분류될 수 있다. 첫 번째 입장은 국가들은 국가의 영토에 대한 테러공격에 대해서만 자위권을 행사할 수 있다고 주장함으로써 높은 수준의 자위권 기준을 지지하고 있다.[17] 이러한 입장에 따르면 외국 영토에 있는 자국 시민들에 대한 테러행위는 무력공격으로 간주되지 않는다.[18] 두 번째 입장은 해외에 있는 자국 시민들에 대한 공격이나 인질 억류에 대해서도 자위권을 행사할 수 있다고 주장함으로써 낮은 수준의 자위권 기준을 지지하고 있다.[19] 세 번째 입장은 테러행위가 한 국가의 군대에 의해 행해졌다면 무력공격으로 간주될 수 있는 것과 어느 정도 동일한 규모에 이르는 경우에만 그에 대한 무력대응이 정당화될 수 있다고 주장한다.[20] 이러한 입장에 따르면 국가의 영토에 대한 것이든 국내 또는 해외에 있는 국가기관원이나 시민에 대한 것이든 간에 여하튼 매우 심각한 공격만이 무력공격으로 간주된다.[21] 이는 곧 단발적이거나 사소한 테러행위가 아닌 대규모의 그리고 일관된 패턴의 테러행위에 대해서만

---

17) Francis A. Boyle, "Military Responses to Terrorism: Remarks of Francis A. Boyle", 81 *American Society of International Law Proceedings* 288, 1987, p.294.

18) Francis A. Frowein, "The Present State of Research Carried Out by the English-Speaking Section of the Centre for Studies and Research", in Hague Academy of International Law, *The Legal Aspects of International Terrorism* (1988), p.64.

19) William V. O'Brien, "Reprisals, Deterrence and Self-Defense in Counterterror Operations", 30 *Virginia Journal of International Law* 421, 1990, pp.443-444, 460-461; Abraham D. Sofaer, "The Sixth Annual Waldemar A. Solf Lecture in International Law: Terrorism, the Law, and the National Defense", 126 *Military Law Review* 89, 1989, p.96.

20) James P. Rowles, "The Legal and Moral Adequacy of Military Responses to Terrorism: Substantive and Procedural Constraints in International Law", 81 *American Society of International Law* 307, 1987, p.314.

21) Antonio Cassese, 제1장 제1절 각주 10, p.596.

자위권에 따른 무력행사가 정당화될 수 있음을 의미한다.[22]

한편 Robert J. Beck과 Anthony Clark Arend는 기존의 접근보다 훨씬 더 체계적인 접근을 시도하였는데, 이들은 어떠한 테러행위가 무력공격에 해당하는지 여부를 판단하는 기준으로 테러행위의 장소, 테러행위의 지속 시간, 국가에 가한 피해의 정도를 제시하였다. 먼저 테러행위의 장소와 관련하여 Beck과 Arend는 테러행위는 피해국의 영토 안에서 일어날 수도 있고 영토 밖에서 일어날 수도 있는데, 전자의 경우는 영토주권을 침해하는 것이기 때문에 후자의 경우보다 피해국에 더 큰 피해를 초래한다고 보았다.[23] 고려되어야 할 두 번째 요소로는 테러행위의 지속 시간이 제시되었다. 즉, 테러행위는 단일하게 발생할 수도 있고 계속적 행위 패턴의 일환으로 발생할 수도 있는데, 후자의 경우는 피해국에 지속적인 피해를 야기하므로 테러행위가 발생한 장소나 그 정도에 관계없이 무력공격의 수준에 이를 가능성이 보다 높다는 것이다.[24] 마지막으로 Beck과 Arend는 국가에 가한 피해의 정도가 고려되어야 한다고 보았다. 이들은 국가에게 작은 피해를 일으키는 행위의 예로 시민을 일시적으로 구금하는 행위, 시민의 재산을 파괴하는 행위, 제한된 양의 정부 재산을 파괴하는 행위, 국민 1명을 살해하는 행위를 제시하였다.[25] 반면에 국가 주권의 핵심을 공격하는 행위는 국가에 큰 피해를 일으킨다고 보았는데, 그러한 행위의 예로는 정부 관료를 암살하는 행위, 주요 정부 시설을 파괴하는 행위, 대규모 집단의 국민들을 살해하는 행위를 제시하였다.[26]

Beck과 Arend에 따르면, 테러행위가 무력공격에 해당하는지 여부를 판단하는 데 있어서는 이 세 가지 요소들이 동시에 고려되어야 한다.[27] 이러한

---

22) Id.
23) Robert J. Beck and Anthony Clark Arend, 제4장 제1절 각주 174, pp.216-217.
24) Id., p.217.
25) Id.
26) Id.
27) Id.

접근 하에서는 해외에서 일어났다면 무력공격으로 간주될 수 없는 정도의 행위가 국가의 영토 안에서 발생했다면 무력공격으로 간주될 수도 있다.[28] 또한 국가에 큰 피해를 일으키는 단일한 행위는 그 자체로 무력공격을 구성하기에 충분할 수 있지만 보다 작은 피해를 일으키는 행위는 그것이 계속적 행위 패턴의 일환인 경우에만 무력공격을 구성할 수 있을 것이다.[29] 그런데 테러행위의 장소, 테러행위의 지속 시간, 국가에 가한 피해의 정도를 고려함으로써 궁극적으로 가늠하고자 하는 것은 테러행위가 국가에 입힌 피해인 것이므로 Beck과 Arend의 견해는 결국 피해의 심각성에 초점을 맞춘 것이라고 할 수 있다. 이러한 접근은 일반적으로 많은 지지를 받고 있는 무력공격의 심각성 요건을 보완하면서도 다양한 유형으로 나타나고 있는 테러행위의 특성을 반영함으로써 상당히 유용한 기준을 제시하고 있는 것으로 판단된다.

2. 필요성 및 비례성 충족 여부

국가가 자위권을 행사하는 목적은 자국 시민들의 생명, 신체적 완전성, 자유, 안전을 보호하기 위함인데, 마찬가지로 자위권의 행사로 인해 위협 받는 사람들에 대해서도 이러한 가치는 보호되어야 하므로 자위권의 한계가 설정될 필요가 있다.[30] 자위권의 행사가 필요성 및 비례성의 기준에 따라 판단된다면 이러한 부분에 대한 고려가 가장 잘 반영된다.[31] 자위권 행사 요건으로서의 필요성 및 비례성은 국제사법재판소(ICJ)의 결정에서도 여러 차례 다루어진 바 있다. 재판소는 *Nicaragua* 사건에서 "자위권은 무력공격과 비례하는

---

28) *Id.*
29) *Id.*
30) Anna Caroline Müller, 제4장 제1절 각주 178, p.256.
31) *Id.*

그리고 무력공격에 대응하기 위하여 필요한 조치만을 정당화한다"는 점을 분명히 하였다.[32] 그리고 *Nuclear Weapons*에 대한 권고적 의견에서는 필요성 및 비례성 원칙은 "자위권 바로 그 개념에 고유하며" 국제관습법상 그리고 유엔 헌장상의 자위권의 행사를 제한한다고 판시하였다.[33] *Oil Platforms*사건에서도 이는 거듭 확인되었다.[34]

먼저 필요성 요건에 대해서 살펴보면, 무력공격에 대응할 수 있는 다른 합리적이고 효과적인 선택 수단이 전무한 경우에 자위권의 행사는 필요성 요건을 충족한다. 이는 곧 평화로운 수단에 의해 테러행위를 다루기 위한 모든 노력을 다한 이후에만 피해국이 무력대응조치를 취할 수 있음을 의미한다.[35] 필요성 요건은 무력대응조치를 취하기로 결정한 시점뿐만 아니라 조치를 취하는 동안에도 계속 준수되어야 한다.[36] 공격 주체가 자신의 불법적인 조치를 중단하고 분쟁의 해결을 수락할 의사를 나타내는 경우에는 자위권은 종료되거나 적어도 중단되어야 한다.[37] 테러행위에 대한 자위권 행사가 필요성 요건을 충족하는지를 판단하는 데 있어서는 법집행 조치가 그러한 행위에 대응하기 위해 충분할 것인지가 우선적으로 고려되어야 한다.[38] 그러한 조치는 피해국 또는 테러조직 수용국 또는 일정한 경우에 그 밖의 다른 국가에 의해서 행해질 수 있다. 어느 국가에 의해서든지 간에 여하튼 법집행 조치만으로도 대응이 가능한 경우에는 피해국의 자위권 행사가 필요한 상황이

---

32) *Military and Paramilitary Activities in and against Nicaragua*, 제3장 제1절 각주 37, para. 176.

33) *Legality of the Threat or Use of Nuclear Weapons (Advisory Opinion)*, ICJ Reports 1996, paras. 40-41.

34) *Case Concerning Oil Platforms*, *supra* note 9, paras. 76-77.

35) Antonio Cassese, 제1장 제1절 각주 10, pp.590-591; Guy B. Roberts, 제2장 제1절 각주 57, p.268.

36) Tarcisio Gazzini, 제3장 제2절 각주 91, p.146.

37) *Id.*

38) Michael N. Schmitt, 제4장 제1절 각주 145, pp.71-72.

라고 볼 수 없다. 또한 법집행 조치만으로는 불충분하다고 하더라도 테러조직이 소재하고 있는 국가가 군사적 조치를 취하고 그러한 조치가 성공할 가능성이 매우 높다면 이러한 경우에도 역시 피해국의 자위권 행사가 필요하다고 볼 근거는 존재하지 않는다.[39] 테러조직 수용국의 태도나 상황이 테러행위에 대한 자위권 행사의 필요성 여부를 판단하는 데 있어서 중요한 고려 요소임은 앞에서 이미 언급하였다.

한편 대응의 필요성을 검토하는 데 있어서는 시간적 요소도 간과될 수 없다. 즉, 실제적인 무력공격과 아주 가까운 시간 내에 무력대응이 이루어져야 하는 것이다.[40] 따라서 테러행위가 발생하고 나서 상당한 시간이 경과한 후에 무력대응조치가 취해지는 경우에는 위법한 복구로 간주될 것이다.[41] 그런데 일부 학자들은 특히 테러행위에 대한 대응의 맥락에서는 이러한 기준에 이의를 제기한다. 대표적인 예로 William V. O'Brian은 "자위권에 있어서 억지의 요소를 부인하는 것은 비현실적"이라며 따라서 "복구와 자위권 간의 구별 그리고 복구는 위법하다는 판단은 포기되어야 한다"고 주장하였다.[42] 결국 O'Brian에 따르면, "자위권은 즉각적인 대응과 본래의 무력공격과는 다른 시간과 다른 장소에서의 방어적 복구의 두 가지 형태를 지니고 있는 것으로 해석되어야 한다".[43] 그는 특히 "대테러 조치에서는 방어적 복구가 필요불가결하다"는 점을 강조하였다.[44] Rein Müllerson 역시 테러공격에 대한 대응의 경우에는 즉각성 문제가 다르게 다루어져야 하는 측면이 있으므로 테러공격에 대한 자위권의 행사에 있어서는 방어적 복구의 개념이 적어도 일정한 정도로는 실질적으로 사용될 필요가 있다고 주장하였다.[45]

---

39) Id., p.72.
40) Mark. B. Baker, 제4장 제1절 각주 12, p.34.
41) Greg Travalio, 제4장 제1절 각주 206, p.165.
42) William V. O'Brian, *supra* note 19, pp.469, 475.
43) Id.
44) Id.
45) Rein Müllerson, 제4장 제1절 각주 178, p.40.

사실 국가가 무력공격의 주체인 경우와는 달리 테러조직이 무력공격의 주체인 경우에는 무력공격 발생 직후에 바로 대응을 하기 어려운 요인들이 상당 부분 존재한다. 우선 무력공격의 출처 자체를 파악하는 데에도 시간이 걸린다. 특정 테러조직이 무력공격을 가한 것으로 밝혀진 경우에도 그 테러조직에 대한 정보를 수집하는 데에는 또 어느 정도의 시간이 소요될 수 있다. 그리고 테러조직이 주로 어느 곳에 근거지를 두고 활동하고 있는지가 파악된 다음에는 피해국과 수용국이 이들을 어떻게 처리할 것인가를 두고 의견을 조율하는 시간이 필요하다. 법집행에 따른 조치만으로는 적절하게 대응할 수 없고 수용국이 군사적 조치를 취할 의사나 능력이 없다는 점이 인정되어 피해국이 자위권을 행사하는 경우에도 대응 전략을 수립하는 데에는 또 일정한 시간이 소요될 수 있다. 상대가 국가가 아닌 테러조직인 만큼 무력대응조치를 취하기 이전에 여러 가지 요소들이 고려되어야 하기 때문이다. 결국 테러행위에 대해서 자위권을 행사하는 경우에는 국가의 무력공격에 대해서 자위권을 행사하는 경우에 비해서 그러한 행위와 대응조치 간에 보다 많은 시간 차이가 생기는 것은 불가피하다. 따라서 즉각적 대응 여부를 판단하는 데 있어서 상대가 국가인 경우보다는 좀 더 완화된 기준이 적용될 필요가 있다. 단, 대응의 즉각성 요건은 결국 대응의 필요성 요건으로부터 도출되는 만큼 즉각성 요건에 대한 유연한 해석은 현재의 무력공격이 계속되는 공격의 일환이라는 전제 하에서만 인정된다. 그러나 이러한 논의는 어디까지나 자위권 행사의 한 요건으로서의 즉각성 기준의 해석에 관한 문제라고 보아야 한다. 즉, 복구와 자위권 간의 구별을 제거하는 문제는 아닌 것이다. 일부 학자들이 방어적 무력복구라고 분류하고 있는 무력공격과는 다른 시간 및 장소에서의 무력대응은 그 목적이 처벌 또는 응징이 아닌 만큼 복구로 분류하기 보다는 자위권의 행사로 분류하는 것이 타당하다.

자위권의 행사가 정당한 것으로 인정되기 위해서는 비례성 요건 역시 충족되어야 한다. 이러한 요건은 무력대응조치의 정도와 수단은 무력공격을 격

퇴하는 한도에서 허용되며 그 이상의 과도한 피해를 야기하는 것이어서는
안 된다는 것으로 일반적으로 이해되고 있다. 필요성 요건과 마찬가지로 비
례성 요건 또한 무력대응조치가 개시된 시점뿐만 아니라 그러한 조치가 취
해지는 동안에도 계속 준수되어야 한다.[46] 문제는 비례성 여부를 판단하는
기준을 구체적으로 어떻게 설정할 것인가 하는 것인데, 일부 학자들은 무력
공격의 규모 및 효과와 대응조치의 규모 및 효과를 귀납적으로 비교 검토해
야 된다고 주장한다.[47] 또 다른 일부 학자들은 자위권 원용국에 제기된 위험
과 대응조치를 비교 검토해야 된다고 주장한다.[48] 그러나 오늘날 많은 지지
를 받고 있는 견해는 자위권의 기능적 성질을 강조하는 것으로, 대응의 목적
과 그것을 달성하기 위해 사용된 조치가 비례에 맞아야 된다는 것이다.[49] 이
러한 입장 하에서는 공격을 중단시키고 물리치는 데 필요한 무력행사와 무
력공격이 그 자체로는 비례에 맞지 않는다는 것이 당연히 추정된다.[50] 즉,
중요한 것은 방어적 조치에 의해 달성하고자 하는 결과이며, 조치 자체의 형
태, 내용, 강도가 아니다.[51] Tarcisio Gazzini는 이러한 접근이 지니는 장점으
로 위험과 같은 불명확한 개념에 근거하지 않는다는 점, 적대적 무력행위로
인한 피해자들에게 효과적인 보호를 보장한다는 점, 소규모 군사적 방어조치
와 대규모 군사적 방어조치를 인위적으로 구별하지 않아도 된다는 점을 제
시하였다.[52]

---

46) Tarcisio Gazzini, 제3장 제2절 각주 91, p.147.
47) 예컨대, Anna Caroline Müller, 제4장 제1절 각주 178, p.256; Oscar Schachter, "The
　　Right of States to Use Armed Force", 82 *Michigan Law Review* 1620, 1984, p.1637.
48) 예컨대, Georg Schwarzenberger, *supra* note 2, p.333.
49) 예컨대, Roberto Ago, 제4장 제1절 각주 10, p.69; Tarcisio Gazzini, 제3장 제2절 각
　　주 91, p.148; Matthew Scott King, 제4장 제1절 각주 148, p.469; Michael N.
　　Schmitt, 제4장 제1절 각주 145, p.72.
50) Roberto Ago, 제4장 제1절 각주 10, p.69.
51) *Id.*
52) Tarcisio Gazzini, 제3장 제2절 각주 91, p.148.

그런데 특히 테러행위에 대한 자위권의 행사와 관련해서는 비례성 여부의 판단에 관한 보다 구체적인 기준들이 제시되어 왔다. 일부 학자들은 피해국의 대응조치가 발생한 테러행위와 비례해야 한다고 주장하였는데,[53] 이러한 접근은 '보복적 비례성(eye-for-an-eye 또는 tit-for-tat proportionality)'으로 지칭된다. 다른 일부 학자들은 피해국의 대응조치는 과거에 발생한 위법행위 전체와 비례해야 한다는 입장을 취하였는데,[54] 이러한 접근은 '누적적 비례성(cumulative proportionality)'으로 지칭된다. 또 다른 일부 학자들은 피해국의 대응조치는 국가가 직면한 전반적인 테러 위협과 비례해야 한다고 주장하였는데,[55] 이러한 접근은 '억지적 비례성(eye-for-a-tooth 또는 deterrent proportionality)'으로 지칭된다. 한편 누적적 비례성과 억지적 비례성을 모두 주장하는 학자들도 있는데, 예컨대 Mark B. Baker는 "자위권에 따른 조치는 대응 이전에 발생하였던 모든 공격들과 더 중요하게는 향후 공격의 가능성 및 규모와 비교 검토되어야 한다"고 주장하였다.[56]

그런데 보복적 비례성이든 누적적 비례성이든 간에 자위권에 따른 무력대응조치를 양적인 측면과 질적인 측면에서 이미 발생한 무력공격과 비례하는 범위로 제한하는 것은 특히 테러리즘의 맥락에서는 더욱 더 적절치 않다. 테러조직들의 경우에는 다양한 방법을 동원하여 주로 민간시설이나 민간인들을 공격하기 때문에 그에 상응하는 정도의 무력대응조치를 가늠한다는 것 자체가 어렵다. 뿐만 아니라 그러한 정도의 조치가 취해진다고 해서 당해

---

53) 예컨대, Gregory F. Intoccia, "American Bombing of Libya: An International Legal Analysis", 19 *Case Western Reserve Journal of International Law* 177, 1987, pp.205-206. 유엔 안전보장이사회 역시 몇몇 사건들에서 이러한 기준에 따라 비례성 여부를 판단한 바 있다. Oscar Schachter, "The Extra-territorial Use of Force against Terrorist Bases", 11 *Houston Journal of International Law* 309, 1988-1989, p.315.

54) 예컨대, Guy B. Roberts, 제2장 제1절 각주 57, p.282.

55) 예컨대, Alberto R. Coll, 제2장 제2절 각주 32, p.299; William V. O'Brian, *supra* note 19, p.477.

56) Mark B. Baker, 제4장 제1절 각주 12, p.47.

국가의 효과적인 방어가 반드시 보장되는 것도 아니다. 한편 억지적 비례성을 적용하는 경우에는 테러조직에 대한 보다 효과적인 대응이 가능할 수는 있으나, 억지적 비례성은 향후에 발생할 수 있는 공격을 차단하는 쪽에 초점을 맞추고 있기 때문에 이러한 접근 하에서는 무력대응조치의 정도와 범위가 과도하게 확대될 여지가 있다. 실제로 억지적 비례성을 주장하는 학자들은 스스로도 이러한 부분을 염두에 두고 있다. 일례로 Alberto R. Coll은 "바로 그 성질상 억지는 비례에 맞지 않는 방법으로의 대응을 필요로 한다; 적에게 가하는 타격은 침략으로부터 어떠한 이득을 얻을 수 있을 것이라는 생각을 확실히 단념시킬 수 있을 정도로 파괴적이고 압도적인 것이어야 한다"고 주장하였다.[57] 무엇보다도 억지적 비례성은 자위권에 따른 무력대응조치의 허용 한도와 관련되는 것이기는 하지만 기본적으로 억지라는 요소를 포함함으로써 방어적 조치라는 자위권의 본래적 성격과 조화를 이루기 어렵다.

결국 테러행위에 대한 자위권의 행사의 경우에도 일반적인 무력공격에 대한 자위권의 행사의 경우와 마찬가지로 자위권의 행사 목적과 그것을 달성하기 위해 사용된 조치를 비교 검토함으로써 비례성 여부를 판단하는 것이 가장 적절할 것으로 보인다. 테러행위에 대한 자위권 행사의 목적은 테러행위를 물리치거나 적어도 그 효과를 최소화하는 것이다.[58] 발생한 테러행위에 적극적으로 관계하고 있는 테러기지나 훈련캠프를 공습하는 것은 이러한 목적을 달성하기 위한 전형적인 조치에 해당할 것이다. 그러나 테러조직 수용국 내 민간인이나 민간시설물 그리고 수용국의 군대나 시설에 대한 무력대응조치는 목적 달성에 직접적으로 기여하지 않기 때문에 여하한 경우에도 적법한 자위권의 행사라고 볼 수 없다.[59]

---

57) Alberto R. Coll, 제2장 제2절 각주 32, p.299.
58) Tarcisio Gazzini, 제3장 제2절 각주 91, p.197.
59) Yoram Dinstein, 제3장 제2절 각주 2, p.250.

제5장

국가와 테러조직 간 무력충돌 시 국제인도법의 적용

국가가 테러조직을 상대로 자위권에 따른 무력대응조치를 취할 수 있다는 것은 결국 국가와 테러조직 간에도 무력충돌이 발생할 수 있다는 것을 의미한다. 따라서 그 당연한 결과로서 국제인도법의 적용 여부가 검토되어야 하는데, 실제로 9.11 테러사건 이후 미국 정부가 공식적으로 '테러와의 전쟁'을 선포함에 따라 국가와 테러조직 간 무력충돌에 대한 국제인도법의 적용 문제는 많은 논란이 되고 있다. 이 장에서는 '테러와의 전쟁'을 중심으로 국제인도법의 실제적 적용에 대해서 살펴보고 이 문제와 관련하여 제시된 여러 견해들을 분석한 후, 국가와 테러조직 간 무력충돌에 기존의 국제인도법이 적용될 수 있는지 그리고 국제인도법에서 어떠한 변화가 수반될 필요는 없는지를 검토하고자 한다.

제1절 국제인도법의 적용범위와 주요 원칙

1. 국제인도법의 적용범위

"오늘날의 국제인도법 체계의 대본(大本)"[1]으로 인식되고 있는 제네바 협약 체제는 1949년에 체결된 '육전에 있어서 군대 부상자 및 병자의 상태 개선에 관한 협약(Convention for the Amelioration of the Condition of the Wounded and Sick in Armed Forces in the Field)'(이하 "제네바 제1협약"이라 함), '해상에 있어서 군대 부상자, 병자, 조난자의 상태 개선에 관한 협약(Convention for the Amelioration of the Condition of Wounded, Sick and Shipwrecked Members of Armed Forces at Sea)'(이하 "제네바 제2협약"이라 함), '포로의 대우에 관한 협약(Convention relative to the Treatment of Prisoners of War)'(이하 "제네바 제3협약"이라 함), '전시에 있어서 민간인 보호에 관한 협약(Convention relative to the Protection of Civilian Persons in Time of War)'(이하 "제네바 제4협약"이라 함)으로 구성된다.[2] 이 네 개의 제네바 협약들은 모두 국제적 무력충돌에 적용된다. 다만 국제적 성질을 갖지 않는 무력충돌 당사자들에 대해서도 최소한의 인도적 보호를 부여하기 위하여 각 협약의 제3조에서 관련 규정을 두고 있는데, 이들은 일반적으로 '공통 제3조(Common Article 3)'로 통칭된다.

---

1) 김정균, "국제인도법의 철학과 기조: 보급교육방식에 있어서의 기조적 문제", 인도 법논총 제18집 (1998), p.8.
2) 첫 번째 제네바 협약으로 언급되는 1864년 '육전에 있어서 군대 부상자의 상태 개선에 관한 협약'은 1906년에 한 차례 개정되었고 1929년도에 다시 개정되었는데, 이 때 두 번째 제네바 협약으로서 포로에 관한 협약이 추가되었다. 1949년 제네바 협약은 이 두 개의 1929년 제네바 협약들을 대체한 것이다.

그러나 현대에 무력충돌에서는 전쟁 방법이 크게 변화하여 제네바 4개 협약만으로는 다양한 전쟁 양상에 충분히 대응할 수 없게 되는 측면이 발생하였다.[3] 이러한 상황에 대처하기 위하여 1977년에는 1949년 제네바 협약을 보완하는 것으로서 두 개의 추가의정서가 채택되었다. 제1추가의정서는 '국제적 무력충돌 희생자의 보호에 관한 의정서(Protocol Additional to the Geneva Conventions of 12 August 1949, and relating to the Protection of Victims of International Armed Conflicts)'이며, 제2추가의정서는 '비국제적 무력충돌 희생자의 보호에 관한 의정서(Protocol Additional to the Geneva Conventions of 12 August 1949, and relating to the Protection of Victims of Non-International Armed Conflicts)'이다. 그런데 거의 모든 국가들이 가입함으로써 보편적으로 수락된 1949년 제네바 협약과는 달리 1977년 추가의정서 일부, 즉 제2추가의정서는 미국을 비롯한 몇몇 국가들에 의해 수락되지 않았다.[4] 그럼에도 불구하고 추가의정서의 많은 내용들은 국제관습법의 선언으로 인식되고 있으며, 미국 역시 이를 부인하지 않고 있다.[5]

국제인도법은 무력충돌 시에 적용되는 법이므로 국제인도법의 적용을 위해서는 먼저 무력충돌의 존재 여부가 결정되어야 한다.[6] 그러나 관련 협약들에는 무력충돌에 관한 정의 규정이 포함되어 있지 않은데, 이러한 정의의 부재는 무력충돌이란 표현을 법적 형식에 얽매는 것보다는 순수하게 사실적

---

3) 이민효, 무력분쟁과 국제법 (연경문화사, 2008), p.327.

4) Yoram Dinstein, *The Conduct of Hostilities under the Law of International Armed Conflict* (Cambridge University Press, 2004), p.11.

5) *Id.*

6) 1907년 헤이그에서 채택된 협약들 및 그 이전에 체결된 협약들은 '전시(in time of war)'에만 적용된다는 규정을 두고 있으나, 이러한 협약상의 규칙들은 국제적 무력충돌에도 적용될 수 있는 국제관습법상의 규칙들로 간주된다. Christopher Greenwood, "Scope of Application of Humanitarian law", in Dieter Fleck (ed.), *The Handbook of Humanitarian Law in Armed Conflicts*, 2nd ed. (Oxford University Press, 2008), p.47.

인 것으로 계속 유지하려는 차원에서 비롯된 다분히 의도적인 것이었다.[7]
이러한 측면은 "둘 또는 그 이상의 체약국 간에 발생할 수 있는 모든 선언된
전쟁 또는 기타 무력충돌의 경우에 대하여 당해 체약국의 하나가 전쟁 상태
를 승인하거나 아니하거나를 불문하고 적용된다"고 규정하고 있는 제네바
협약 공통 제2조 제1항에서 잘 나타난다. 결국 무력충돌의 가장 본질적인 특
징은 둘 이상의 확인가능한 당사자들 사이에서의 무력에의 호소이며, 무력충
돌이 존재하는지 여부는 기본적으로 사실적인 평가를 수반하는 문제임을 알
수 있다.[8] 일단 무력충돌의 존재가 확인되면 국제인도법은 당사자들 영토
전체에 대해서 자동적으로 적용되기 시작하여 그러한 충돌이 끝날 때까지
계속해서 적용된다.[9] 무력충돌을 개시하는 경우와 마찬가지로 무력충돌을
종료하기 위한 공식적인 선포는 요구되는 않는다.[10]

　　앞에서 살펴본 것처럼 1949년 제네바 협약과 1977년 추가의정서는 무력
충돌을 국제적 무력충돌과 비국제적 무력충돌로 구분하고 있으므로 각각의
경우 적용되는 국제인도법에 대한 구체적인 검토가 요구된다. 국제적 무력
충돌은 양국 간 또는 일국과 다수 국가 간 또는 다수 국가와 다수 국가 간
등 일반적으로 둘 이상의 국가들이 당사자인 무력충돌을 의미한다. 그러나
전면적 또는 부분적 군사적 점령의 경우는 무장저항 및 상대편이 존재하지
않는 상황에서도 국제인도법의 목적상 국제적 무력충돌의 범주 내에 포함
된다. 그리고 1970년대 이후로는 민족해방전쟁 역시 국제적 무력충돌로 분
류되고 있다.[11]

---

7) *Id.*, p.42.
8) Helen Duffy, 제2장 제1절 각주 39, p.219.
9) 국제인도법의 시간적 적용범위에 대한 구체적 표현은 협약마다 다양하다. 예컨대,
　　제네바 제4협약 제6조는 군사 작전의 일반적 종료 시까지 당사국들의 영토에서 그
　　리고 점령의 종료 시까지 점령된 영토에서 적용된다고 규정하고 있으며, 제네바 제
　　3협약 제118조는 적극적인 적대행위 종료 시 포로를 송환할 의무를 규정하고 있다.
10) Helen Duffy, 제2장 제1절 각주 39, p.222.
11) 식민지배, 인종차별, 외국의 점령에 대한 자결을 위한 투쟁으로서의 민족해방전쟁

한편 국제적 성질을 갖지 않는 무력충돌과 관련하여 제네바 협약 공통 제3조는 "한 체약국의 영토 내에서 발생하는 국제적 성질을 갖지 않는 무력충돌"이라고만 규정하고 있을 뿐 그 적용 기준이나 조건에 대해서는 아무런 언급도 하고 있지 않아 어느 범위까지의 무력충돌이 이에 포섭되는지 여부가 매우 불분명하였다. 그러나 이러한 조항을 발전시키고 보완하는 것으로서 마련된 1977년 제2추가의정서는 제1조 제1항에서 "동 의정서는 … 체약국의 영토에서 발생하는 정규군과 책임 있는 지휘 하에서 지속적이고 일치된 군사 작전을 수행하고 이 의정서를 이행할 수 있을 정도로 그 영토의 일부를 통제하고 있는 무장반군 또는 기타 조직화된 무장집단 간의 … 무력충돌에 적용된다"고 규정함으로써 그 적용범위를 보다 분명히 하였다. 그리고 제1조 제2항에 따르면, "무력충돌이 아닌 폭동, 고립되고 단발적인 폭력행위, 기타 유사한 성질의 행위와 같은 국내적 소요 및 긴장 상태"는 의정서의 적용범위로부터 제외된다.

1977년 제2추가의정서를 통해 국제적 무력충돌에 적용될 수 있는 규칙들 중 일부가 비국제적 무력충돌에도 적용될 수 있게 된 것은 국제인도법의 중대한 발전이라고 할 수 있다. 그러나 국제적 무력충돌에 관한 국제인도법과 비국제적 무력충돌에 관한 국제인도법 간에는 여전히 상당한 불균형이 존재한다. 거의 600개에 이르는 제네바 협약 및 추가의정서의 조항들 중에서 제네바 협약의 공통 제3조 및 제2추가의정서의 28개 조항만이 비국제적 무력

은 전통국제법에서는 내전으로 간주되었으며 1949년 제네바 협약 채택 당시에도 공통 제3조가 적용되는 국제적 성질을 갖지 않는 무력충돌로 인식되었다. 하지만 사회주의 국가들과 제3세계 국가들은 민족해방전쟁을 국제적 무력충돌로 승격하여 모든 국제인도법이 적용되도록 해야 한다고 주장하였다. 이들 국가들의 지속적인 주장은 1974년부터 제네바에서 개최된 '무력충돌 시 적용될 수 있는 국제인도법의 재확인 및 발전을 위한 외교회의(The Diplomatic Conference on the Reaffirmation and Development of International Humanitarian Law Applicable in Armed Conflicts)' 제1회기에서 승인되었고 1977년 최종 회기에서 민족해방전쟁을 국제적 무력충돌로 인정하는 제1추가의정서 제1조 제4항이 채택되었다. 이민효, *supra* note 3, p.99.

충돌에 적용되고 있기 때문이다.12) 이러한 차이는 국가 간의 교전에 대한 규제를 중심으로 발전해 온 국제인도법의 역사적 배경으로부터 비롯된 것이라고 할 수 있다.13)

2. 국제인도법의 주요 원칙

국제인도법은 무력충돌 과정에서 누가 그리고 무엇이 군사적 조치의 대상이 될 수 있는가를 규정하고 있는데, 이 때 적용되는 원칙이 바로 '구별의 원칙'이다.14) 이 원칙 하에서는 민간인 또는 민간물자와 군사적 목표물이 구별되어야 하며 군사적 조치는 오로지 후자에 대해서만 행해져야 한다. 이러한 구별의 원칙은 무력충돌의 희생자 보호에 있어서 가장 기본적이고도 중요한 원칙이라고 할 수 있으며, 모든 유형의 무력충돌에 적용될 수 있는 국제관습법상의 원칙으로 인식되고 있다.15) 이 원칙에 따르면 민간인 또는 민간물자에 대한 직접적인 공격은 금지되며 군사적 목표물만이 적법한 공격대상이 될 수 있다.16) 가장 명백한 군사적 목표물은 충돌당사국의 군대 구성원, 즉 전투원일 것이다.17)

---

12) James G. Stewart, "Towards a Single Definition of Armed Conflict in International Humanitarian Law: A Critique of Internationalized Armed Conflict", 85 *International Review of Red Cross* 313, 2003, pp.319-320.

13) *Id.*, p.320.

14) '구별의 원칙(the principle of distinction)' 대신에 '차별의 원칙(the principle of discrimination)'이라는 용어가 사용되기도 한다.

15) Jean-Marie Henckaerts and Louise Doswald-Beck, *Customary International Humanitarian Law,* Volume 1: Rules (Cambridge University Press, 2005), p.3.

16) 제1추가의정서 제48조.

17) 제1추가의정서 제43조 제1항에 따르면, 충돌당사국의 군대는 자기 부하의 지휘에 관하여 동국에 책임을 지는 지휘관 휘하에 있는 조직된 모든 무장병력, 집단, 부대로 구성되며, 그러한 군대는 내부 규율체계, 특히 무력충돌에 적용되는 국제법의

구별의 원칙으로부터 도출되는 또 다른 주요 국제인도법상의 원칙으로는
'전투원 면제의 원칙'이 있다. 즉, 평시라면 다른 사람을 고의적으로 살해하
는 행위는 살인죄에 해당할 것이나, 무력충돌 상황에 있는 전투원들 간에는
그러한 행위가 허용될 뿐만 아니라 심지어 요구되기도 하며 이들은 그러한
행위를 이유로 기소될 수 없다. 전투원 면제의 원칙은 그 밖의 다른 형태의
폭력행위에 대해서도 적용되는데, 예컨대 평시라면 처벌될 수 있는 공적 또
는 사적 자산의 고의적 파괴나 몰수가 무력충돌 상황에서는 일반적으로 허
용될 수 있다. 또한 상대편에 의해 생포되어 억류된 전투원은 포로의 지위를
부여 받으며 제네바 제3협약에 따른 보호를 받게 된다.

전투원 면제의 원칙과 관련해서는 특히 두 가지 부분이 주요하게 언급될
필요가 있는데, 첫째는 적대행위에 직접적으로 참여할 권리를 지니는 전투원
의 지위는 국제적 무력충돌의 경우에만 인정된다는 것이다. 즉, 비국제적 무
력충돌에 참여한 개인들에게는 그러한 지위가 인정되지 않는데, 이러한 차이
가 존재하게 된 이유는 국가들이 비국가행위자의 무력의 행사에 어떠한 적
법성도 부여하기를 원치 않았기 때문이다.[18] 전투원 면제의 원칙과 관련하
여 유의해야 할 두 번째 사항은 전투원의 모든 폭력행위에 대해서 면제가 부
여되는 것은 아니며 국제인도법과 일치하는 범위 내에서만 그러한 혜택이
주어진다는 것이다. 따라서 군사적 필요에 의해 정당화되는 폭력과 군사적으
로 정당화될 수 없는 폭력, 그리고 적국의 전투원에 대한 폭력과 국제인도법
상 보호되는 범주에 속하는 자들에 대한 폭력은 구별되어야 한다.[19]

한편 구별의 원칙 하에서는 민간인 또는 민간물자와 군사적 목표물을 구
별하지 않고 무차별적으로 공격하는 것 역시 금지된다.[20] 이 무차별적 공격

규칙의 준수를 강제하는 규율체계에 복종하여야 한다. 제2항은 의무요원 및 종교
요원을 제외한 충돌당사국의 군대 구성원은 전투원이며 이들은 직접 적대행위에
참여할 권리가 있다고 규정하고 있다.

18) Roy S. Schöndorf, 제2장 제1절 각주 59, p.38.
19) Rosa Ehrenreich Brooks, 제2장 제1절 각주 58, p.693.

에는 "우발적인 민간인 생명의 손실, 민간인에 대한 상해, 민간물자에 대한 손상, 그 복합적 결과를 야기할 우려가 있는 공격으로서 소기의 구체적이고 직접적인 군사적 이익에 비하여 과도한 공격"이 포함된다.[21] 여기서 '비례성의 원칙' 또한 국제인도법의 한 원칙이라는 것을 확인할 수 있다. 그러나 이 비례성 원칙의 충족 여부를 결정하는 데 필요한 정확한 기준이 확립되어 있지 않으므로 "민간 손실과 군사적 손실에 첨부된 상대적 중요도는 각각의 상황에 따라 판단되어야 할 것"이다.[22]

앞에서 살펴본 원칙들 외에도 '전투 방법 및 수단의 제한 원칙' 역시 국제인도법의 주요 원칙이라고 할 수 있다. 즉, 무력충돌에 있어 전투 방법 및 수단을 선택할 분쟁당사국의 권리는 무제한적이지 않다. 그리고 '불필요한 고통 및 과도한 상해를 일으키는 무기사용금지 원칙' 또한 국제인도법의 한 원칙으로 일반적으로 수락되고 있다. 문제는 불필요한 고통 및 과도한 상해에 대한 정의 규정이 존재하지 않는다는 것이다. 그 개념이 애매하고 객관성이 결여되어 있다 보니 이 원칙은 실질적으로 존중되지 않고 편의적으로 해석되는 경향이 강하였다.[23] 그럼에도 불구하고 특정 무기들의 경우에는 그 자체로 그러한 결과를 야기하는 것으로 간주될 수 있는데, "그 성질 및 초래하는 고통의 정도에 비추어 볼 때 잔인하거나 과다한 무기 또는 전투원과 민간인을 구별할 수 없는 무기"가 이에 해당된다.[24]

국제인도법은 전장에서의 적대행위를 규율할 뿐만 아니라 그러한 적대행위에 참여하지 않았거나 참여를 중지한 자들에 대한 보호도 제공하고 있다. 이러한 원칙은 '보호의 원칙', '인도의 원칙', '인도적 보호의 원칙' 등으로 지칭된다. 특히 민간인을 보호할 의무는 국제인도법의 핵심이라고 할 수 있

---

20) Helen Duffy, 제2장 제1절 각주 39, p.233.
21) 제1추가의정서 제51조 제5항.
22) Helen Duffy, 제2장 제1절 각주 39, p.234.
23) 이민효, *supra* note 3, p.275.
24) Helen Duffy, 제2장 제1절 각주 39, pp.236-237.

는데, 구별의 원칙에 따라 민간인은 적법한 공격 대상이 될 수 없음은 앞에
서 이미 언급하였다. 그러나 민간인이 적대행위에 직접적으로 참여한 경우에
는 민간인 역시 공격의 대상이 될 수 있으며 국내법 하에서 기소될 수 있다.
이러한 범주에 속하지 않는 민간인에 대해서는 보호의 원칙에 따라 일반적
보호가 제공된다.[25] 그리고 점령 지역 내에 있는 민간인 또는 일방 분쟁당사
국에 억류된 적국 민간인에 대해서도 다양한 기본적 권리들이 보장되고 인
도적 대우가 부여된다.[26]

한편 적대행위에 직접적으로 참여한 자라고 하더라도 상해, 질병, 항복 등
을 이유로 전투력을 상실하게 된 경우(hors de combat)에는 인도법상의 보호를
받는다. 특히 포로의 경우, 인도법상의 보호가 적용되기 위해서는 포로의 지
위가 우선적으로 인정되어야 하므로 이에 대한 검토가 선행되어야 한다. 제
네바 제3협약은 그러한 지위를 부여 받을 수 있는 자들을 한정하고 있는데,
제4조는 충돌당사국의 군대 구성원 및 그러한 군대의 일부를 구성하는 민병
대 또는 의용대의 구성원, 일정한 요건의 충족을 조건으로 충돌당사국에 속
하며 그들 자신의 영토 내외에서 활동하는 기타의 민병대 또는 의용대의 구
성원,[27] 정규군 군대에 편입될 시간 없이 침입하는 군대에 대항하기 위하여
자발적으로 무기를 든 자로서 적의 수중에 들어간 자를 포로로 규정하고 있
다. 이러한 요건을 충족하여 포로의 지위가 인정된 자는 가장 기본적인 보호
로서 인도적 대우를 받고 위험으로부터 보호되며 음식·의복·의료를 제공 받
는다.[28] 그리고 억류국의 군인에 대한 재판 시 적용되는 것과 동일한 재판

---

25) 제1추가의정서 제51조 제3항.
26) 제네바 제4협약의 159개 조문 중에서 모든 민간인에 대한 일반적 보호 규정은 14
    개에 불과하며 나머지 대부분의 규정은 점령 지역 내의 민간인 및 일방 분쟁당사
    국에 억류된 적국 민간인의 보호를 다루고 있다.
27) 요건은 다음과 같다: 그 부하에 대하여 책임을 지는 자에 의하여 지휘될 것; 멀리서
    인식할 수 있는 고정된 식별표지를 가질 것; 공공연하게 무기를 휴대할 것; 전쟁에
    관한 법규 및 관행에 따라 그들의 작전을 행할 것.
28) 제네바 제3협약 제19조, 제20조.

기준을 준수하는 재판소에 의한 재판을 비롯하여 적정 절차 보장에 대한 권리를 존중 받는다.[29] 또한 포로는 국제인도법을 중대하게 위반한 경우를 제외하고는 적대행위에의 참여 또는 적법한 전투행위를 이유로 기소 및 처벌될 수 없으며 전투가 종결된 이후에는 지체 없이 석방되어 본국으로 송환되어야 한다.[30] 이는 결국 앞에서 검토한 전투원 면제의 원칙과 맥을 같이 하는 것으로 포로의 지위를 향유함으로써 누리게 되는 가장 중요하고도 실질적인 보호라고 할 수 있다.

---

29) 제네바 제3협약 제84조, 제99조-제108조 참조.
30) 제네바 제3협약 제118조.

제2절 국제인도법의 적용 여부

1. 테러조직 소속 피억류자의 법적 지위

(1) 미국 정부의 입장

2001년 9.11 테러사건 직후 미국 의회는 대통령에게 미국에 대한 국제테러행위를 막기 위하여 모든 "필요하고도 적절한 군사력 사용"을 허가하는 '군사력사용승인결의안(AUMF)'을 채택하였다.[1] 이후 Bush 대통령은 의회에서의 연설에서 '테러와의 전쟁'을 선포하면서 이 전쟁은 과거에 경험하였던 것과는 다른 종류의 전쟁이지만 여하튼 전쟁이라는 점을 분명히 하였다.[2] 그로부터 약 2개월 뒤 Bush 대통령은 이 과정에서 생포된 자들의 억류·처우·재판에 관한 군사명령을 발표하였는데, 주요 내용은 다음과 같다:

- 국제적 테러리스트들은 ⋯ 무력충돌 상태에 이르는 규모로 ⋯ 공격을 가하였다.
- 차후의 테러공격으로부터 미국 및 미국 시민을 보호하고 동맹국들 및 여타 협력국들이 그들의 국가 및 시민을 보호하는 것을 조력할 미국의 능력은 상당 부분 ⋯ 미국 군대의 이용에 달려 있다.
- 미국 및 미국 시민을 보호하기 위해, 그리고 효율적인 군사 작전의 수행과 테러공격의 방지를 위해, 이 명령의 적용을 받는 개인들은 ⋯ 전쟁법 및 기타 군사재판소에 의해 적용될 수 있는 법의 위반으로 구금되고 재판 받을 필요가 있다.
- ⋯ 이 명령 하에서 [설치된] 군사위원회에서 미국 지방 법원에서의 형사사건

---

1) AUMF, 115 State. 224 (September 18, 2001).
2) President's Address, 제2장 제2절 각주 34.

에 대한 재판에서 일반적으로 인정되는 법의 원칙 및 증거 규칙을 준수하는
것은 실행가능하지 않다.[3]

이러한 접근 하에서는 변호사를 제공하거나 묵비권을 고지하거나 어떠한
범죄로 기소할 필요 없이 테러리스트들의 계획 및 전투능력에 대한 중요한
정보를 가지고 있을 수도 있는 자들을 억류하고 조사하는 것이 허용될 수 있
다.[4] 그리고 전투가 종료하기 전까지 생포된 자들을 계속 억류할 수 있기 때
문에 이들이 전투에 다시 참여하는 상황을 막을 수 있다.[5] 심지어 전투가 계
속되고 있다는 전제 하에 테러리스트들이 어느 국가에서 발견되든지 간에
그 정부의 동의 여부를 불문하고 이들에 대해 군사력을 사용할 권리가 있다
고 주장할 여지도 있다.[6]

그러나 다른 한편에서는 '테러와의 전쟁'은 정치적인 맥락에서 종종 언급
되는 '마약과의 전쟁', '빈곤과의 전쟁', '암과의 전쟁'처럼 어떠한 법적 의미
도 지니지 않은 수사(修辭)적 기교에 불과하다고 보는 시각 또한 존재한다.[7]
사실 '테러와의 전쟁'은 테러행위를 방지하거나 억제하기 위해 취해지는 모
든 조치를 통칭하는 것으로 정보수집, 경찰 및 사법 공조, 인도, 형사적 제재,

---

3) President George W. Bush, Military Order of 13 November 2001, "Detention,
Treatment and Trial of Certain Non-Citizens in the War against Terrorism", Federal
Register Vol. 66, No. 222 (November 16, 2001), p.57833.

4) William H. Taft, "Keynote Address: The Geneva Conventions and the Rules of War
in the Post-9/11 and Iraq World", 21 *American University International Law Review*
149, 2005, p.151.

5) *Id.*

6) David Wippman, "Do New Wars Call for New Laws?", in David Wippman and
Matthew Evangelista (eds.), *New Wars, New Laws?: Applying the Laws of War in 21st
Century Conflicts* (Transnational Publishers, 2005), pp.4-5.

7) 예컨대, Gabor Rona, "Official Statement: When is a War not a War? - The Proper
Role of the Law of Armed Conflict in the "Global War on Terror" " (March 16,
2004), <http://www.icrc.org/Web/eng/siteeng0.nsf/html/5XCMNJ> (2009.11.28. 최
종 방문).

외교적·경제적 압력, 재정 조사, 자산의 동결, 대량살상무기(WMD) 통제 노력, 무력행사 등 다양한 범위의 조치를 포함한다. 즉, '테러와의 전쟁'이라는 명목 하에 행해지는 모든 조치가 무력행사를 수반하거나 무력충돌에 이르는 것은 아닌 것이다. 그러므로 테러행위에 대한 대응 차원에서 취해지는 다양한 조치들을 언급하는 것으로서의 '테러와의 전쟁'은 수사적인 표현이라고 볼 수 있다.

그런데 '테러와의 전쟁'은 유사한 표현이 사용된 여타 '전쟁'들과는 달리 실제로 무력행사를 수반하기도 하고 무력충돌에 이를 수도 있으므로 이러한 맥락에서는 '테러와의 전쟁'이 법적인 의미를 지닌다고 할 것이다. 9.11 테러 사건 이후 미국과 그 동맹국들의 '항구적 자유 작전'으로부터 비롯된 아프가니스탄에서의 충돌은 그러한 예로 종종 인용된다.[8] 사실 군사작전의 규모 및 기간에 비추어 볼 때 그러한 충돌이 무력충돌에 해당한다는 점은 부인하기 어렵다.[9]

아프가니스탄에서의 무력충돌 과정에서는 상당수의 탈레반 군대 구성원들과 알카에다 조직원들이 생포되었고, 이들 중 일부는 관타나모 수용소에 수감되었다. 미국 정부는 생포된 탈레반 군대 구성원들과 알카에다의 조직원들이 관타나모 수용소에 도착한 당일에 이들의 억류 및 처우와 관련하여 제네바 제3협약을 적용하지 않을 것이라는 기본적인 입장을 발표하였다.[10] 이들

---

8) ICRC, International Humanitarian Law and the Challenges of Contemporary Armed Conflicts, 28th International Conference of the Red Cross and Red Crescent (Geneva, December 2003), p.18; Adam Roberts, "The Laws of War in the War on Terror", 32 *Israel Yearbook on Human Rights* 193, 2003, p.200; Marco Sassòli, "Use and Abuse of the Laws of War in the "War on Terrorism", 22 *Law and Inequality* 195, 2004, pp.199-200.

9) Silvia Borelli, "The Treatment of Terrorist Suspects Captured Abroad: Human Rights and Humanitarian Law", in Andrea Bianchi (ed.), *Enforcing International Law Norms against Terrorism* (Hart Publishing, 2004), p.40.

10) News Briefing, Department of Defense, Secretary Rumsfeld (January 11, 2002).

은 '불법적 전투원(unlawful combatant)'이므로 제네바 협약상의 어떠한 권리도 가질 수 없다는 점이 그 이유로 제시되었다.[11] 이후 미국 정부는 탈레반 군대의 구성원과 알카에다의 조직원을 구별함으로써 다소 변화된 입장을 표명하였는데, 그 구체적인 내용은 다음과 같다:

- 대통령은 제네바 협약이 탈레반 소속의 피억류자들에게는 적용되나 알카에다 소속의 피억류자들에게는 적용되지 않는다고 결정하였다.
- 알카에다는 제네바 협약의 국가 당사자가 아니라 외국 테러조직에 불과하다. 그것만으로도 그 조직들은 포로의 지위를 부여 받을 권리가 없다.
- 우리가 탈레반을 적법한 정부로 인정하지 않았을지라도 아프가니스탄은 협약의 당사국이며 대통령은 탈레반이 협약의 적용을 받는다고 결정한 바 있다. 그러나 제네바 협약의 규정상 탈레반 소속의 피억류자들에게는 포로의 자격이 없다.
- 그러므로 탈레반과 알카에다 소속의 피억류자 모두 포로의 지위를 부여 받지 못한다.
- 피억류자들이 포로의 특권을 향유할 자격은 없을지라도 정책의 문제로서 이들에게는 많은 포로의 특권이 부여될 것이다.[12]

미국이 피억류자들에게 포로의 지위를 인정하지 않기로 결정한 데에는 특히 다음과 같은 실질적인 고려가 반영된 것으로 보인다. 첫째는 억류의 조건과 관련된 것으로 제네바 제3협약 제17조에 따르면 포로는 성명, 계급, 출생년월일, 소속군번호, 연대번호, 군번을 심문 받을 때 이를 진술해야 할 의무가 있는데,[13] 미국으로서는 그 이상의 정보를 추구하는 것이 필요하였을 것이다. 또한 미국은 이들을 일반적인 포로들에 비해서는 서로로부터 보다 격리된 상태로, 그리고 해를 입힐 수단에 대한 접근가능성이 좀 더 차단된 상

---

11) *Id.*
12) White House Fact Sheet: Status of Detainees at Guantanamo (February 7, 2002).
13) 이러한 사항 이외의 문제에 대해 질문하는 것이 금지되는 것은 아니나 그에 대한 대답을 하도록 강요할 수는 없다. 대한적십자사 인도법연구소, 제네바협약 해설 Ⅲ (1985), p.191.

태로, 억류하기를 원하였을 것이다.[14] 둘째는 사법절차에 관한 것으로 피억류자들에 대한 재판가능성을 염두에 둘 때 미국은 포로에 대한 판결은 억류국 군대의 구성원의 경우와 동일한 절차에 따라 동일한 법원에서 이루어져야 한다고 규정하고 있는 제네바 제3협약 제102조를 따를 경우 발생할 수 있는 문제를 우려하였을 것이다. 셋째는 포로의 석방과 관련된 것으로 미국은 적대행위 종료와 동시에 이들을 석방하고 송환함으로써 따라올 수 있는 위험 요소를 줄이고 싶었을 것이다.

미국 정부는 탈레반 소속의 피억류자들에게는 제네바 협약이 적용된다고 보았음에도 이들에게 포로의 자격은 인정되지 않는다는 입장을 취하였다. 이들이 자신들과 민간인을 구별하는 군복을 착용하지 않았고 확인될 수 있는 지휘 구조를 가진 단위로 조직화되지 않았다는 점이 그 이유였다.[15] 즉, 제네바 제3협약 제4조에 규정된 요건들을 충족하지 못하였다는 것이다. 제네바 협약상 적국에 생포된 자가 포로의 지위를 부여받기 위해서는 일정한 범주에 속해야 한다는 것은 앞에서 이미 언급하였는데, 탈레반 군대 구성원들은 그 중에서도 첫 번째 범주, 즉 "충돌당사국의 군대 구성원 및 그러한 군대의 일부를 구성하는 민병대 또는 의용대의 구성원"에 해당한다. 제4조의 규정대로라면 이러한 범주에 속하는 자가 포로로 인정되기 위해서는 별도의 요건을 충족할 필요가 없다. 첫 번째 범주에 이러한 요건들이 첨부되지 않은 것은 이 범주에 속하는 자, 즉 국가 정규군에게는 이러한 요건들이 이미 내재되어 있다는 일반적 추정이 반영된 것이라고 할 수 있다.[16] 다시 말하면,

---

14) 미국은 제네바 제3협약상 포로에게 인정되는 음식·비누·담배 구입을 위한 매점 이용권, 과학용품·악기·운동기구의 수령권 등을 관타나모 피억류자들에게는 부여하지 않았다. White House Fact Sheet, *supra* note 12.

15) Press Briefing by Ari Fleischer (February 7, 2002); Press Conference, Department of Defense, Secretary Rumsfeld (February 8, 2002).

16) Jean S. Pictet (ed.), *Commentary on the Geneva Conventions of 12 August 1949*, Volume III (ICRC, 1960), pp.51-52; Allan Rosas, *The Legal Status of Prisoners of War: A Study in International Humanitarian Law Applicable in Armed Conflicts* (Suomalainen

협약에서 이러한 요건들을 명문으로 규정하는 것은 불필요하다고 보았던 것이다.[17]

그런데 일부 학자들은 두 번째 범주, 즉 "충돌당사국에 속하며 그들 자신의 영토 내외에서 활동하는 기타의 민병대 또는 의용대의 구성원"에 대해서 요구되는 일정한 요건들이 첫 번째 범주에도 적용되어야 한다고 주장한다.[18] 그러나 설사 이러한 해석에 따른다고 하더라도 미국의 주장은 수락되기 어렵다. 왜냐하면 "멀리서 인식할 수 있는 고정된 식별표지"는 반드시 복장이어야 할 필요는 없으며 모자, 외투, 셔츠, 가슴에 착용하는 표장, 착색기호 등으로도 충분한데,[19] 탈레반 군대는 검은색 터번과 자신이 속한 군대를 나타내는 스카프를 두르고 있었기 때문이다. 그리고 확인될 수 있는 지휘 구조를 가진 단위로 조직화되지 않았기 때문에 탈레반 소속 피억류자에게 포로의 지위를 인정할 수 없다는 논거 역시 설득력을 갖기 어렵다. 비정규군의 구성원과 관련하여서도 이러한 내용의 요건은 부과되고 있지 않기 때문이다. 가장 유사한 것으로 "그 부하에 대하여 책임을 지는 자에 의하여 지휘될 것"이라는 요건이 있으나, 미국이 제시한 논거와 이러한 요건이 동일하다고는 볼 수 없다. 이상의 검토에 비추어 볼 때 탈레반 소속 피억류자들에게 포로의 지위를 인정하지 않기로 한 미국 정부의 결정은 제네바 제3협약에 위배되는 것이라고 할 수 있다. 이러한 결론은 상당수의 학자들에 의해서도 지지되고 있다.[20]

Tiedeakatemia, 1976), p.328.

17) Jiri Toman, "The Status of Al Qaeda/Taliban Detainees under the Geneva Conventions", 32 *Israel Yearbook on Human Rights* 271, 2003, p.285.

18) 예컨대, Ingrid Detter, *The Law of War* (Cambridge University Press, 2000), pp.148-149; Yoram Dinstein, "Unlawful Combatancy", 32 *Israel Yearbook on Human Rights* 247, 2003, pp.255-256.

19) 대한적십자사 인도법연구소, *supra* note 13, p.66.

20) 예컨대, Silvia Borelli, *supra* note 9, pp.43-44; Marco Sassòli, *supra* note 8, p.204; Jiri Toman, *supra* note 17, p.285; Rüdiger Wolfrum, 제3장 제2절 각주 66, pp.54-55;

탈레반 소속 피억류자의 국제인도법상 지위는 비교적 명확하게 확립될 수 있는 것과는 달리 국가 정규군 소속이 아닌 알카에다 소속 피억류자의 경우에는 그 문제가 보다 복잡하다. 미국 정부는 알카에다 소속 피억류자는 불법적 전투원에 해당하므로 제네바 협약상의 어떠한 권리도 가질 수 없다고 보고 있는 것인데 불법적 전투원 개념이 무엇인지 그리고 이러한 개념이 수락될 수 있는지에 대해서는 이하에서 검토하기로 한다.

(2) 불법적 전투원 개념의 허용 여부

불법적 전투원이라는 용어는 1942년 미국 연방대법원의 *Ex Parte Quirin* 사건에서 처음으로 사용되었다.[21] 이 판결에 따르면 불법적 전투원에 해당하는 자들은 억류 시 포로의 지위가 인정되지 않으며 특정 행위가 국제법상의 전쟁범죄를 구성하지 않을지라도 억류국 국내법을 위반했다는 이유로 형사 처벌될 수 있다.[22] 그리고 불법적 전투원은 재판 없이도 행정적 억류의 대상이 될 수 있는데, 실제로 아프가니스탄에서의 무력충돌에서는 이러한 조치가 광범위하게 이용되었다.[23]

미국 연방대법원은 2004년에 처음으로 불법적 전투원의 억류와 관련된 판결들을 내린 바 있는데, *Hamdi v. Rumsfeld*,[24] *Rumsfeld v. Padilla*,[25] *Rasul v.*

박현진, "테러와의 전쟁: 미국 해외군사기지에 주둔 중인 탈레반·알카에다 병사의 법적 지위와 권리", 인도법논총 제23집 (2003), pp.74-75.

21) *Ex Parte Quirin et al.*, 317 U.S. 1 (1942), pp.30-31. 판결에서 제시된 불법적 전투원의 개념은 다음과 같다: "보편적 합의 및 관행에 의해 전쟁법은 교전국들의 무장군대와 평화로운 주민들을 구별하며 또한 합법적 전투원과 불법적 전투원을 구별한다. 합법적 전투원들은 상대편 군대에 의해 생포되어 포로로서 억류된다. 불법적 전투원들 역시 생포되어 억류되나 그 밖에도 이들은 불법적인 교전행위를 이유로 군사법정의 재판에 회부되어 처벌을 받을 수 있다."

22) Yoram Dinstein, *supra* note 18, p.250.

23) *Id.*, p.251.

24) *Hamdi v. Rumsfeld*, 542 U.S. 507 (2004).

Bush[26]가 그것이다. 먼저 *Hamdi* 사건에서는 행정부가 불법적 전투원으로서 분류되는 자국 시민을 억류할 권한을 갖는가의 문제가 다루어졌다. 연방대법원은 군사력사용승인결의안(AUMF)은 그러한 억류에 대한 의회의 명백한 허가라고 결정하였다.[27] 즉, 미국 군대가 아프가니스탄에서 적극적인 전투를 벌이고 있는 한 그러한 억류는 "필요하고도 적절한 군사력"의 행사의 일환으로서 허가된다는 것이다. *Padilla* 사건의 경우에는 관할권 없음을 이유로 본안 판단이 이루어지지 않았다. 한편 *Rasul* 사건에서는 관타나모 수용소에 수감된 불법적 전투원들이 미국 연방법원에 인신보호청원을 할 수 있는지가 문제가 되었다. 즉, 연방대법원은 인신보호 규정이 미국이 배타적 관할권을 행사하나 궁극적 주권을 행사하지 않는 영토에 억류된 외국인들에 대해서 사법적 검토에 대한 권리를 부여하는가 여부를 결정해야 했다. 이에 대해 연방대법원은 법원의 영토적 관할권 내에 청원자가 있어야 한다는 것은 "더 이상 불변의 전제가 아니다"라고 결론 내렸다.[28] 이러한 판결들은 최소한 불법적 전투원의 억류와 관련된 대통령의 권한이 전적으로 사법적 검토의 범위 밖에 있는 것은 아님을 나타내는 것이나, 기본적으로 불법적 전투원 개념이 인정된다는 것을 전제로 하고 있음을 알 수 있다.

그런데 이러한 불법적 전투원 개념이 국제인도법 하에서도 인정될 수 있는가에 대해서는 적지 않은 논란이 존재한다.[29] 국제인도법상 불법적 전투

---

25) *Rumsfeld v. Padilla*, 542 U.S. 426 (2004).

26) *Rasul v. Bush*, 542 U.S. 466 (2004).

27) *Hamdi v. Rumsfeld*, *supra* note 24, p.10.

28) *Rasul v. Bush*, *supra* note 26, p.10.

29) "불법적 전투원"이란 지위가 별도로 인정될 수 없다는 주장의 예로는 Marcin Marcinko, "Terrorists in Armed Conflicts: The Question of Combatancy", in Michael J. Glennon and Serge Sur (eds.), *Terrorism et droit international (Terrorism and International Law)* (M. Nijhoff, 2008), p.412; Anna Caroline Müller, 제4장 제1절 각주 178, p.262. 그러한 지위가 인정될 수 있다는 주장의 예로는 Yoram Dinstein, *supra* note 18, pp.249-252; Richard J. Erickson, 제1장 제1절 각주 10, p.64.

원 개념은 인정될 수 없고 포로의 지위가 인정되지 않는 피억류자는 민간인으로 간주되어 제네바 제4협약의 적용 대상이 된다는 주장의 근거로는 제네바 제4협약 제4조[30]와 1977년 제1추가의정서 제50조[31]가 제시된다. 한편 불법적 전투원 개념이 인정될 수 있으며 다만 이들도 최소한의 보장은 받는다는 주장의 근거로는 제1추가의정서 제45조[32]와 제75조[33]가 제시된다.

그러나 기본적으로 국제인도법 하에서 불법적 전투원 개념은 인정될 수 없다고 보아야 할 것인데, 제네바 제4협약에 대한 국제적십자위원회(ICRC) 주석서에서도 이러한 점이 분명히 언급되고 있다:

> 적의 수중에 있는 모든 사람은 국제인도법상 일정한 지위를 가져야 한다. 즉, 제네바 제3협약의 적용을 받는 포로이든가 제네바 제4협약의 적용을 받는 민간인이든가 제네바 제1협약의 적용을 받는 의무요원이어야 한다. 그 어느 것에도 해당하지 않는 지위는 존재하지 않는다. 즉, 적의 수중에 있는 누구도 법의 테두리 밖에 있을 수는 없다.[34]

---

30) "본 협약에 의하여 보호되는 자는 무력충돌 또는 점령의 경우에 있어서 특정 시점에 그 형식의 여하에 관계없이 충돌당사국 또는 점령국의 권력 내에 있는 자로서 동 충돌당사국 또는 점령국의 국민이 아닌 자이다. …"

31) "1. 민간인이라 함은 제3협약 제4조 A (1), (2), (3), (6) 및 본 의정서 제43조에 언급된 자들의 어느 부류에도 속하지 아니하는 모든 사람을 말한다. 어떤 사람이 민간인인지의 여부가 의심스러운 경우에는 동인은 민간인으로 간주된다."

32) "3. 적대행위에 참여하고 전쟁포로 지위의 자격이 없으며 제4협약에 따라서 보다 유리한 대우의 혜택을 받지 못하는 자는 항시 본 의정서 제75조의 보호를 받을 권리를 가진다. …"

33) "1. 충돌당사국의 권력 내에 있고 제협약 또는 본 의정서에 의하여 보다 유리한 대우를 받지 못하는 자들은 본 의정서 제1조에서 말하는 사태에 의하여 영향을 받는 한, 모든 상황에 있어 인도적으로 대우되며, 인종·피부색·성별·언어·종교·신앙·정치적 또는 기타의 견해·국가적 또는 사회적 출신 여하·빈부·가문 또는 기타의 지위 및 기타 유사한 기준에 근거한 불리한 차별을 받음이 없이 최소한 본 조에 규정된 보호를 향유한다. 각 당사국은 모든 그러한 자들의 신체·명예·신념·종교의식을 존중한다."

34) Jean S. Pictet (ed.), *Commentary on the Geneva Conventions of 12 August 1949*, Volume

그리고 구 유고슬라비아 국제형사재판소(ICTY) 역시 이러한 입장을 취한 바
있다:

> 제네바 제3협약과 제4협약 간에는 어떠한 공백도 없다. 개인이 포로로서 제3협약
> 의 보호를 받을 자격이 없거나 제1협약 또는 제2협약의 보호를 받을 자격이 없다
> 면 그는 제4협약 제4조의 요건을 충족하는 한 필연적으로 [제4협약]의 범위에 포
> 섭된다.35)

즉, 제네바 제1, 2, 3협약에 의해 보호되지 않는 모든 사람은 그가 협약 비당
사국의 국민이 아니고 억류국의 국민이 아니며 중립국 또는 공동참전국의
국민이 아닌 한 제네바 제4협약의 적용을 받는다. 따라서 앞에서 언급하였던
제1추가의정서 제45조와 제75조는 미국이 주장하는 바와 같은 형태의 전투
원이 아니라 제네바 제4협약 제4조의 국적 요건을 충족시키지 못하였으나
전투 지역에서 억류국의 수중에 들어간 자들에게도 인도적 대우가 부여되어
야 한다는 취지에서 마련된 규정인 것이다.36)

결국 현행 국제인도법에 따르면, 적의 수중에 들어간 전투원은 제네바 제3
협약 제4조의 요건을 충족하는 한 포로의 지위를 부여 받는다. 그리고 이에
해당하지 않는 모든 자들은 제네바 제4협약 제4조의 요건을 충족하는 한 민
간인으로서 제네바 제4협약에 따른 보호를 향유한다. 다만 민간인이 적대행
위에 직접적으로 참여한 경우에는 억류국의 국내법적 절차에 따라 기소될
수 있는데, 이 과정에서는 공정한 재판의 보장을 포함하여 제네바 제4협약상
의 보호 또는 적어도 제1추가의정서 제75조상의 보호가 제공되어야 한다. 만
일 억류된 자의 지위가 불분명한 경우에는 그 신분이 개별적으로 권한 있는
법원에 의해 결정되어야 하며 결정 이전까지 피억류자는 포로의 보호를 향

Ⅳ (ICRC, 1958), p.51.
35) *Prosecutor v. Delalic et al.*, Case IT-96-21, ICTY, 1998, para. 271.
36) Marcin Marcinko, *supra* note 29, p.412.

유한다.[37] 따라서 제네바 협약상 어떠한 권리도 가질 수 없는 자들의 범주가
존재한다는 전제에서 도입된 불법적 전투원 개념은 수락될 수 없다. 그렇다
면 알카에다 소속 피억류자의 국제인도법상 지위는 무엇인가의 문제가 다시
제기되는데, 미국 연방대법원은 2006년에 이들에 대해서도 제네바 협약이
적용될 수 있다는 판결을 내린 바 있으므로 이를 구체적으로 살펴볼 필요가
있다.

(3) 미국 연방대법원의 판결: *Hamdan* 사건

오사마 빈 라덴의 운전사이자 경호원이었던 예멘인 Salim Hamdan은 2001
년 11월 미국과 아프가니스탄 간의 무력충돌 과정에서 지역 민병대에 의해
생포된 후 미국 군대에 넘겨졌고, 이후 관타나모 수용소에 수감되었다. 2년
뒤 Hamdan은 군사위원회에 의해 재판될 수 있는 범죄의 음모 혐의로 기소
되었다. 이에 Hamdan은 미국 연방법원에 군사위원회의 적법성에 관한 이의
의 소를 제기하였다. Hamdan은 연방지방법원에서는 승소하였으나[38] 연방항
소법원에서는 패소하였고,[39] 결국 이 사건은 최종적으로 연방대법원에 의해
다루어지게 되었다.[40] 연방대법원은 대통령에 의해 설치된 군사위원회가 민
간인들에 의해서는 필수적인 것으로 인정되는 최소한의 사법적 보장을 피고
인들에게 제공하지 않고 있으므로 미국이 당사국이고 그 요건이 미국 국내
법으로 편입된 1949년 제네바 협약 공통 제3조 위반이라고 판시하였다. 여
기서 주목할 점은 이 사건과 관련하여 연방대법원이 제네바 협약 공통 제3
조를 적용했다는 것이다. 이 부분에 대한 연방대법원의 판결을 살펴보기에
앞서 연방대법원에 제출된 미국 정부의 입장을 먼저 검토하기로 한다.

---

37) 제네바 제3협약 제5조.
38) *Hamdan v. Rumsfeld*, 344 F. Supp. 2d 152 (D. D. C., 2004).
39) *Hamdan v. Rumsfeld*, 415 F. 3d 33 (D. C. Cir., 2005).
40) *Hamdan v. Rumsfeld*, 548 U.S. 557 (2006).

미국 정부가 알카에다와 관련해서는 제네바 협약이 적용될 수 없다는 입장을 취하고 있다는 점은 앞에서 이미 살펴보았는데, 구체적인 내용은 다음과 같다:

> 원고는 제네바 협약이 알카에다에게 적용되지 않는다면 전쟁법 역시 적용되지 않는다고 주장하나, 그러한 주장은 근거가 없다. 제네바 협약 하에서는 분야 선점(field pre-emption)41)이 존재하지 않는다. 협약은 이에 가입하고 그 규정을 준수하기로 합의한 국가들과 관련하여 협약이 적용되는 전투행위를 규제하는 것이다. 그러나 협약은 발생할 수 있는 모든 무력충돌에 적용되거나 전쟁에 관한 보통법을 배제하는 것을 목적으로 하지는 않는다. 그 대신 … 협약은 제2조와 제3조에서 인정된 충돌에 대해서만 적용된다. 그러므로 무력충돌이 협약의 범위 내에 포함되지 못하면 협약은 단지 그것을 규제하지 않을 뿐이다. 협약상의 어떤 것도 교전당사자가 협약이 적용되지 않는 충돌에 전쟁법을 적용하는 것을 금지하지 않는다.42)

결국 미국 정부의 입장은 제네바 협약에 의해서 규율되는 것과는 다른 형태의 무력충돌이 국제관습법 하에서 인정되며 알카에다에 대해서는 관습 국제인도법이 적용된다는 것으로 요약될 수 있다.

그러나 이러한 정부의 주장에 대해서 연방대법원은 다음과 같이 판시하였다:

> 관련 충돌이 서명국들 간의 충돌이 아닐지라도 여기에 적용되는 적어도 하나의 제네바 협약 규정이 존재하기 때문에 우리는 이러한 주장의 타당성 여부를 결정할 필요가 없다. 제2조처럼 네 개의 제네바 협약에 포함되어 있기 때문에 공통

---

41) 미연방헌법 제6조에 따르면 연방법과 명시적으로 모순되거나 연방법의 입법취지에 어긋나는 각 주의 법령은 그 범위 내에서 효력을 상실한다. '분야 선점(field pre-emption)'은 명시적인 선점규정이 없다고 하더라도 전통적으로 연방의 관할로 되어 왔던 분야에서 인정되는데, 이민법 분야 또는 대외정책 분야가 그러한 분야에 해당한다.

42) *Hamdan v. Rumsfeld*, Government Brief on the Merits, p.26, <http://www.hamdanvrumsfeld.com/HamdanSGmeritsbrief.pdf> (2009.11.10. 최종 방문).

제3조로 종종 언급되는 제3조는 "체약국의 영토 내에서 발생하는 국제적 성질을 갖지 않는 충돌에 있어서 각 충돌당사국은 최소한의 것으로서 … 무기를 버린 전투원 및 … 억류에 의하여 전투력을 상실한 자를 포함하여 적대행위에 적극적으로 참여한 자"를 보호하는 특정 규정들의 적용을 받아야 한다.[43]

이처럼 연방대법원은 정부의 주장을 명시적으로 배척하는 한편 국제적 성질을 갖지 않는 무력충돌에 적용되는 제네바 협약 공통 제3조를 적용하였는데, 미국과 알카에다 간 무력충돌의 성격에 대한 연방대법원의 입장은 다음의 판시 내용에서 보다 분명하게 확인할 수 있다:

항소법원과 정부는 알카에다와의 충돌은 "범위에 있어서 국제적"이므로 "국제적 성질을 갖지 않는 무력충돌"로 간주되지 않기 때문에 공통 제3조가 적용되지 않는다고 보았다. 그러나 그러한 이유는 잘못된 것이다. 여기서 "국제적 성질을 갖지 않는 무력충돌"이란 표현은 국가들 간의 충돌과 대비되는 것으로서 사용된다. … [공통 제2조와는 달리] 공통 제3조는 서명국의 "영토 내에서의" 충돌에 연루된 서명국 또는 비서명국과 관계를 갖지 않는 개인들에게 협약 하에서의 완전한 보호에는 미치지 못하는 최소한도의 보호를 제공한다. 이러한 충돌은 특히 (서명국이든 비성명국이든) 국가들 간의 충돌을 수반하지 않기 때문에 공통 제2조에 묘사된 충돌과 구별될 수 있다. 맥락상 "국제적 성질을 갖지 않는 무력충돌"이란 표현은 문자 그대로의 의미를 지닌다. 공통 제3조에 관한 공식적인 주해에 따르면 이 조항의 중요한 목적이 특정한 종류의 "국제적 성질을 갖지 않는 무력충돌", 즉 내전에 연루된 반란군들에게 최소한의 보호를 제공하는 것이었다고 할지라도 주해는 "이 조항의 범위는 가능한 한 넓어야 된다"는 점 또한 분명히 하고 있다. 실제로 공통 제3조를 "특히 내전, 식민지 충돌, 종교 전쟁"에만 적용될 수 있도록 하는 제한적인 문구는 이 조항의 최종안에서 제외되었는데, 이로 인해 이전에 제안되었던 것 보다 더 넓은 적용의 범위와 더 좁은 권리의 범위가 결합되었다.[44]

그러나 이러한 연방대법원의 판결에 대해서는 몇 가지 문제점들이 지적되고 있다. Marko Milanovic은 "[Hamdan의] 포로로서의 잠재적 지위에 의해서

---

43) *Hamdan v. Rumsfeld, supra* note 40, pp.629-630.
44) *Id.,* pp.630-631.

만도 군사위원회에 의한 재판의 위법성이 인정되는가의 문제는 유보될 수 있다"고 언급한 각주 61에 주목하였다.[45] 그는 포로의 지위는 국제적 무력충돌에서만 인정되므로 이러한 언급은 Hamdan이 국제적 무력충돌에 참여한 전투원일 경우에만 의미가 통할 수 있다는 점에서 연방대법원의 판결에는 개념적 혼동이 존재한다고 보았다.[46] 나아가 Milanovic은 공통 제3조상의 국제적 성질을 갖지 않는 무력충돌은 단지 국가와 비국가행위자 간의 충돌로서가 아니라 한 국가 내에서 발생하는, 즉 그 범위에 있어서 국내적인 충돌로서 간주되어 왔음에도 불구하고 재판부는 오직 전자의 요소만이 중요하다고 보았으며 그 과정에서 관련 문서들을 잘못 해석하였다고 지적하였다.[47] 특히 재판부는 자신의 해석을 뒷받침하는 근거로 공통 제3조에서 '내전'이라는 표현이 생략되었다는 점을 제시하였는데, 이러한 표현이 생략된 이유는 '내전'이라는 표현이 특히 심각한 강도의 국내적 충돌만을 의미하는 것으로 받아들여질 수 있다는 우려 때문이었다는 것이다.[48] 또한 재판부는 공통 제3조의 적용범위는 가능한 한 넓어야 된다고 언급한 주해의 일부를 인용하였는데, Milanovic은 주해에서 이러한 점을 강조한 것은 국가들이 자국 내 분쟁이 공통 제3조의 적용을 받는 비국제적 무력충돌의 수준에 이른다는 것을 인정하지 않은 경우가 많았기 때문이라고 설명하였다.[49]

지금까지 검토한 바에 따르면, 테러조직 소속 피억류자의 국제인도법상의

---

45) Hamdan은 포로로서의 보호를 향유하는지 여부와 관련하여 어떠한 의심이 있는 경우에는 그 지위가 권한 있는 재판소에 의해 결정될 때까지 그러한 보호를 제공 받아야 한다고 규정하고 있는 제네바 제3협약 제5조의 적용을 주장하였었다. 이와 관련하여 재판부는 여하한 경우에도 Hamdan은 군사위원회에 의해 재판될 수 없다는 점을 강조한 후 이와 같이 판시하였다.

46) Marko Milanovic, "Lessons for Human Rights and Humanitarian Law in the War on Terror: Comparing *Hamdan* and the Israeli *Targeted Killings* Case", 866 *International Review of the Red Cross* 373, 2007, p.379.

47) *Id.*

48) *Id.*

49) *Id.*, p.380.

지위를 확립하기 위해서는 국가와 다른 국가에서 활동하는 테러조직 간 무력충돌의 법적 성격을 먼저 규명할 필요가 있다. 그러나 미국 정부의 입장과 미국 연방대법원의 판결이 서로 부합하지 않았던 것에서 알 수 있는 것처럼 그 법적 성격을 결정하는 것은 쉽지 않다.[50] 특히 9.11 테러사건과 이후 아프가니스탄에서의 무력충돌의 경우처럼 비국가행위자가 특정 국가를 공격한 것이 발단이 되어 결과적으로는 주권국가 간의 무력충돌, 즉 국제적 무력충돌로 이어진 경우에는 더욱 어려운 문제가 제기된다. 이후에 발생한 국제적 무력충돌에 모든 충돌 상황이 포섭되는 것으로 볼 것인가 아니면 서로 다른 종류의 무력충돌이 혼재하고 있는 것으로 볼 것인가에 따라 적용될 수 있는 법이 달라지기 때문이다.

전자의 접근에 따르면 그러한 충돌 전체에 대해서 가장 넓은 범위의 국제인도법이 적용될 것인데, 이것은 결국 모든 충돌 상황에 대해서 국제적 무력충돌에 관한 규칙들이 적용된다는 것을 의미한다. 그러나 이러한 접근방식을 취할 경우 실제적인 적용 과정에서 어려움이 따를 수도 있고 국가들이 기꺼이 수락하지 않을 수도 있으며 바람직하지 않을 수도 있다는 지적이 제기된다.[51] 전투원과 포로의 개념이 국제적 무력충돌의 경우에만 인정된다는 점을 고려하면 이러한 지적은 적절하다.

한편 후자의 접근에 따르면 두 주권국가 간의 무력충돌, 즉 국제적 무력충돌이 발생한 경우에도 그러한 성격을 갖지 않는 다른 종류의 무력충돌이 별도로 분리될 수 있는데, 이 경우에는 각각의 무력충돌의 개시와 종료 시점이

---

50) *Hamdan* 판결 이후에 미국 국방부(Department of Defense)는 모든 피억류자들에 대해서 제네바 협약 공통 제3조가 적용된다고 밝혔다. A Memo from Deputy Secretary of Defense Gordon England, Application of Common Article 3 of the Geneva Conventions to Detainees in the Department of Defense (July 7, 2006); DOD Directive.2310.01E on DOD's Detainee Program (September 6, 2006); Army Field Manual on Human Intelligence Collector Operations (September 6, 2006).

51) Jan Wouters and Frederik Naert, 제3장 제2절 각주 2, p.481.

보다 분명하게 확인될 수 있으며 각 충돌 상황에 적합하도록 고안된 법이 적용될 수 있다는 이점이 있다.[52] 미국과 알카에다 간의 무력충돌과는 그 성격이 다소 다르기는 하지만 국제사법재판소(ICJ)는 *Nicaragua* 사건에서 니카라과 정부와 반군 간의 무력충돌과 관련하여 이러한 입장을 취한 바 있다. 즉, 니카라과 정부와 미국 간의 국제적 무력충돌 상황과는 별개로 니카라과 정부와 반군 간의 무력충돌은 국제적 성질을 갖지 않는 무력충돌로 간주되며 반군의 행위는 그러한 충돌에 적용될 수 있는 법에 의해 규율된다는 것이다.[53] 특정 영토에서의 무력충돌에 국제적인 요소가 있더라도 그러한 충돌 전체가 국제적인 것으로 분류될 수는 없으며 각각의 요소로 분할되어야 한다는 것은 다수의 학자들에 의해서도 지지되고 있다.[54]

그러나 이러한 접근에 따른다고 하더라도 국가와 테러조직 간 무력충돌에 대해서 어떠한 법적 성격을 부여하고 어떠한 법을 적용할 것인가에 대한 문제는 여전히 남는다. 그리고 2002년에 예멘에서 알카에다 조직원들이 탑승한 것으로 추정되는 차에 미국이 미사일 공격을 가하였던 사건이 보여주는 것처럼 국가와 테러조직 간 무력충돌이 거의 항상 국가 간 무력충돌 상황을 수반하는 것도 아니다. 따라서 이 부분에 대한 별도의 검토는 특히 필요하다. 실제로 9.11 테러사건 이후로 이 문제는 많은 주목을 받아 왔으며 다양한 견해들이 제시되어 왔다. 미국이 무력대응 접근방식을 명시적으로 채택하였고 국제사회가 이를 지지하였던 만큼 주로 국가와 테러조직 간 무력충돌의 구

---

52) *Id.*

53) *Military and Paramilitary Activities in and against Nicaragua*, 제3장 제1절 각주 37, para. 219.

54) 예컨대, Hans-Peter Gasser, "Internationalized Non-International Armed Conflicts: Case Studies of Afghanistan, Kampuchea and Lebanon", 33 *American University Law Review* 147, 1983, pp.157-160; Dinah PoKempner, "The "New" Non-state Actors in International Humanitarian Law", 38 *George Washington International Law Review* 551, 2006, pp.553-554; Marco Sassòli, *supra* note 8, p.200; James G. Stewart, 제5장 제1절 각주 12, p.344.

체적인 성격에 논의의 초점이 맞춰지긴 하였으나, 이러한 경우는 아예 국제
인도법상의 무력충돌로 볼 수 없다는 견해들도 존재한다. 이하에서는 각각의
주장을 구체적으로 살펴보고 그 타당성 여부를 검토하기로 하겠다.

2. 국가와 테러조직 간 무력충돌의 법적 성격

(1) 국제인도법상 무력충돌 부정론

9.11 테러사건뿐만 아니라 앞에서 살펴보았던 여타의 사건들을 통하여 국
제사회는 테러조직 역시 초국경적 차원에서 무력을 행사할 수 있다는 것을
목도하였다. 테러조직의 무력공격이 국가의 무력공격에 버금가는 정도의 파
괴력을 지니고 있고 심지어 피해국이 이에 대해 무력으로 대응하는 경우 사
실적인 의미에서의 무력충돌의 존재를 부인하기는 어려울 것이다.[55] 그러나
법적인 의미에서의 무력충돌이 존재하는가 여부는 또 다른 문제인데, 국가와
테러조직 간의 무력충돌이 국제인도법의 적용을 받는 무력충돌에 해당하는
가에 대해서는 회의적인 시각도 적지 않다.[56]

---

55) 한 국가와 다른 국가의 영토에 있는 테러조직 간의 무력충돌을 지칭하는 것으로
　　'transnational armed conflict', 'extra-state hostilities'와 같은 용어의 사용을 제안하
　　는 학자들도 있다. 예컨대, Geoffrey S. Corn, "*Hamdan*, Lebanon, and the Regulation
　　of Hostilities: The Need to Recognize a Hybrid Category of Armed Conflict", 40
　　Vanderbilt Journal of Transnational Law 295, 2007, p.299; Roy S. Schöndorf, 제2장
　　제1절 각주 59, p.3.

56) 예컨대, Helen Duffy, 제2장 제1절 각주 39, pp.250-255; Christopher Greenwood, 제
　　4장 제1절 각주 199, pp.430-431; William K. Lietzau, 제1장 제1절 각주 10, p.42;
　　Avril McDonald, "Terrorism, Counter-Terrorism and the *Jus in Bello*", in Michael N.
　　Schmitt and Gian Luca Beruto (eds.), *Terrorism and International Law: Challenges and
　　Responses* (International Institute of Humanitarian Law, 2003), p.42; Anna Caroline
　　Müller, 제4장 제1절 각주 178, p.259; Sylvain Vité, "Typology of Armed Conflicts

사실 문언에 충실한 해석 하에서는 국제 테러조직이 교전당사자로 간주될 여지는 거의 없어 보인다. 앞에서 살펴본 것처럼 기존의 국제인도법은 둘 이상의 국가들 간에 무력충돌이 발생한 경우, 민족해방전쟁의 경우, 한 국가 내에서 정부와 영토 전체 또는 일부에 대한 주권 탈취의 목적을 가진 비국가 행위자 간에 무력충돌이 발생한 경우를 전제로 하고 있기 때문이다. 즉, 국제인도법상의 무력충돌의 범위 내로 포섭되기 위해서는 무력의 행사 이외에도 "특정 성질을 지닌 확인가능한 당사자들의 존재"가 요구된다.[57] 국제적 십자위원회(ICRC) 역시 국가와 테러조직 간 무력충돌의 경우에는 후자의 요건이 충족될 수 없으므로 법적 의미에서의 무력충돌에 해당하지 않는다는 입장을 취하였는데, 특히 위원회는 테러조직이 무력충돌 당사자로 간주될 수 없는 이유를 다음과 같이 설명하였다:

> 무력충돌 당사자는 일반적으로 일정한 수준의 조직, 지휘체계, 그 결과로서 국제 인도법을 이행할 능력을 지닌 무장군대 또는 무장단체를 의미하는 것으로 이해된다. … 느슨하게 연결되어 있는 비밀조직이 … 충돌 당사자로 간주될 수 있을 것 이라고는 보기 어렵다. … 간과되어서는 안 되는 또 다른 측면은 … 국제인도법 하에서는 무력충돌 당사자들 간에 동등한 권리 및 의무가 적용된다는 것이다. 이 것은 "전투원"이란 법적 지위가 존재하는 … 유일한 형태의 충돌, 즉 국제적 무 력충돌에서 특히 그러하다. … 교전자 평등의 원칙은 무력충돌법의 근간을 이루 는 것이다. 다시 말하면, 법의 문제로서 일방은 모든 권리를 가지면서 다른 일방 은 아무런 권리도 갖지 못하는 전쟁은 있을 수 없다. 국가와 초국경적 조직 간에 발생하는 폭력의 총체에 무력충돌의 논리를 적용하는 것은 그러한 조직 또는 단 체가 상대 국가들과 함께 국제인도법 하에서 동등한 권리 및 의무를 부여받아야 한다는 것을 의미하는 것인데, 국가들이 이를 기꺼이 고려할 것으로는 보이지 않 는다.[58]

---

in International Humanitarian Law: Legal Concepts and Actual Situations", 91 *International Review of the Red Cross* 69, 2009, p.93; David Wippman, *supra* note 6, pp.18-19; 박현진, *supra* note 20, p.76; 신용호, "세계화와 국제법주체의 확대", 사 회과학논총(전주대학교 사회과학연구소) 제19집 제1호 (2003), pp.323-325.

57) Helen Duffy, 제2장 제1절 각주 39, p.251.

이러한 입장에 따르면, 테러조직의 테러행위는 여하한 경우에도 무력충돌을 발생시킬 수 없다. 결국 이러한 행위는 단순히 범죄행위에 불과한 것으로 간주되어 국내 및 국제형사법에 따라 처리되고, 다만 그 과정에서 국제인권법의 준수가 요구된다.[59]

국제인도법에 대한 엄격하고 형식적인 해석을 주장하는 근저에는 전통적인 경계가 허물어질 경우 기본적 인권 및 취약집단에 치명적 결과를 초래할 수 있다는 우려가 반영되어 있다.[60] 이러한 문제는 특히 국제인권단체들에 의해 주로 제기되어 왔는데, 이들 단체들이 9.11 테러사건 이전의 다른 맥락에서는 국제법의 유연하고 진보적인 해석의 중요성을 강조해왔다는 점을 고려하면 이는 다소 아이러니하다.[61] 그런데 국제인도법을 적용하려는 목적이 미국 정부의 조치를 통제하려는 것이라면 좁은 해석에 따라야 하나 비국가행위자의 위해행위를 규제하려는 것이라면 유연한 해석에 따를 수밖에 없는 것이므로 이러한 지적은 타당하다고 볼 수 없다.[62]

또 하나 주목할 점은 국가와 테러조직 간 무력충돌 부정론을 취하는 학자들 중 상당수가 궁극적으로는 국제인도법이 보완 및 개정될 필요가 있다는 점을 인정하고 있다는 사실이다.[63] 즉, 국가와 테러조직 간의 무력충돌은 새로운 유형의 무력충돌로서 기존의 법적 틀에 포섭되기 어려우나, 그러한 점을 인정하고 국제인도법을 재검토하는 노력이 필요하다는 것이다. 앞에서 살

---

58) ICRC, *supra* note 8, p.19.
59) Christopher Greenwood, 제4장 제1절 각주 199, p.431; Avril McDonald, *supra* note 56, p.70; Anna Caroline Müller, 제4장 제1절 각주 178, pp.270, 273-274; David Wippman, *supra* not 6, pp.18-19.
60) Rosa Ehrenreich Brooks, 제2장 제1절 각주 58, pp.679-680.
61) *Id.*, p.680.
62) *Id.*, p.681.
63) Helen Duffy, 제2장 제1절 각주 39, p.252; William K. Lietzau, 제1장 제1절 각주 10, p.47; Anna Caroline Müller, 제4장 제1절 각주 178, p.276; David Wippman, *supra* note 6, p.19.

펴본 것처럼 실제로 국제사회에서는 이러한 유형의 무력충돌이 계속적으로 발생하고 있다. 그리고 적대행위의 강도, 사용되는 무기의 수준, 희생자 수 등을 고려하면 국가와 테러조직 간에 일어나는 무력충돌은 기존의 법 하에서 무력충돌로 간주되는 상황과 크게 다르지 않다. 이러한 현실을 감안할 때, 국제인도법 체제 하에서 국가와 테러조직 간 무력충돌의 존재를 부인할 여지는 더 이상 없어 보인다. 즉, "국제법상 *jus ad bellum*에 의해 이제 국가들이 비국가행위자를 상대로 전쟁을 벌일 수 있게 되었다면 … 그 다음에는 인도법, 즉 *jus in bello* 역시 이러한 새로운 문제에 맞추어서 조정"될 필요가 있는 것이다.[64] 사실 제네바 협약 및 추가의정서가 채택될 당시에는 국가들이 다른 국가의 영토에 근거지를 두고 활동하는 테러조직과의 무력충돌 상황 자체를 예측하기가 쉽지 않았을 것으로 보인다. 이러한 상황은 1980년대 이후부터 본격적으로 나타나기 시작했기 때문이다. 심지어 향후에는 이러한 충돌 상황이 보다 심화되고 증대될 것이라는 점을 고려한다면 무력충돌 부정론으로 일관하는 것은 현실을 외면하고 문제의 해결을 회피하는 것이나 다름없다.

(2) 국제인도법상 무력충돌 긍정론

1) 국제적 무력충돌설

국가와 테러조직 간의 무력충돌이 국제인도법상의 무력충돌에 해당되므로 국제인도법이 적용될 수 있다는 입장을 취하고 있는 학자들은 무력충돌의 구체적인 성격, 즉 그 성격이 국제적인가 비국제적인가에 따라서 다시 두 부류로 구분된다. 국제적 무력충돌론을 주장하는 학자들은 상대적으로 소수에 불과한데, 이들도 국가와 테러조직 간의 모든 충돌 상황을 국제적 무력충돌로 인식하는 것은 아니며 특정 상황에서 발생하는 국가와 테러조직 간의 무

---

64) Anna Caroline Müller, 제4장 제1절 각주 178, p.276.

력충돌만을 국제적 무력충돌로 분류하고 있다.65) 이들은 여기에 해당되는 상황으로 특정 국가에 근거지를 두고 활동하고 있는 테러조직에 대해 다른 국가가 그 수용국 정부의 동의 없이 무력대응조치를 취하는 경우를 제시하고 있다. 즉, 공해와 같이 어느 국가의 영토가 아닌 다른 곳에서 또는 수용국 정부의 동의하에 무력대응조치가 취해지는 경우는 제외된다는 것이다.

Yoram Dinstein은 어느 국가가 수용국 정부의 동의 없이 테러조직에 대해 무력대응조치를 취하는 상황의 경우 "두 국가가 같은 편이 아닌 상태에서 무력행사에 연루되는 것"이므로 국제적 무력충돌에 해당한다고 보았다.66) 여기서 한 가지 언급되어야 할 점은 이러한 맥락에서의 무력충돌 상황은 9.11 테러사건 이후에 발생한 미국과 아프가니스탄 간의 무력충돌과는 분명히 구별된다는 것이다. 이 경우에는 미국이 아프가니스탄 탈레반 정부의 동의 없이 알카에다를 상대로 무력대응조치를 취한 것이 아니라 9.11 테러공격에 대해 탈레반 정부에게 책임이 있다는 전제 하에 아프가니스탄을 상대로 무력을 행사한 것이므로 제네바 협약 당사국들 간의 무력충돌, 즉 국제적 무력충돌이 발생하였다는 데에는 의문의 여지가 없다.

Gerald L. Neuman은 기존의 국제인도법 규범의 적용 여부는 테러조직 수용국의 태도에 달려 있다며 테러공격의 피해국이 수용국 내 테러조직에 대해 무력대응조치를 취하는 것을 수용국이 동의하지 않는 경우에는 두 국가 간의 국제적 무력충돌에 이를 수 있다는 견해를 제시하였다.67) 특히

---

65) Yoram Dinstein, 제3장 제2절 각주 2, p.245; Gerald L. Neuman, "Humanitarian Law and Counterterrorist Force", 14(2) *European Journal of International Law* 283, 2003, pp.292-296; Dieter Fleck, "The Law of Non-International Armed Conflicts", in Dieter Fleck (ed.), *The Handbook of Humanitarian Law in Armed Conflicts*, 2nd ed. (Oxford University Press, 2008), pp.607-608.

66) Yoram Dinstein, 제3장 제2절 각주 2, p.245.

67) Gerald L. Neuman, *supra* note 65, p.293. Neuman은 테러조직에 대한 무력대응조치가 다양한 상황에서 취해질 수 있다는 전제 하에 테러공격의 피해국이 공해상에서 테러리스트들에 대해 무력을 행사하는 경우와 수용국이 자국 영토 내에 있는 테러

Neuman은 국제적 무력충돌에 관한 국제인도법 규범의 적용을 통해 수용국 내에서 무력대응조치를 취하는 국가 측 군대의 전투행위를 규제할 수 있으 며 결과적으로는 수용국의 민간인을 보호할 수 있다는 점을 강조하였다.[68]

Dieter Fleck 역시 Neuman과 유사하게 "무력충돌의 비국제성 또는 국제성 여부는 책임 있는 영토국 정부가 개입국에 의해 수행된 군사작전에 동의하 였는가 여부에 달려있다"며 결국 "웨스트팔리아 체제상 국가들이 충돌당사 자로서 관여한 경우에만 무력충돌이 국제적인 것으로 결정될 수 있다는 것 은 여전히 사실"이라고 주장하였다.[69]

국가와 테러조직 간 무력충돌은 국제적 무력충돌, 그 중에서도 국가 간 무력충돌과 개념적으로 유사한 면이 있다. 무엇보다도 국가와 테러조직 간 무력충돌은 국가 간 무력충돌과 마찬가지로 무력충돌의 범위가 한 국가의 영토로 제한되지 않는다. 또한 비국가 테러조직은 외국 조직이라는 점에서 국가와 이러한 조직 간의 충돌은 국제적인 측면을 수반한다. 즉, 테러조직은 충돌당사국의 국민이 아닌 자들로 주로 구성되고, 이들의 근거지, 훈련시설, 본부뿐만 아니라 조직원들 대부분이 해외에 소재를 두고 있으며, 많은 경우에 이들의 투쟁 목표는 국제적 아젠다를 포함하고 있다.[70]

그러나 국가와 테러조직 간 무력충돌을 국제적 무력충돌로 분류하는 것은 두 무력충돌 간의 가장 중요한 차이, 즉 국가 간 무력충돌과는 달리 국가와 테러조직 간 무력충돌에서는 비국가행위자가 충돌당사자라는 점을 제대로 반영하지 못한다. 실제로 충돌의 한 당사자가 테러조직인 무력충돌의 규제에 있어서 국가 간 무력충돌에 관한 국제인도법상의 규칙들을 그대로 적용하는

조직을 진압하는 데 피해국을 합류시키는 경우도 함께 검토하였다. 그는 전자의 상
황은 기존의 국제법 하에서 국제적 무력충돌과 비국제적 무력충돌 중 어느 것에도
해당하지 않으며 후자의 상황은 국제화된 국내적 무력충돌에 해당한다고 보았다.

68) *Id.*

69) Dieter Fleck, *supra* note 65, p.608.

70) Roy S. Schöndorf, 제2장 제1절 각주 59, p.36.

것이 적절한 것인가에 대해서는 많은 의문이 제기되고 있다.[71] 그 중에서도 특히 문제가 되는 것은 국제적 무력충돌에서의 전투의 수단 및 방법에 관한 규칙과 전투원에게 제공된 일정한 특권에 관한 규칙이다. 또한 국제적 무력충돌론을 주장하는 학자들의 견해대로라면 테러조직 수용국의 태도에 따라서 무력충돌의 성격 및 적용될 수 있는 규칙들이 결정되는데, 그러한 요인에 따라서 무력충돌에 참여한 자들이나 민간인들에 대한 보호의 정도가 달라져야 하는 뚜렷한 이유를 찾기 어렵다.

2) 비국제적 무력충돌설

충돌의 한 당사자가 국가가 아닌 비국가행위자라는 바로 그 점 때문에 국가와 테러조직 간 무력충돌은 비국제적 무력충돌에 해당한다는 주장은 상대적으로 많은 지지를 얻고 있는데, 이러한 입장을 취하는 학자들은 이러한 유형의 충돌에 대해서는 특히 제네바 협약 공통 제3조가 적용될 수 있다고 주장한다.[72] 실제로 비국제적 무력충돌에 관한 1977년 제2추가의정서는 국가 정규군과의 충돌당사자를 "책임 있는 지휘 하에서 지속적이고 일치된 군사작전을 수행하고 이 의정서를 이행할 수 있을 정도로 그 영토의 일부를 통제하고 있는 무장반군 또는 기타 조직된 무장집단"으로 명확히 제한하고 있기 때문에 테러조직이 여기에 해당될 여지는 거의 없어 보인다. 제네바 협약 공통 제3조는 단순히 "한 체약국의 영토 내에서 발생하는 국제적 성질을 갖지

---

71) Geoffrey S. Corn, *supra* note 55, p.313; Adam Roberts, *supra* note 8, p.202.

72) Anthony Dworkin, "Military Necessity and Due Process: The Place of Human Rights in the War on Terror", in David Wippman and Matthew Evangelista (eds.), *New Wars, New Laws?: Applying the Laws of War in 21st Century Conflicts* (Transnational Publishers, 2005), pp.60-61; Derek Jinks, "September 11 and the Laws of War", 28 *Yale Journal of International Law* 1, 2003, pp.38-41; Marcin Marcinko, *supra* note 29, pp.377-380; Dinah PoKempner, *supra* note 54, p.554; Marco Sassòli, *supra* note 8, pp.200-201.

않는 무력충돌"이라고만 규정하고 있어 제2추가의정서보다 그 적용범위가 보다 넓은 것은 사실이나,[73] 그 구체적인 적용범위는 여전히 불분명하다.

비국제적 무력충돌론을 주장하는 학자들은 "한 체약국의 영토 내"라는 명문의 규정이 있음에도 불구하고 공통 제3조는 그러한 상황에서의 무력충돌로만 제한되어서는 안 되며 초국경적 요소를 갖는 무력충돌에 대해서도 적용되어야 한다고 주장한다. 이는 결국 국제적 무력충돌에 관한 제네바 협약 공통 제2조의 적용을 받지 않는 모든 무력충돌에 대해서는 공통 제3조가 적용될 수 있다는 것을 의미한다.[74]

그러나 공통 제3조의 채택 배경을 살펴보면 이 조항의 기초자들은 내전과 같이 순수하게 국내적인 성격의 분쟁만을 다루려고 했다는 것이 분명하게 확인된다.[75] 비국제적 무력충돌론의 입장을 취하는 학자들 또한 이러한 점을 분명하게 인식하고 있다.[76] 그럼에도 불구하고 이들이 국가와 테러조직 간 무력충돌에 대해서도 공통 제3조가 적용되어야 한다고 주장하는 이유는 다음의 세 가지로 요약될 수 있다. 첫째는 이 조항의 적용범위를 충돌당사국의 영토 내에서 발생하는 무력충돌로만 제한하는 경우에는 "제네바 협약에서 설명할 수 없는 규제의 공백" 또는 "보호에 있어서의 공백"이 발생한다는 것이다.[77] 둘째는 국가와 테러조직 간 무력충돌이 비국제적 무력충돌에 포섭되는 한에서는 전쟁 법규 및 관습상 상대방에 대한 군사행위가 적법한 것으로 인정되거나 허가된다는 문제가 제기될 수 없다는 것이다.[78] 셋째는 구

---

73) Marcin Marcinko, *supra* note 29, p.379.

74) Derek Jinks, *supra* note 72, p.41.

75) Dieter Fleck, *supra* note 65, p.605; Lindsay Moir, *The Law of Internal Armed Conflict* (Cambridge University Press, 2002), pp.21-29; 이민효, 제5장 제1절 각주 3, pp.385-394.

76) Anthony Dworkin, *supra* note 72, p.60; Derek Jinks, *supra* note 72, p.40; Marco Sassòli, *supra* note 8, p.201.

77) Derek Jinks, *supra* note 72, p.40; Marco Sassòli, *supra* note 8, p.201.

78) Anthony Dworkin, *supra* note 72, p.61.

유고슬라비아 국제형사재판소(ICTY)와 르완다 국제형사재판소(ICTR)는 비국
가행위자가 국경을 넘어 무력을 행사한 경우에도 공통 제3조가 적용된다고
판시한 바 있으며, 특히 르완다 국제형사재판소(ICTR)는 명시적으로 이러한
내용을 반영하고 있는 규정을 채택하였다는 것이다.79)

　국가와 테러조직 간 무력충돌과 비국제적 무력충돌은 충돌의 한 당사자가
비국가행위자라는 점 외에도 적대행위의 양상에 있어서 유사성이 존재한다.
비국가행위자를 수반하는 무력충돌에서는 국가의 군사력이 비국가행위자의
군사력을 초과하는 경우가 대부분인데, 이는 국가와 비국가행위자 간 적대행
위의 양상에 영향을 미친다.80) 예컨대, 비국가행위자들은 게릴라 작전, 기습
공격, 매복, 민간인으로의 위장 등 국가들이 전형적으로 사용하는 방법과는
다른 전술을 사용한다. 또한 군사력에서의 차이로 전장에서의 군사적 수단에
의해서는 국가와의 충돌에서 이기기 어렵기 때문에 종종 지구전을 구사하기
도 한다.81)

　그러나 국가와 테러조직 간 무력충돌을 비국제적 무력충돌로 분류하는 것
은 두 무력충돌 간의 가장 중요한 차이, 즉 비국제적 무력충돌과는 달리 국
가와 테러조직 간 충돌은 충돌당사국 영토의 외부에서 일어나며 다른 비국
내적 요소를 포함하는 경우도 있다는 점을 제대로 반영하지 못한다.82) 비국
제적 무력충돌에 관한 국제인도법은 주로 정부와 반군 간에 한 국가의 영토
내에서 일어나는 무력충돌을 다루기 위해 만들어졌고 관련 규칙들은 해당
국가의 주권을 상당 부분 고려하고 있다.83) 국가 간 무력충돌과 비국제적 무
력충돌을 규율하는 법 체제 간에 큰 차이가 존재하는 것은 바로 이러한 요인
때문이다. 이러한 점을 고려한다면 비국제적 무력충돌에 관한 규칙들을 국가

---

79) Marcin Marcinko, *supra* note 29, p.378.
80) Roy S. Schöndorf, 제2장 제1절 각주 59, p.39.
81) *Id*.
82) *Id*., p.40.
83) Marco Sassòli, *supra* note 8, p.220.

와 테러조직 간 무력충돌에 적용하는 것이 적절한지 의문인데, 특히 민간인 보호에 관한 규칙의 적용이 문제가 될 수 있다.[84] 즉, 국가와 테러조직 간 무력충돌을 비국제적 무력충돌로 간주한다면 테러조직 수용국의 민간인들은 국가 간 무력충돌에서의 민간인들에 비해 더 적은 보호를 받게 된다는 결론에 이른다. 테러조직 수용국의 민간인들은 심지어 자국이 무력충돌의 직접적인 당사자가 아닌데도 불구하고 자국이 무력충돌의 직접적인 당사자인 경우보다 더 적은 보호를 제공 받는 불합리한 상황에 놓이게 되는 것이다.

3) 관습 국제인도법상 무력충돌설

한편 일부 학자들의 경우에는 국가와 테러조직 간 무력충돌이 전통적인 범주의 무력충돌, 즉 국제인도법상의 국제적 무력충돌과 비국제적 무력충돌에 해당하지 않음을 인정하면서도 그럼에도 불구하고 이러한 무력충돌에 대해서 국제인도법의 기본원칙들이 적용될 수 있다는 입장을 취하고 있다.[85]

모든 형태의 무력충돌에 적용될 수 있는 관습 국제인도법이 존재한다는 것을 뒷받침하는 근거로는 1977년 제1추가의정서 제1조 제2항이 제시된다.[86] 이 조항에 따르면, "의정서 또는 다른 국제협정의 적용을 받지 아니하는 경우 민간인 및 전투원은 확립된 관습, 인도원칙 및 공공양심의 명령으로부터 연원하는 국제법 원칙의 보호와 권한 하에 놓인다." Steven Ratner는 이러한 규정은 단순히 수사적인 것만은 아니며 구별의 원칙, 전투력을 상실한 자에 대한 인도적 대우, 전투 방법의 제한과 같은 최소한의 기본적인 원칙을 포함한다고 보았다.[87] 그리고 실제로 이러한 원칙들보다 더 구체적인 내용

---

84) Roy S. Schöndorf, 제2장 제1절 각주 59, p.40.
85) Geoffrey S. Corn, *supra* note 55, pp.330-341; Steven R. Ratner, "Revising the Geneva Conventions to Regulate Force by and against Terrorists: Four Fallacies", 1 *Israel Defense Forces Law Review* 7, 2003, pp.8-10; Roy S. Schöndorf, 제2장 제1절 각주 59, pp.54-59; Jan Wouters and Frederik Naert, 제3장 제2절 각주 2, pp.479-480.
86) Steven R. Ratner, *supra* note 85, pp.8-9.

들이 국제관습법상 인정되고 있다고 주장하였다.[88] 그러므로 그에 따르면 국가와 테러조직 간의 무력충돌과 관련하여 주요한 법적 공백은 발생하지 않는다.

제1추가의정서 제1조 제2항외에도 관습 국제인도법이 적용될 수 있다는 주장의 근거로 제시되는 또 다른 조항으로는 앞에서 이미 살펴본 제네바 협약 공통 제3조가 있다. 즉, 공통 제3조는 여하한 무력충돌에도 적용될 수 있는 인도에 대한 기초적 고려로 간주될 수 있기 때문에 국제관습법으로서 모든 유형의 무력충돌에 적용된다는 것이다.[89]

전통적인 범주의 무력충돌에 해당하지 않는 무력충돌에 있어서도 국제인도법의 기본원칙이 적용된다는 주장은 비단 최근의 국가와 테러조직 간 무력충돌과 관련해서만 제기된 것은 아니었다. 과거에는 내전 상황에서 외국 군대가 개입하는 사례가 빈번하였는데, 이때에도 반도들과 개입국 간 무력충돌의 성격 및 적용될 수 있는 법과 관련하여 많은 논란이 존재하였다.[90] 특히 1970년대 후반에 발생한 아프가니스탄, 캄보디아, 레바논에서의 무력충돌은 그 대표적인 예라 할 수 있다. 이와 관련하여 국제적십자위원회(ICRC)는 무력충돌의 법적 성격은 명확하게 규명하지 않은 채 세 상황 모두 국제인도법의 적용을 받는다는 전제 하에 충돌당사자들에게 국제인도법의 원칙들을 존중할 것을 촉구하였다.[91]

실제로 국제관습법의 지위를 갖는 국제인도법의 기본원칙들이 존재한다는 것에는 의문의 여지가 없으며 이러한 원칙들은 강행규범의 예로도 인용되고 있다.[92] 그러므로 무력충돌임에는 분명하나 기존의 국제인도법상 무력충돌

---

87) Id.

88) Id., p.9.

89) Roy S. Schöndorf, 제2장 제1절 각주 59, p.54; Jan Wouters and Frederik Naert, 제3장 제2절 각주 2, p.478.

90) Hans-Peter Gasser, supra note 54, p.147.

91) Id., pp.157-159.

92) ILC, Conclusions of the work of the Study Group on the Fragmentation of

의 범주에 포섭되지 않는 무력충돌 상황에서 일반적 원칙에의 호소는 법적 공백을 막는 중요한 대안일 수 있다. 또한 이러한 접근에 따르면 새로운 유형의 무력충돌에 국제인도법을 적용하는 데 있어서 어느 정도의 유연성이 확보되는 측면이 있다.

문제는 관습 국제인도법의 적용을 통해서는 법적 공백이 완전히 제거될 수 없다는 것인데, 관습 국제인도법의 적용을 주장하는 학자들조차도 이러한 한계를 자인하고 있다.[93] 사실 현재 국제관습법으로 간주되고 있는 원칙들은 매우 기본적인 원칙에 불과하기 때문에 국가와 테러조직 간 무력충돌과 같은 새로운 유형의 무력충돌에서 구체적으로 문제가 되는 부분들에 대한 해법을 제시하지 못한다. 결국 이러한 한계를 극복하기 위해서는 이러한 충돌과 관련하여 충분한 국가관행이 나타날 때까지 기다리는 수밖에 없는 것이다.[94]

한편 Roy S. Schöndorf는 국제사법재판소(ICJ) 규정 제38조 제1항상의 '문명국에 의해서 인정된 법의 일반 원칙'을 언급하면서 국제인도법의 일반 원칙에 대한 해석을 통하여 국가와 테러조직 간 충돌에 관한 구체적인 규범들이 도출될 수 있다고 주장한다.[95] Schöndorf는 그러한 원칙으로 인도, 필요성, 비례성, 구별, 불필요한 고통의 금지, *jus in bello*와 *jus ad bellum*의 구별을 제시하였다.[96] 그러나 이러한 주장은 법의 일반 원칙에 대한 잘못된 이해를 바탕으로 하고 있다. 법의 일반 원칙은 조약과 국제관습법의 불비로 인한 재판불능(*non liquet*)을 피하고자 국내법, 특히 국내사법의 일반 원칙을 국제관계에 적용하기 위해 도입된 것이다.[97] 즉, 법의 일반 원칙은 기존 국제법 규칙

International Law: Difficulties arising from the Diversification and Expansion of International Law, *Yearbook of the International Law Commission* (2006), Vol. II, Part Two, para. 33.

93) Steven R. Ratner, *supra* note 85, p.9; Roy S. Schöndorf, 제2장 제1절 각주 59, p.55.
94) Roy S. Schöndorf, 제2장 제1절 각주 59, p.55.
95) *Id.*, p.56-59.
96) *Id.*, p.56.

의 번복이나 조정을 위해서가 아니라 조약과 국제관습법에서의 흠결을 보완하기 위한 것이다.[98] 따라서 관습 국제인도법으로부터 도출될 수 없는 구체적 규범들이 국제인도법의 일반 원칙에 대한 해석을 통하여 도출될 수 있다는 주장은 수락될 수 없다.

3. 국제인권법의 적용가능성

오늘날 국제인도법 분야에서 나타나고 있는 공백을 메울 수 있는 대안으로 국제인권법의 적용가능성이 검토될 필요가 있다. 본래 완전히 별개의 법체제로 간주되어 왔던 국제인권법과 국제인도법은 1968년 테헤란에서 개최된 인권에 대한 유엔 회의에서 처음으로 그 관계가 검토되었다. 그 결과 무력충돌 과정에서 보장되어야 할 기본적인 인권 목록이 포함된 결의가 채택되었다.[99] 이후 국제인권법과 국제인도법의 관계에 대한 몇 가지 이론들이 출현하였는데, 그 중에서도 두 법 체제는 별개의 구별되는 법 체제이지만 그럼에도 불구하고 상호보완적일 수 있다는 이론이 널리 수락되고 있다.[100] 이는 *Israeli Wall*에 대한 권고적 의견에서 국제사법재판소(ICJ)가 취한 입장이기도 한데, 구체적인 내용은 다음과 같다 :

---

97) Andreas Zimmermann, Christian Tomuschat, and Karin Oellers-Frahm (eds.), *The Statute of the International Court of Justice: A Commentary* (Oxford University Press, 2006), pp.764-765.

98) *Id.*, p.780.

99) UN Doc. A/Conf.32/41 (1968).

100) Roberta Arnold, "Terrorism in International Humanitarian Law and Human Rights Law", in Roberta Arnold and Noëlle Quénivet (eds.), *International Humanitarian Law and Human Rights Law: Towards a New Merger in International Law* (M. Nijhoff, 2008), p.480.

인권협약들에 의해 제공된 보호는 무력충돌의 경우에도 중단되지 않는다. ⋯ 그러므로 국제인도법과 인권법 간의 관계에 관한 한 세 가지 가능한 상황들이 존재한다: 일부 권리들은 국제인도법만의 문제일 수 있다; 또 다른 일부 권리들은 인권법만의 문제일 수 있다; 또 다른 일부 권리들은 두 법 체제 모두의 문제일 수 있다.101)

따라서 국가와 테러조직 간 무력충돌처럼 기존의 국제인도법에 의해 포섭되지 않는 무력충돌 상황이 발생한 경우에는 국적이나 지위에 관계없이 모든 사람들에게 적용되고 무력충돌의 유형에 대한 구별 없이 모든 무력충돌 상황에 적용되는 국제인권법이 부분적이고 잠정적인 대안이 될 수 있다. 특히 국제인권법은 적정절차의 기본적 보장, 평등한 보호, 인간적 대우에 관한 규범들을 포함하고 있기 때문에 대테러 작전 과정에서 억류된 자에 대한 처우와 같은 국가 측 조치를 분석하고 평가할 수 있는 유용한 틀을 제공한다.102)

그럼에도 불구하고 국제인권법이 국제인도법을 완전히 대체할 수는 없는 것은 다음과 같은 기본적인 차이들이 존재하기 때문이다. 첫째, 국제인권법이 기본적으로 국가와 그 국민들 간의 관계 또는 국가와 그 관할권 하의 개인들 간의 관계에 초점을 맞추고 있다면, 국제인도법은 적대행위로 인한 희생자들을 보호하고 전투의 수단 및 방법을 제한하는 데 초점을 맞추고 있다.103) 둘째, 그 결과로서 국제인권법은 개인들의 권리를 창설하고 확대하는 방향으로 전개되어 왔고, 국제인도법은 무력을 행사하는 데 있어서 국가들의 재량을 제한하는 방향으로 발전되어 왔다.104) 셋째, 국제인권법은 사후적으로 활성화되고 궁극적으로는 원상회복 또는 적절한 배상을 지향하는 이행

---

101) *Legal Consequences of the Construction of a Wall in the Occupied Palestinian Territory*, 제4장 제1절 각주 151, para. 106.
102) Rosa Ehrenreich Brooks, 제2장 제1절 각주 58, pp.747-751.
103) Raúl Emilio Vinuesa, "Interface, Correspondence and Convergence of Human Rights and International Humanitarian Law", 1 *Yearbook of International Humanitarian Law* 69, 1998, pp.71-72.
104) *Id.*, p.109.

메커니즘을 포함하고 있는데 반해, 국제인도법은 주로 예방적 기능을 가지고 있으며 무력충돌 상황이 발생하면 국가들의 조치나 국제적십자위원회(ICRC)를 통하여 즉각적이고 거의 자동적으로 이행될 수 있도록 고안되었다.[105] 넷째, 국제인권법 위반의 경우에는 개인들이 직접적으로 영향을 받지만, 국제인도법 위반의 경우에는 상대 교전국 또는 중립국이 주로 영향을 받는다.[106] 다섯째, 국제인도법과는 달리 국제인권법 하에서는 국가의 생존이 위협받는 비상사태 시 일부 조항들의 적용 정지가 허용된다.[107] 여섯째, 구 유고슬라비아 국제형사재판소(ICTY), 르완다 국제형사재판소(ICTR), 국제형사재판소(ICC) 등에 제기된 여러 사건들이 증명하는 것처럼 국제인도법 위반에 대해서는 개인의 형사책임을 물을 수 있지만 국제인권법 위반은 국가를 상대로만 원용될 수 있다.[108] 결국 국제인권법과 국제인도법은 인간의 보호라는 공통의 목적을 각기 다른 방법으로 실현하고 있는 것이므로 양자의 법적 독립성은 유지되어야만 한다. 이는 곧 국가와 테러조직 간 무력충돌의 성격이 반영된 새로운 국제인도법 규범을 확립하는 것만이 궁극적인 해결책이 될 수 있다는 것을 의미한다.

---

105) *Id.*, p.75.

106) *Id.*, pp.75-76.

107) 시민적 및 정치적 권리에 관한 국제규약(International Covenant on Civil and Political Rights), 인권 및 기본적 자유의 보호에 관한 유럽협약(European Convention for the Protection of Human Rights and Fundamental Freedoms), 미주인권협약(American Convention on Human Rights) 등이 모두 그러한 규정을 두고 있다.

108) Roberta Arnold, *supra* note 100, p.482.

4. 국제인도법의 변화 모색

(1) 국제인도법 개정의 필요성

앞에서 살펴본 바와 같이 국가와 타국 영토에 소재하는 비국가행위자 간의 무력충돌은 오늘날 전통적인 국제인도법 체계에 가장 새롭고도 심각한 문제를 제기하고 있다. 사실 비국가행위자의 지위 및 영향력 강화에 의해 주권국가 중심의 웨스트팔리아 체제가 크게 위협받고 있는 점을 고려한다면 국제인도법 또한 예외일 수 없을 것이다. 둘 이상의 주권국가들 간에 무력충돌이 발생한 경우 그리고 한 주권국가 내에서 정부와 영토 전체 또는 일부에 대한 주권 탈취의 목적을 가진 집단 간에 무력충돌이 발생한 경우를 전제로 하고 있다는 점에서 국제인도법 역시 주권국가 중심 체제를 형성하고 있기 때문이다. 국제적 차원에서 활동하는 비국가행위자가 국가를 상대로 무력공격의 수준에 이르는 테러행위를 가하고 이에 대해 국가가 자위에 따른 무력대응조치를 취하는 것이 현실화된 상황에서는 국제인도법에서의 변화가 적극적으로 모색되어야 한다. 국제인도법이 현실을 제대로 반영하지 못하고 기존의 체제만을 고수한다면 법적 공백과 그로 인한 혼란은 계속해서 발생할 수밖에 없다.

그러나 국가와 테러조직 간 무력충돌을 포함하는 방향으로 국제인도법을 개정하는 것에 대해서는 회의적인 시각도 적지 않은데,[109] 주요 이유로는 특히 다음의 두 가지가 거론된다. 첫째는 1949년 제네바 협약의 성안 과정에서 관련 쟁점이 검토되어 특히 제네바 제3협약 제4조 및 제5조에 이런 부분이 이미 반영되었으며, 1977년 제1추가의정서에 의해서도 제네바 협약에 대한 중요하고도 실질적인 보완이 이루어졌다는 것이다.[110] 둘째는 테러조직에

---

109) 예컨대, Steven Ratner, *supra* note 85, pp.17-18; Adam Roberts, *supra* note 8, p.240; Marco Sassòli, *supra* note 8, p.220.

게 일정한 권리를 부여하게 될 국제인도법의 개정을 국가들이 수락할 것으로 보이지 않으며, 설사 개정이 이루어진다고 하더라도 그것이 테러조직에 대해 구속력을 발휘하거나 테러조직에 의해 준수될 것으로 보이지 않는다는 것이다.[111]

그런데 이러한 지적들은 국제인도법의 개정 문제를 충돌당사자인 국가와 테러조직과 관련해서만 검토함으로써 국제인도법의 개정이 가지는 중대한 함의를 간과하고 있다. 즉, 국제인도법의 목적은 적대행위에 참여하지 않는 자들을 보호하고 모두의 이익을 위하여 전투의 수단 및 방법을 제한한다는 것인데 국제인도법의 개정을 통해서 이러한 부분이 확보되고 강화될 수 있다는 측면은 간과되고 있는 것이다. 국제인도법상 테러조직에게 어떠한 지위나 권리를 부여할 것이며 이들의 이행을 어떻게 확보할 것인가도 중요한 문제이나 그보다 더 중요한 문제는 국가와 테러조직 간 무력충돌 과정에서 적대행위에 참여하지 않는 자들의 피해를 최소화하기 위하여 어떠한 보호 장치들이 마련되어야 하는가이다.[112] 사실 전자의 문제는 국가와 테러조직 간 무력충돌과 관련해서만 제기될 수 있는 문제는 아니며 비국제적 무력충돌과 관련해서도 이미 문제가 되었고 또 문제가 될 수 있는 부분이다.[113] 그럼에도 불구하고 제2추가의정서의 형태로 비국제적 무력충돌에 관한 국제인도법이 마련되었다는 것은 그러한 부분이 국제인도법의 개정에 있어서 큰 걸림돌은 아니라는 것을 보여준다. 오히려 어려운 문제는 국가와 테러조직 간 무력충돌이 지니는 특수한 성격이 반영된 국제인도법 체제를 확립하는 것

---

110) Adam Roberts, *supra* note 8, p.240.
111) Marco Sassòli, *supra* note 8, p.220.
112) 국제적십자위원회(ICRC) 역시 "국제인도법의 가장 주요한 수혜자는 민간인과 전투력을 상실한 자"라는 점을 분명히 하고 있다. ICRC, International Humanitarian Law and the Challenges of Contemporary Armed Conflicts, 30th International Conference of the Red Cross and Red Crescent (Geneva, November 2007), p.4.
113) Lindsay Moir, *supra* note 75, pp.52-58, 65-67 참조.

인데, 이하에서는 그러한 작업에서 특히 고려되어야 하는 쟁점들을 살펴보기로 한다.

(2) 개정 시 주요 고려 사항

1) 적법한 공격 대상

국제인도법에 있어서 가장 기본적이고도 중요한 원칙이라고 할 수 있는 구별의 원칙은 국가와 테러조직 간 무력충돌 상황에서도 당연히 적용되어야 한다. 이를 위해서는 적법한 공격 대상의 범위를 명확하게 확립하는 것이 무엇보다 필요하다. 그런데 충돌의 한 당사자가 비국가행위자인만큼 이 문제에 관한 한은 비국제적 무력충돌에 관한 국제인도법을 참조하는 것이 적절하고도 현실적인 방안일 것이다. 비국제적 무력충돌에서 국가 측 군대 구성원들이 민간인으로 간주되지 않는 것은 일반적으로 인식되고 있는 데 반해, 비국가행위자 측 무장세력의 구성원들이 민간인인지 여부에 대해서는 관행이 불분명하다.114) 이들이 정규군으로 간주될 수는 없기 때문에 이들을 적대행위에 직접적으로 참여한 민간인으로 다루는 접근방법이 일단은 고려될 수 있을 것이다. 그러나 국제적십자위원회(ICRC)가 제시한 '적대행위에의 직접적 참여 개념에 대한 해석지침(Interpretive Guidance on the Notion of Direct Participation in Hostilities)'(이하 "ICRC 해석지침"이라 함)은 이러한 접근에 따를 경우 전체 무장세력이 민간인인 충돌당사자가 형성될 것이므로 구별의 원칙의 기초가 되는 사람들의 범주의 개념적 통일성이 심각하게 훼손될 수 있다고 지적하고 있다.115)

결국 비국제적 무력충돌에서 조직된 무장집단과 민간인은 별도의 범주로

---

114) Jean-Marie Henckaerts and Louise Doswald-Beck, 제5장 제1절 15, p.19.
115) ICRC, Interpretive Guidance on the Notion of Direct Participation in Hostilities (June 30, 2009), p.28.

분류되어야 한다는 것인데, ICRC 해석지침에서도 언급되고 있는 바와 같이 이러한 결론은 제네바 협약 공통 제3조와 제2추가의정서의 규정들에 의해서도 뒷받침되고 있다. 앞에서 살펴본 것처럼 민간인이 적대행위에 직접적으로 참여한 경우에는 민간인 역시 적법한 공격 대상이 될 수 있다. 그럼에도 불구하고 민간인과 조직된 무장집단이 구별되어야 하는 이유는 민간인은 일시적으로 그리고 활동에 근거하여 공격 대상이 되는 것과는 달리 조직된 무장집단은 계속적으로 그리고 지위 또는 기능에 근거하여 공격 대상이 되기 때문이다.116) 이는 곧 민간인은 적대행위에의 직접적인 참여 여하에 따라 공격 대상이 되기도 하였다가 다시 보호 대상이 될 수도 있지만 조직된 무장집단의 구성원은 그러한 집단에 소속되어 있는 한은 공격 대상이 될 수 있다는 것을 의미한다.117) 결국 비국제적 무력충돌에서는 국가 측 군대, 비국가행위자 측 무장세력인 조직된 무장집단, 민간인의 세 범주가 존재한다는 것을 알 수 있다. 이러한 분류는 국가와 테러조직 간 무력충돌에 관한 국제인도법에서도 타당할 것으로 보인다.

　이제 남은 문제는 국제인도법 하에서 적법한 공격 대상이 될 수 있는 테러조직 구성원들의 범위를 결정하는 것이다. 이 범위 내에 포함되지 않는 자는 민간인의 범주에 포함되므로 범위를 명확하게 확립하는 것은 민간인의 보호를 위해서 매우 중요하다고 할 수 있다. 이 범위를 가장 넓게 확대할 경우에는 특정 국가와 무력충돌 상황에 있는 특정 테러단체의 조직원들 모두가 적법한 공격 대상이 될 수 있다. 이러한 문제는 비국제적 무력충돌에서도 주요하게 다루어지고 있다. 실제로 테러조직만큼은 아니더라도 대부분의 조직된 무장집단 역시 비공식적이고 비밀스런 구조를 지니고 있으며 그 구성이 가변적이기 때문에 비국가행위자 측의 무장세력만을 분리해내는 것은 쉽지 않은 일이다.

---

116) *Id.*, p.45.
117) *Id.*, pp.70-72.

이와 관련하여 ICRC 해석지침에서는 무장세력에의 소속 여부는 개인에 의해 추정된 계속적 기능이 전체로서 조직에 의해 집단적으로 행사된 기능과 일치하는지 여부에 달려 있다며 이른바 '계속적 전투 기능(continuous combat function)'을 기준으로 제시하였다.118) ICRC 해석지침에 따르면, 그 자신의 기능이 적대행위에의 직접적 참여에 이르는 행위 또는 작전의 준비·실행·명령을 수반하는 자들은 계속적 전투 기능을 추정하는 것으로 보아 조직된 무장집단의 일원으로 간주된다.119) 그러나 그러한 집단에 계속적으로 가담하거나 지원하기는 하나 그 자신의 기능이 적대행위에의 직접적인 참여를 수반하지 않는 자들은 구별의 원칙의 목적상 그러한 집단의 일원으로 간주되지 않는다.120) 그 기능이 모집, 훈련, 재정, 선동, 무기 또는 기타 장비의 구입·밀수·제조·보관, 정보의 수집에 제한된 자들이 여기에 해당되며, 이들은 민간인이기 때문에 적대행위에 직접적으로 참여하지 않는 한은 공격 대상이 될 수 없다.121)

그런데 적법한 공격 대상이 될 수 있는 테러조직 구성원들의 범위를 정하는 데 있어서도 이러한 기준이 그대로 적용될 수 있을지는 의문이다. 비국제적 무력충돌 상황에서의 비국가행위자와는 달리 국제적인 범죄조직으로서의 테러조직은 그 불법성이 보편적으로 인정되고 있고 테러행위로 인한 피해 또한 막대하다. 따라서 효과적인 대응의 필요성이 보다 요구되는 상황임에도 불구하고 적법한 공격 대상의 범위가 지나치게 좁게 설정되는 경우에는 소기의 목적을 달성할 수 없다. 따라서 국가와 테러조직 간 무력충돌에서는 적법한 공격 대상의 범위를 좀 더 넓게 설정하는 것이 정당화될 수 있을 것으로 보이는데, 이 경우에는 '테러조직에의 계속적이고 적극적인 관여'를 기준으로 하는 것이 적절하다고 본다.

---

118) *Id.*, p.33-34.
119) *Id.*, p.34.
120) *Id.*
121) *Id.*, pp.34-35.

한편 국가와 테러조직 간 무력충돌에서 구별의 원칙이 명확하게 적용되기 위해서는 보다 구체적인 규범들이 도출될 필요가 있다. 무엇보다도 충돌당사자가 아닌 국가의 영토에서 무력충돌이 발생하는 만큼 이러한 특성이 반영된 규칙들을 도입하는 것이 중요하다. 실수로 무력충돌이 일어나고 있는 국가의 구성원들을 공격하는 일이 생기지 않도록 추가적인 주의 규칙들을 채택하는 것이 일례가 될 것이다.[122] 이러한 상황이 실제로 발생할 경우에는 인도적인 차원에서의 문제와는 별도로 애초에 무력충돌과 관련이 없던 국가까지도 충돌에 개입하게 되는 결과를 초래할 수 있기 때문이다. 그 밖에도 적대행위의 실제적 양상에 있어서 차이가 존재한다는 점에 비추어 볼 때 전투 방법을 규제하기 위한 새로운 규칙들을 도입할 필요성도 제기된다. 예컨대, 국가와 테러조직 간 무력충돌에서는 테러단체 조직원들과 민간인들을 구별하기 어려운 경우가 많아 사전에 계획된 작전에서 정보를 바탕으로 공격 대상이 선정되기도 할 것인데, 이 때 특정 개인을 공격하기 이전에 국가가 따라야 하는 절차를 규제하기 위한 규칙들이 도입될 수 있을 것이다.[123]

2) 피억류자의 법적 지위 및 처우

국가와 테러조직 간 무력충돌에 관한 국제인도법의 확립에서 주요하게 검토되어야 하는 또 다른 문제는 무력충돌 과정에서 억류된 테러단체 조직원에게 어떠한 법적 지위를 부여할 것인가 하는 것이다. 국제인도법상 국제적 무력충돌에서 억류된 전투원은 포로의 지위를 부여받으며 무력충돌에의 참여를 이유로 기소될 수 없다. 한편 적대행위에 참여한 민간인과 비국제적 무력충돌에서의 비국가행위자 측 무장세력의 구성원들이 억류되었을 경우 이

---

122) Roy S. Schöndorf, 제2장 제1절 각주 59, pp.64-65.
123) *Id.*, p.65. 앞에서 언급한 것처럼 Schöndorf는 국제인도법의 개정 없이도 구별의 원칙의 해석을 통해서 이처럼 구체적인 내용들이 도출될 수 있다고 보고 있는데, 이 부분에 대해서는 동의하기 어렵다.

들에게 포로의 지위는 부여되지 않는다. 그리고 이들은 자신의 활동이나 소속 또는 자신에 의해 초래된 피해가 반역죄, 방화죄, 살인죄 등과 같은 국내법상의 범죄를 구성하는 경우에는 기소 및 처벌될 수 있다. 국가와 테러조직 간 무력충돌 과정에서 억류된 테러단체 조직원의 지위 역시 기본적으로는 이러한 틀을 벗어나기 어려울 것이다.

국가들이 반란군대 또는 조직된 무장집단의 구성원들에게도 인정하지 않는 포로의 지위를 테러단체 조직원들에게 부여할 가능성도 없어 보이지만 이 부분을 배제하고 보더라도 테러단체 조직원들에게 포로의 지위를 부여하는 것은 테러행위에 대한 대응의 측면에서는 상당한 문제를 야기할 수 있다. 국제적 무력충돌에서는 적대행위가 종료하면 석방된 포로가 본국으로 송환되는 것과는 달리 테러단체 조직원의 경우에는 이러한 절차를 따르는 것이 실제적으로 어렵기 때문이다. 이들 스스로도 본국으로의 귀환을 원하지 않을 뿐만 아니라 본국 역시 이들의 귀환을 꺼릴 것으로 보이기 때문에 결국 억류되었다가 석방된 자들은 다시 테러조직에 합류할 가능성이 매우 높다.

한편 일각에서는 국가와 테러조직 간 무력충돌에서 억류된 테러단체 조직원과 비국제적 무력충돌에서 억류된 자와는 기본적인 차이가 존재하므로 전자에 대해서 더 많은 보호가 주어져야 한다는 견해를 제시하기도 한다.[124] 즉, 테러단체 조직원들은 주로 자신의 국적국이 아닌 외국에 억류되는 것이므로 전적으로 억류국의 재량에 따라 처리되어서는 안 되며 그들의 권리에 대한 어느 정도의 보호가 확보되어야 한다는 것이다.[125] 실제로 비국제적 무력충돌의 당사자들은 무력충돌을 제한된 범위 내에서 국제적 규칙과 요건에 의해 영향을 받는 국내적 문제로 간주하며 국제인도법과 관련된 어떠한 제안도 그 국가의 국내문제에 대한 간섭으로 보는 경향이 있다.[126] 제2추가의

---

124) Id, p.71.
125) Id.
126) David. E. Graham, "The 1974 Diplomatic Conference on the Law of War: A Victory for Political Causes and a Return to the 'Just War' Concept of the Eleventh

정서도 의정서상의 규정들이 "국가의 주권 및 정부의 책임에 영향을 미칠 목적으로" 또는 "충돌이 발생한 지역에서 체약당사국의 무력충돌이나 대내 또는 대외문제에 직접 또는 간접으로 간섭하는 것을 정당화시키기 위하여" 원용되어서는 안 된다는 점을 분명히 하고 있다.[127] 그러나 다양한 국적의 사람들로 구성된 테러조직과 국가 간의 무력충돌을 규제하는 데 있어서는 국가주권원칙이 장애 요소로 작용할 여지가 상대적으로 적기 때문에 인도적 고려가 개입될 수 있는 부분이 좀 더 큰 것이 사실이다. 따라서 억류 환경에 있어서는 국제적 무력충돌에 관한 국제인도법을 참조하여 포로에게 제공되는 것과 같은 특권들을 상당 부분 부여하는 방안을 고려해 볼 수 있다.

3) 전투 방법

국제인도법 하에서는 전투 방법 역시 제한을 받는데, 이와 관련하여 국가와 테러조직 간 무력충돌의 경우에는 그 성격상 다소 완화된 규제가 인정될 수 있겠는가의 문제가 제기될 수 있다. 그 중에서도 '배신행위의 금지'는 특히 검토가 필요한 부분이다. 제네바협약 제1추가의정서 제37조 제1항에 따르면, "적을 배신행위에 의하여 죽이거나 상해하거나 생포하는 것은 금지"되며, "적으로 하여금 그가 무력충돌 시 적용가능한 국제법 규칙 하의 보호를 부여받을 권리가 있다거나 의무가 있다고 믿게 할 적의 신념을 유발하는 행위로서 그러한 신념을 배신할 목적의 행위는 배신행위를 구성"한다.[128] 비국제적 무력충돌과 관련해서는 이와 같은 명문의 규정이 존재하지 않으나, 배신행위의 금지는 국제관습법으로서 비국제적 무력충돌에도 적용될 수 있다

Century", 32 *Washington and Lee Law Review* 25, 1975, pp.25-26.

127) 제2추가의정서 제3조 제1항 및 제2항.

128) 배신행위의 예로는 정전이나 항복의 기치 하에서 협상할 것처럼 위장하는 것; 상처나 병으로 인하여 무능력한 것처럼 위장하는 것; 민간인이나 비전투원의 지위인 것처럼 위장하는 것; 국제연합 또는 중립국, 비전쟁당사국의 부호, 표장, 제복을 사용함으로써 피보호 자격으로 위장하는 것이 열거되고 있다.

고 보는 것이 일반적이다.129) 이러한 점에 비추어 볼 때 국가와 테러조직 간 무력충돌의 맥락에서도 배신행위는 원칙적으로 금지되어야 할 것이다.

　그런데 일각에서는 다른 유형의 무력충돌에 비해 국가와 테러조직 간 무력충돌에서는 배신행위와 관련하여 다른 내용의 규칙들을 채택하는 것이 정당화될 수 있는 여지가 있다는 주장이 제기된다.130) 예컨대, 경우에 따라서는 민간인 복장을 입는 것이 허용될 수 있다는 것이다.131) 그러나 배신행위의 금지를 수정하는 방향으로 국제인도법이 발전될 경우에는 그러한 행위를 금지한 근본 목적이 훼손될 수 있고 비정부기구(NGO) 및 국제인도법에 의해 보호되는 그 밖의 사람들에게 보다 큰 해를 입힐 수 있으며 새로운 비정부기구(NGO)들이 안전하게 활동하기 어려운 환경을 조성함으로써 전쟁에 따른 고통을 증대시킬 수 있다.132) 따라서 이 문제에 대해서는 신중한 검토가 요구되지만, 국제인도법의 준수에 관심을 가질 것으로 보이지 않는 테러조직을 상대하는 데 있어서는 다소 유연한 접근이 필요한 것도 사실이다.

　2008년에 콜롬비아에서 발생하였던 사건은 이와 관련하여 시사하는 바가 크다. 2008년 7월 2일에 비정부기구(NGO) 관계자로 위장한 콜롬비아군은 콜롬비아무장혁명군(FARC)133)으로부터 15명의 인질을 구출하고 이 과정에서 2명의 조직원들을 생포하였다. 이 사건을 분석하기 위해서는 우선 콜롬비아에서 무력충돌이 존재하는가 여부가 결정되어야 하는데, 이에 대해서는 국

---

129) Jean-Marie Henckaerts and Louise Doswald-Beck, 제5장 제1절 각주 15, pp.222-223.

130) W. Hays Parks, "Special Forces' Wear of Non-Standard Uniforms", 4 *Chicago Journal of International Law* 493, 2003, p.543; Roy S. Schöndorf, 제2장 제1절 각주 59, p.74.

131) W. Hays Parks, *supra* note 130, p.543.

132) John C. Dehn, "Permissible Perfidy?: Analysing the Colombian Hostage Rescue, the Capture of Rebel Leaders and the World's Reaction", 6 *Journal of International Criminal Justice* 627, 2008, p.629.

133) 콜롬비아무장혁명군(FARC)에 대해서는 United States Department of State, 제1장 제1절 각주 6, pp.324-325 참조.

제사회의 광범위한 합의가 존재하는 것으로 보이며 당사자인 콜롬비아 정부
와 콜롬비아무장혁명군(FARC) 역시 이를 인정하고 있는 것으로 보인다.[134]
따라서 이 사건에 대해서는 국제인도법이 적용될 수 있으며 그 결과 콜롬비
아 정부의 위장 작전이 국제인도법상 금지되는 배신행위를 구성하는가의 문
제가 제기된다. 그런데 비정부기구(NGO) 관계자로 위장을 하였더라도 그것
이 인질 구출을 위한 것이라면 배신행위에 해당하지 않는다는 것에 유의해
야 한다. 이러한 경우는 '전쟁의 위계(ruses of war)'에 해당되는 것으로 국제
인도법상 금지되지 아니한다.[135] 그러나 비전투원의 지위인 것처럼 위장하
여 2명의 적을 생포한 것은 국제인도법상 금지되는 배신행위의 요건을 충족
한다고 볼 수 있다. 그럼에도 불구하고 국제사회가 콜롬비아 정부의 성공적
인 작전 수행에 대해 환영의 뜻을 나타냈거나 긍정적인 반응을 보였다는 것
은 주목할 만하다.[136] 흥미로운 것은 국제적십자위원회(ICRC) 역시 콜롬비아

---

134) 이에 대한 자세한 분석으로는 John C. Dehn, *supra* note 132, p.634 참조.

135) 제1추가의정서에서와는 달리 제2추가의정서에서는 이에 대한 명문 규정이 존재하
지 않으나, 이러한 원칙은 국제관습법으로 확립되어 비국제적 무력충돌에도 적용
될 수 있다. Jean-Marie Henckaerts and Louise Doswald-Beck, 제5장 제1절 각주
15, pp.203-204.

136) 예컨대, Press Release, Secretary-General Welcomes Liberation of 15 Colombian
Hostages (July 2, 2008), <http://www.un.org/apps/news/story.asp?NewsID=27253
&CR=colombia&Crl=> (2009.12.30. 최종 방문); United States "Delighted" by
Successful Colombian Rescue Mission (July 3, 2008), <http://news.xinhuanet.com/
english/2008-07/03/content_8481981.htm> (2009.12.30. 최종 방문); Candidates
React to Hostage Rescue in Colombia, *Washington Post* (July 2, 2008), <http://voices.
washingtonpost.com/44/2008/07/02/mccain_on_hostage_rescue_in_co.html>(2009.
12.30. 최종 방문); French Hero's Welcome for Betancourt (July 4 2008), <http://
www. msnbc .msn.com/id/25530295> (2009.12.30. 최종 방문); Latin American Hails
Colombian Rescue of FARC Hostages (July 3, 2008), <http://news. xinhuanet.
com/english/2008-07/03/content_8481981.htm> (2009.12.30. 최종 방문); Human
Rights Watch, Colombia: 15 Hostages Rescued by Security Forces (July 2, 2008),
<http://news.xinhuanet.com/english/2008-07/03/content_8481981.htm> (2009.12.30.

군인 중 1명이 적십자 표장을 사용한 것에 대해서만 우려를 표명하였을 뿐 그 밖의 다른 부분에 대해서는 문제를 제기하지 않았다는 사실이다.[137]

John C. Dehn에 따르면, 이처럼 배신행위에 의한 생포에 대해 어떠한 비난도 가해지지 않은 것은 비국제적 무력충돌에서는 배신행위에 의한 생포가 허용될 수 있다는 것 또는 배신행위에 의한 생포는 국제인도법의 경미한 위반이거나 비범죄적 위반이라는 것 또는 법이 더 이상 우리의 직관적인 정의 개념을 반영하지 못한다는 것을 나타내는 것일 수 있다.[138] 그런데 이 사건에서 콜롬비아무장혁명군(FARC) 조직원들의 생포보다는 인질 구출이 주된 관심의 대상이었다는 점을 고려하면 국제사회의 반응은 엄밀한 법적 분석보다는 직관에 따른 것일 가능성이 높다. 따라서 이러한 반응에 근거하여 어떠한 법적 결론을 도출하는 것은 무리인 측면이 있다. 그러나 최소한 일방 당사자가 비국가행위자인 무력충돌의 맥락에서는 배신행위의 금지와 관련하여 어떠한 변화가 수락될 여지가 있음을 시사하는 것일 수는 있다. 물론 이 사건의 경우는 한 국가의 영토 내에서 무력충돌이 발생한 상황이지만, 국가와 다른 국가 영토 내에 있는 비국가행위자 간에 무력충돌이 발생한 상황이라고 해서 크게 다른 결론이 도출될 것으로는 보이지 않는다. 배신행위의 금지가 완화될 필요성은 상대가 비국가행위자이기 때문에 제기되는 것이기 때문이다. 심지어 그 상대가 테러조직이라면 그 필요성은 더욱 커질 것이다.

최종 방문).

137) Press Release, Colombia: ICRC Underlines Importance of Respect for Red Cross Emblem (July 16, 2008), <http://www.icrc.org/web/eng/siteeng0.nsf/htmlall/colombia-news-160708> (2009.12.30. 최종 방문).

138) John C. Dehn, *supra* note 132, pp.638-652. Dehn은 제1추가의정서에 규정된 배신행위 금지의 전 범위가 비국제적 무력충돌에도 적용된다는 국제적십자위원회(ICRC)의 분석에 의문을 제기하고 있다. 즉, 무력충돌의 유형에 따라 배신행위가 금지되는 범위가 달라질 수 있다는 것이다. pp.634-638 참조.

5. 소결

9.11 테러사건 이후 국가와 테러조직 간 무력충돌 과정에서 억류된 테러 단체 조직원은 국제인도법상 어떠한 지위를 가지는지 여부가 많은 논란이 되고 있다. 미국 정부는 제네바 협약에 의해서 규율되는 것과는 다른 형태의 무력충돌이 국제관습법 하에서 인정되며 알카에다 조직원들은 불법적 전투원으로서 제네바 협약이 아닌 관습 국제인도법의 적용을 받는다는 입장을 취하였다. 그러나 미국 연방대법원은 이와는 달리 미국과 알카에다 간의 무력충돌은 국제적 성질을 갖지 않는 무력충돌이기 때문에 그러한 무력충돌에 적용되는 제네바 협약 공통 제3조가 적용될 수 있다고 판결하였다. 이처럼 국가와 테러조직 간 무력충돌 시의 적용법규에 대해서는 미국 내에서도 상당한 혼란이 존재하였음을 알 수 있는데, 이 문제의 해결을 위해서는 무엇보다도 국가와 테러조직 간 무력충돌의 법적 성격을 규명하는 것이 필요하다.

그런데 일각에서는 국제인도법상의 무력충돌에 해당하기 위해서는 무력의 행사 이외에도 "특정 성질을 지닌 확인가능한 당사자들의 존재"가 요구되므로 국가와 테러조직 간 무력충돌은 아예 국제인도법상의 무력충돌로 보기 어렵다는 주장이 제기된다. 그러나 실제의 국제사회에서는 국가와 테러조직 간 무력충돌이 계속적으로 발생하고 있다. 그리고 적대행위의 강도, 사용되는 무기의 수준, 희생자 규모 등을 감안할 때 국가와 테러조직 간 무력충돌은 기존 국제인도법의 적용을 받는 여타의 무력충돌 상황과 크게 다르지 않다. 이러한 현실에서 국제인도법상의 무력충돌이 존재하지 않는다는 주장은 더 이상 설득력을 갖기 어렵다.

문제는 국가와 타국 영토 내 테러조직 간의 무력충돌이 국제인도법상의 무력충돌에 해당한다고 보는 경우에도 이러한 유형의 무력충돌이 기존의 국제인도법에서 인정되고 있는 두 종류의 무력충돌, 즉 국제적 무력충돌과 비

국제적 무력충돌 중 어느 것에도 해당하지 않는다는 데 있다. 상당수의 학자
들은 해석을 통해 그러한 무력충돌에 대해서도 국제적 무력충돌에 관한 국
제인도법이나 비국제적 무력충돌에 관한 국제인도법이 적용될 수 있다고 주
장한다. 그런데 설사 그러한 주장이 수락될 수 있다고 하더라도 국제적 측면
과 비국제적 측면을 모두 포함하고 있는 무력충돌의 성격이 제대로 반영되
지 못한다는 점에서는 여전히 한계가 있다. 결국 현재로서는 무력충돌 일반
에 적용되는 국제인도법의 기본원칙들과 국적이나 지위에 관계없이 모든 사
람들에게 적용될 수 있고 모든 유형의 무력충돌 상황에 적용될 수 있는 국제
인권법에 상당 부분 의존할 수밖에 없다. 그러나 관습 국제인도법만으로는
법적 공백이 제거될 수 없으며 국제인권법이 국제인도법을 완전히 대체할
수 있는 것도 아니다.

   그러므로 궁극적으로는 국가와 테러조직 간 무력충돌을 규율하는 새로운
국제인도법 규범들을 확립할 필요가 있다. 일부 학자들은 충돌당사자인 국가
와 테러조직으로 국한하여 국제인도법의 개정 문제를 검토함으로써 이에 대
한 회의적인 입장을 표명하기도 한다. 그러나 국제인도법의 개정이 갖는 보
다 중요한 함의는 적대행위에 참여하지 않는 자들의 피해를 최소화하기 위
해 적절한 보호 장치를 마련하는 것이라는 점을 염두에 두어야 한다. 국제인
도법의 목적과 기본원칙을 상기한다면 이 점은 보다 분명해질 것이다. 국가
와 테러조직 간 무력충돌에 관한 국제인도법을 확립하는 데 있어서는 특히
일방 충돌당사자가 테러조직이라는 점과 무력충돌의 장소가 충돌당사자가
아닌 국가의 영토라는 점이 중점적으로 고려되어야 한다. 전자의 측면을 고
려하면 적법한 공격 대상의 범위를 보다 넓게 설정하고 포로의 지위를 부여
하지 않는 것이 적절할 수 있으며, 전투 방법에 있어서 보다 완화된 규제가
인정될 여지가 있다. 후자의 측면을 고려하면 무력충돌이 일어나고 있는 국
가의 민간인들을 보호하기 위한 추가적인 주의 규칙들을 채택하는 것이 필
요하며, 테러단체 조직원들은 자신의 국적국이 아닌 외국에 억류되는 것이므

로 억류 환경에 있어서는 포로에게 제공되는 것과 같은 특권들을 부여하는
방안을 검토해 볼 수 있다.

제 6장

결 론

본 논문은 국가의 무력공격에 버금갈 정도로 상당한 파괴력을 지닌 비국
가행위자의 테러행위와 이에 대한 무력대응을 국제법적 관점에서 분석하고
그 결과를 토대로 향후 어떠한 방향으로 국제법의 변화 및 발전이 이루어져
야 하는가를 고찰하였다.

오늘날에는 과학기술의 발전에 힘입어 비국가행위자들도 상당한 군사력을
보유할 수 있는 환경이 조성되었다. 뿐만 아니라 교통 및 통신의 발달로 이
들이 활동할 수 있는 반경 또한 넓어지게 되었다. 2001년에 미국에서 발생한
9.11 테러사건은 특정 국가의 사주 없이 비국가행위자가 독자적으로 계획하
고 실행에 옮긴 테러행위가 실제로 국제안보에 중대한 위협이 될 수 있다는
것을 확인시켜 주었다. 이후 국제사회는 테러행위자들을 국내 형법에 따라
기소 및 처벌하는 전통적인 접근방식만으로는 테러행위에 대한 효과적인 대
응이 어렵다는 판단에 따라 무력대응 접근방식을 병행하는 방안을 적극적으
로 모색하기 시작하였다. 그러나 국제법은 국가들 간의 관계를 중심으로 발
전해 왔기 때문에 국가와 테러조직 간 무력행사 및 무력충돌 시 적용될 수
있는 국제법 규범이 불분명하다는 문제가 제기된다.

이 문제를 해결하기 위한 논의는 크게 두 가지 방향에서 이루어지고 있는
데, 본 논문에서는 먼저 테러조직 수용국에게 테러행위에 대한 책임을 지우
려는 시도에 대해서 살펴보았다. 기존의 국가책임 이론 및 관행에 따르면 특
정 국가가 비국가행위자의 위법행위를 지시 또는 통제하는 경우에 그러한
행위가 국가로 귀속되어 국가책임이 발생하게 되는데, 9.11 테러사건 이후로
테러리즘 맥락에서는 이러한 기준이 완화되거나 배제되어야 한다는 주장이

본격적으로 제기되고 있다. 즉, 특정 국가가 테러행위를 지시하거나 통제하지 않은 경우에도 자국 영토 내에서 활동하는 테러조직에 대한 어느 정도의 관여가 인정된다면 테러행위에 대해서 국가가 직접적인 책임이 있는 것으로 보아야 한다는 것이다. 이러한 접근 하에서는 테러행위가 테러조직 수용국의 행위로 간주되므로 기존의 국제법의 틀 내에서 테러행위에 대한 무력대응이 가능하다. 자위권 행사 요건들이 충족되는 한 피해국은 테러조직 수용국을 상대로 유엔 헌장 제51조에 따른 자위권을 행사할 수 있으며, 이 과정에서 수용국 내 테러조직과 그 근거지 및 훈련캠프에 대한 무력대응조치가 함께 이루어질 수 있다.

그러나 과거와는 달리 오늘날에는 테러조직에 대한 국가의 관여가 상당히 복잡한 양상으로 나타나고 있기 때문에 테러행위의 국가 귀속이 인정될 수 있는 적정 범위에 대해 국제사회가 합의를 도출하기는 쉽지 않을 것으로 보인다. 또한 오늘날 국가책임법에서 중요한 문서로 간주되고 있는 ILC 초안상의 귀속 기준이 사인 또는 사인 집단의 행위 일반에 대해서 적용되는 것임을 감안할 때 특히 테러행위와 관련해서만 그러한 기준의 완화 또는 배제가 자유롭게 논의될 수 있는가의 문제도 제기된다. 무엇보다도 이러한 접근 하에서는 국제법상 허용될 수 있는 국가 간 무력행사의 범위가 지나치게 확대되는 결과가 초래된다. 테러행위에 대한 국가들의 지원 또는 묵인을 억제하거나 통제 역량을 강화하는 것도 이러한 접근의 중요 목적 중 하나라면 테러행위에 관한 국제적 규제 체제를 보다 분명하게 확립하고 그 이행을 확보하는 것에 의해서도 그 목적은 상당 부분 달성될 수 있다. 비국가행위자의 테러행위에 대한 책임을 테러조직 수용국으로 전가하지 않더라도 국제법 하에서 테러조직에 관여한 국가들에 대해서는 일정한 국제적 의무를 이행하지 않은 스스로의 잘못에 대한 국가책임이 발생하기 때문이다.

다음으로 본 논문은 비국가행위자의 테러행위에 대해서 유엔 헌장 제51조를 직접적으로 적용하고자 하는 시도에 대해서 살펴보았는데, 이러한 시도는 웨스트팔리아 체제 이래로 계속되어 온 주권국가 중심의 국제법에 대한 근본적인 재검토를 요하는 것이다. 유엔 헌장 제51조에는 무력공격의 주체에 대한 명시적인 규정이 없음에도 불구하고 9.11 테러사건이 발생하기 이전까지는 비국가행위자에 대한 자위권의 원용가능성은 이론적으로 거의 검토된 적이 없다. 비교적 최근까지도 군사적 능력은 국가의 전유물인 것으로 간주되었기 때문에 이를 규제하는 규정 또한 통상 국가들 간에만 적용되는 것으로 여겨졌던 것이다. 그런데 국가관행을 검토한 바에 따르면, 비국가행위자의 무력공격에 대한 대응으로 피해국이 자위권을 원용하며 무력대응조치를 취하였던 경우에 국가들은 이에 대해 다양한 입장을 표명하면서도 무력공격의 주체가 비국가행위자라는 사실을 문제 삼지는 않았음이 확인된다. 이러한 관행은 9.11 테러사건 이전부터 이미 존재하였으나, 9.11 테러사건은 보다 분명하게 그리고 공식적으로 비국가행위자, 특히 테러조직에 대한 자위권의 원용가능성을 인식시키는 계기를 제공하였다는 점에서 중요한 의미를 지닌다. 이제는 상당수의 학자들 역시 비국가행위자의 테러행위에 대한 자위권의 원용가능성을 인정하고 있다.

이러한 분석을 바탕으로 본 논문에서는 비국가행위자의 테러행위에 대한 유엔 헌장 제51조의 적용은 조약의 문맥 및 조약의 대상과 목적으로 보아 그 조약 규정에 부여되는 통상적 의미와 조약당사국들의 추후관행의 고려라는 조약 해석의 일반 규칙에 부합하는 것으로 정당화될 수 있다고 보았다. 이러한 방향으로 자위권의 적용범위를 확대하는 것은 허용될 수 있는 무력대응조치의 범위가 보다 제한적이라는 점에서 귀속 기준의 완화 또는 배제를 통하여 테러조직 수용국을 포섭하는 방향으로 자위권의 적용범위를 확대하는 것보다 바람직한 것이기도 하다.

문제는 대부분의 테러조직이 특정 국가에 근거지를 두고 활동하기 때문에 피해국의 자위권 행사는 불가피하게 테러조직 수용국의 영토주권을 침해하게 된다는 것이다. 그런데 이러한 맥락에서의 영토주권 침해는 피해국이 자신에게 인정된 국제법상의 권리를 행사하는 과정에서 부수적으로 발생하는 것인 만큼 특정 국가의 영토주권을 침해하는 것이 근본적인 목적인 경우와는 구별된다. 그러므로 자위권의 행사가 적법하게 이루어지는 한 이러한 결과는 국제사회에서 용인될 여지가 있는데, 실제의 국가관행에서도 이러한 경향이 점차 나타나고 있다. 테러조직 수용국의 관여 정도가 클수록 그리고 국제사회에서 그러한 사실이 광범위하게 인정될수록 그 영토주권 침해가 용인될 가능성은 높아질 것이다. 9.11 테러사건 직후 채택된 유엔 안전보장이사회 결의 제1368호와 제1373호와 같이 국제사회가 자위권이 원용될 수 있는 상황임을 확인하였는지 여부도 중요하게 작용할 것이다.

그럼에도 불구하고 자위권 행사국에게 지나치게 많은 재량이 부여되는 결과를 피하기 위해서 다음과 같은 몇 가지 통제 장치가 마련될 필요가 있다. 첫째, 자위권을 원용하고자 하는 국가는 사전에 테러조직 수용국과의 협의 절차를 거쳐야 한다. 둘째, 자위권 행사국은 오로지 테러조직과 관련된 것에 대해서만 무력을 행사할 수 있으며 그 목적이 달성되면 테러조직 수용국에서 즉각적으로 철수해야 한다. 셋째, 자위권을 행사한 국가는 즉각적으로 유엔 안전보장이사회에 보고하고 안전보장이사회가 그 대응에 있어서 일정한 역할을 담당할 것을 요청해야 한다.

한편 비국가행위자가 특정 국가를 상대로 국가의 무력공격에 버금가는 테러행위를 가하고 이에 대해 피해국이 자위권에 따른 무력대응조치를 취할 수 있다는 것은 국가와 타국 영토에 소재하는 비국가행위자 간에 무력충돌이 발생할 수 있다는 것을 의미한다. 이러한 유형의 무력충돌은 오늘날 무력충돌에 관한 국제법 분야에서 가장 새롭고도 심각한 문제를 제기하고 있다. 기존의 국제인도법은 이 법이 적용되는 무력충돌의 범위를 국가들 간의 무력충돌, 민족해방전쟁, 중앙정부와 이에 대항하는 반란단체 간의 무력충돌로 한정하고 있을 뿐만 아니라 무력충돌을 국제적 무력충돌과 비국제적 무력충돌의 두 범주로 분류하고 각각에 대해서 상이한 규범 체계를 두고 있기 때문이다. 이에 국가와 테러조직 간 무력충돌이 국제인도법상의 무력충돌에 해당하는지 여부와 그 성격을 둘러싸고 상당한 논란이 존재하는 것이다. 그러나 무력행사에 관한 법, 즉 *jus ad bellum*에 비해 무력충돌에 관한 법, 즉 *jus in bello*에서는 국가 중심의 국제법 패러다임에 대한 재검토 논의가 상대적으로 소극적으로 이루어지고 있다.

실제의 국제사회에서는 국가와 테러조직 간 무력충돌이 계속적으로 발생하고 있으며 그 양상이 국제인도법의 적용을 받는 여타의 무력충돌 양상과 크게 다르지 않다. 따라서 국가와 테러조직 간 무력충돌은 국제인도법의 적용을 받는 무력충돌에 해당하지 않는다고 보는 시각은 더 이상 설득력을 갖기 어렵다. 그런데 국가와 타국 영토 내 테러조직 간의 무력충돌이 국제인도법상의 무력충돌에 해당한다고 하더라도 기존의 국제인도법 체계에서는 부분적이고 제한적인 수준에서 국제인도법의 적용이 이루어질 수밖에 없다. 국가와 테러조직 간 무력충돌은 그 장소적 범위가 한 국가의 영토로 제한되지 않는다는 점에서는 국제적 측면을 수반하지만 충돌의 한 당사자가 비국가행위자라는 점에서는 비국제적 측면을 수반한다. 그럼에도 불구하고 어느 한 측면에 초점을 맞춰서 고안된 국제인도법을 적용하는 경우에는 다른 측면으로부터 비롯되는 특성들이 제대로 반영될 수 없기 때문이다. 결국 이러한 상황에서는 관습 국제인도법과 국제인권법에 상당 부분 의존할 수밖에 없으나, 현재 국제관습법으로 간주되고 있는 원칙들은 매우 기본적인 것에 불과하며 국제인권법이 국제인도법을 완전히 대체할 수는 없기 때문에 이 역시 한계를 갖는다.

그러므로 본 논문에서는 궁극적으로는 국가와 테러조직 간 무력충돌의 성격이 반영된 새로운 국제인도법 규범들이 확립될 필요가 있다고 보았다. 일방 충돌당사자가 테러조직이라는 점을 고려하면 적법한 공격 대상의 범위를 보다 넓게 설정하고 포로의 지위를 부여하지 않는 것이 적절할 수 있으며 전투 방법에 대한 보다 완화된 규제가 인정될 여지가 있다. 무력충돌의 장소가 충돌당사자가 아닌 국가의 영토라는 점을 고려하면 그 국가의 민간인들을 보호하기 위한 구체적인 주의 규칙들이 도입될 필요가 있으며 테러단체 조직원들은 자신의 국적국이 아닌 외국에 억류되는 만큼 억류 환경에 있어서는 이들에게 포로에게 제공되는 것과 같은 특권을 부여하는 방안을 검토해 볼 수 있다.

이상의 논의를 종합해 보면 비국가행위자의 테러행위에 대한 효과적인 대응이 가능하면서도 무력행사의 남용 및 무력충돌의 불필요한 확대를 줄이기 위해서는 테러조직과 같은 비국가행위자에 대해서도 무력사용에 관한 국제법을 직접적으로 적용하는 것이 필요하다는 결론에 이르게 된다. 이는 기존의 *jus ad bellum*과 *jus in bello*에서의 중대한 변화를 의미하는데, *jus ad bellum*에서의 변화는 이미 상당한 정도로 진행이 되고 있다. 이러한 변화는 궁극적으로 *jus in bello*로도 이어질 수밖에 없을 것으로 보인다. 비국가행위자의 테러행위에 대한 무력대응에 의해 촉발된 이와 같은 논의는 오늘날 국제사회에 존재하는 다양한 비국가행위자들을 수용하는 방향으로 국제법이 나아가야 할 필요성과 당위성을 역설하는 것이기도 하다. 국가 중심의 국제법 패러다임으로 인해 발생한 법적 공백 상태가 어떠한 혼란을 가져올 수 있고 어떤 결과를 초래할 수 있을지를 여실히 보여주고 있기 때문이다.

참고문헌

I. 국내문헌

1. 단행본

김대순, 국제법론, 제14판 (삼영사, 2009).

김석현, 국제법상 국가책임 (삼영사, 2007).

김정건, 국제법, 신판 (박영사, 2004).

김정균·성재호, 국제법, 제5판 (박영사, 2008).

나인균, 국제법, 제2판 (법문사, 2008).

대한적십자사 인도법연구소, 제네바협약 해설 III (1985).

유병화·박노형·박기갑, 국제법 II (법문사, 2000).

이민효, 무력분쟁과 국제법 (연경문화사, 2008).

이병조·이중범, 국제법신강, 제9개정 제2보완수정판 (일조각, 2008).

이석용, 국제법, 3정판 (세창출판사, 2003).

장효상, 현대국제법 (박영사, 1987).

채형복, 국제법 (법영사, 2009).

최재훈, 국제법신강, 제2판 (신영사, 2004).

山本草二(박배근 역), 신판 국제법 (국제해양법학회, 1999).

2. 논문

김명기, "테러와의 전쟁과 국제법상 자위권", 사회과학논총(명지대학교 사회과학 연구소) 제19집 (2003), pp.153-163.

김석현, "UN헌장 제2조 4항의 위기: 그 예외의 확대와 관련하여", 국제법학회논총 제48권 제1호 (2003), pp.71-102.

김영원, "국제법상 무력공격의 개념변화", 외교 제72호 (2005), pp.68-80.

김정균, "국제인도법의 철학과 기조: 보급교육방식에 있어서의 기조적 문제", 인도법논총 제18집 (1998), pp.5-20.

박현진, "테러와의 전쟁: 미국 해외군사기지에 주둔 중인 탈레반·알카에다 병사의 법적 지위와 권리", 인도법논총 제23집 (2003), pp.61-89.

배정생, "국제법상 자위권 행사: 9.11 테러에 대한 미국의 대아프가니스탄 무력행사의 적법성을 중심으로", 법학연구(전북대학교 법학연구소) 23권 (2002), pp.49-66.

성재호, "국제테러리즘과 국제법", 성균관법학 제14권 제2호 (2002), pp.201-213.

신각수, "새로운 형태의 무력충돌과 국제인도법의 발전방향", 인도법논총 제23집 (2003), pp.147-178.

신용호, "'테러와의 전쟁'의 국제법적 문제", 민주법학 통권 제26호 (2004), pp.196-222.

_____, "세계화와 국제법주체의 확대", 사회과학논총(전주대학교 사회과학연구소) 제19집 제1호 (2003), pp.307-331.

여영무, "9.11 후 대테러전쟁과 국제법적 문제: 아프가니스탄과 이라크 전쟁을 중심으로", 인도법논총 제25집 (2005), pp.135-174.

유기준, "9.11 사태, 무력사용 그리고 국제인도법", 국제법학회논총 제51권 제2호 (2006), pp.107-129.

장신, "테러와의 전쟁을 위한 무력사용-긴급피난을 중심으로", 국제법학회논총 제50권 제3호 (2005), pp.171-195.

제성호, "'9.11 테러사건'에 대한 국제법적 대응", 국제법학회논총 제47권 제1호 (2002), pp.199-218.

최희덕, "9.11 테러사태와 국제법", 국제법 동향과 실무, Vol. 1 No. 1 (2002), pp.73-84.

한형건, "9.11 테러와 자위권", 대테러연구 제25집 (2002), pp.281-296.

Ⅱ. 국외문헌

1. 단행본

Alexandrov, Stanimir A., *Self-Defense against the Use of Force in International Law* (Kluwer Law International, 1996).

Arend, Anthony C. and Beck, Robert J., *International Law and the Use of Force: Beyond the UN Charter Paradigm* (Routledge, 1993).

Barnidge, Robert P., *Non-State Actors and Terrorism: Applying the Law of State Responsibility and the Due Diligence Principle* (T.M.C. Asser Press, 2007).

Bassiouni, M. Cherif, *International Terrorism and Political Crimes* (Thomas, 1975).

Becker, Tal, *Terrorism and the State: Rethinking the Rules of State Responsibility* (Hart Publishing, 2006).

Borchard, Edwin, *The Diplomatic Protection of Citizens Abroad* (Banks Law Publishing, 1915).

Bowett, Derek, *Self-Defence in International Law* (Praeger, 1958).

Broms, Bengt, *The Definition of Aggression in the United Nations* (Turku, Turun Yliopisto, 1968).

Brownlie, Ian, *Principles of Public International Law*, 7th ed. (Oxford University Press, 2008).

_____, *System of the Law of Nations: State Responsibility*, Part Ⅰ (Clarendon Press, 1983).

_____, *International Law and the Use of Force by States* (Clarendon Press, 1963).

Byman, Daniel, *Deadly Connections: States that Sponsor Terrorism* (Cambridge University Press, 2005).

Cassese, Antonio, *International Criminal Law* (Oxford University Press, 2003).

_____, *International Law* (Oxford University Press, 2001).

_____, *Terrorism, Politics and Law: The Achille Lauro Affair* (Princeton University Press, 1989).

Constatinou, Avra, *The Right of Self-Defence under Customary Law and Article 51 of the Charter* (A. N. Sakkoulas, 2000).

Crawford, James, *The International Law Commission's Articles on State Responsibility: Introduction, Text and Commentaries* (Cambridge University Press, 2002).

Detter, Ingrid, *The Law of War* (Cambridge University Press, 2000).

Dinstein, Yoram, *War, Aggression and Self-Defence*, 4th ed. (Cambridge University Press, 2005).

_____, *The Conduct of Hostilities under the Law of International Armed Conflict* (Cambridge University Press, 2004).

Duffy, Helen, *The 'War on Terror' and the Framework of International Law* (Cambridge

University Press, 2005).

Eagleton, Clyde, *The Responsibility of States in International Law* (The New York University Press, 1928).

Elagab, Omer and Elagab, Jeehaan (eds.), *International Law Documents Relating to Terrorism*, 3rd ed. (Routledge-Cavendish, 2007).

Erickson, Richard J., *Legitimate Use of Military Force against State-Sponsored International Terrorism* (Air University Press, 1989).

Evangelista, Matthew, *Law, Ethics, and the War on Terror* (Polity Press, 2008).

Fleck, Dieter (ed.), *The Handbook of Humanitarian Law in Armed Conflicts*, 2nd ed. (Oxford University Press, 2008).

Franck, Thomas M., *Recourse to Force: State Action against Threats and Armed Attacks* (Cambridge University Press, 2002).

Garcia-Mora, Manual R., *International Responsibility for Hostile Acts of Private Persons against Foreign States* (M. Nijhoff, 1962).

Gazzini, Tarcisio, *The Changing Rules on the Use of Force in International Law* (Manchester University Press, 2005).

Goswami, Arnab, *Combating Terrorism: The Legal Challenge* (Har Anand, 2002).

Gray, Christine, *International Law and the Use of Force*, 3rd ed. (Oxford University Press, 2008).

Green, Leslie C., *The Contemporary Law of Armed Conflict* (Manchester University Press, 2008).

Grotius, Hugo, 2 De *Jure Belli Ac Pacis* (1646) (Francis W. Kelsey trans., William S. Hein & Co. 1995).

Hanqin, Xue, *Transboundary Damage in International Law* (Cambridge University Press, 2003).

Hardy, Colleen E., *The Detention of Unlawful Enemy Combatants during the War on Terror* (LFB Scholarly Publishing LLC, 2009).

Henckaerts, Jean-Marie and Doswald-Beck, Louise, *Customary International Humanitarian Law*, Volume 1: Rules (Cambridge University Press, 2005).

Higgins, Rosalyn, *Problems and Process: International Law and How We Use It* (Clarendon Press, 1994).

_____ and Flory, Maurice (eds.), *Terrorism and International Law* (Routledge, 1997).

Jenkins, Brian Michael, *The Study of Terrorism: Definitional Problems* (The Rand Corporation, 1980).

Kegley, Charles W., *World Politics: Trend and Transformation* (Thomson/Wadsworth, 2008).

Kelsen, Hans, *Principles of International Law*, 2nd ed. (Holt, Rinehart & Winston, 1966), pp.62-63.

_____, *Recent Trends in the Law of the United Nations* (Praeger, 1951).

_____, *The Law of the United Nations: A Critique Analysis of its Fundamental Problems* (Stevens, 1951).

Krahmann, Elke (ed.), *New Threats and New Actors in International Security* (Palgrave Macmillan, 2005).

Maine, Henry Sumner, *Ancient Law: Its Connection with the Early History of Society and its Relation to Modern Ideas* (1873) (Dorset Press, 1986).

Maogoto, Jackson Nyamuya, *Battling Terrorism: Legal Perspectives on the Use of Force and the War on Terror* (Ashgate, 2005).

Moir, Lindsay, *The Law of Internal Armed Conflict* (Cambridge University Press, 2002).

Murphy, John, *State Support of International Terrorism: Legal, Political and Economic Dimensions* (Westview Press, 1989).

Nijman, Janne Elisabeth, *The Concept of International Legal Personality* (T.M.C. Asser Press, 2004).

Pictet, Jean S. (ed.), *Commentary on the Geneva Conventions of 12 August 1949*, Volume III (ICRC, 1960).

_____, *Commentary on the Geneva Conventions of 12 August 1949*, Volume Ⅳ (ICRC, 1958).

Rifaat, Ahmed M., *International Aggression: A Study of the Legal Concept: Its Development and Definition in International Law* (Almqvist &Wiksell Int'l., 1979).

Rosas, Allan, *The Legal Status of Prisoners of War: A Study in International Humanitarian Law Applicable in Armed Conflicts* (Suomalainen Tiedeakatemia, 1976).

Saul, Ben, *Defining Terrorism in International Law* (Oxford University Press, 2006).

Triepel, Heinrich, Völkerrecht und Landsrecht (CL Hirschfeld, 1899).

Van Boven, Theo C., *The Legitimacy of the United Nations: Towards an Enhanced Legal Status of Non-State Actors* (SIM, 1997).

Vattel, Emmerich De, *The law of Nations* (1758) (Joseph Chitty trans., Gaunt 2001).

Wettberg, Gregor, *The International Legality of Self-Defense against Non-State Actors: State Practice from the U.N. Charter to the Present* (Peter Lang publishing, 2007).

Wolff, Christian, *Jus Gentium Method Scientifica Pertractatum* (1764) (Francis W. Kelsey trans., William S. Hein & Co. 1995).

Zegveld, Liesbeth, *Accountability of Armed Opposition Groups in International Law* (Cambridge University Press, 2002).

Zimmermann, Andreas, Tomuschat, Christian and Oellers-Frahm, Karin (eds.), *The Statute of the International Court of Justice: A Commentary* (Oxford University Press, 2006).

2. 논문

Abi-Saab, Georges, "The Proper Role of International Law in Combating Terrorism", in Andrea Bianchi (ed.), *Enforcing International Law Norms against Terrorism* (Hart Publishing, 2004).

Aldrich, George H., "Taliban, Al Qaeda, and the Determination of Illegal Combatants", 96 *American Journal of International Law* 891, 2002.

Alexander, Yonah, "Terrorism in the Twenty-First Century: Threats and Responses", 12 *DePaul Business Law Journal* 59, 1999.

Andrés-Sánez-de-Santa-María, Paz, "Collective International Measures to Counter International Terrorism", in Pablo Antonio Fernández-Sánchez (ed.), *International Legal Dimension of Terrorism* (M. Nijhoff, 2009).

Anzilotti, Dionisio, "La Responsabilité Internationale des États: A Raison des Dommages Soufferts par des Étrangers", 13 *Revue Générale de Droit Public* 5, 1906.

Arai-Takahashi, Yutaka, "Shifting Boundaries of the Right of Self-Defense-Appraising the Impact of the September 11 Attacks of *Jus Ad Bellum*", 36 *International Lawyer* 1081, 2002.

Arnold, Roberta, "Terrorism in International Humanitarian Law and Human Rights Law", in Roberta Arnold and Noëlle Quénivet (eds.), *International Humanitarian Law and Human Rights Law: Towards a New Merger in*

International Law (M. Nijhoff, 2008).

_____, "The New War on Terror: Legal Implications under International Humanitarian Law", in Susan C. Breau and Agnieszka Jachec-Neale (eds.), *Testing the Boundaries of International Humanitarian law* (British Institute of International and Comparative Law, 2006).

Axenidou, Antigoni, "Should the Law of War Apply to Terrorists?", 79 *American Society of International Law Proceedings* 109, 1985.

Baker, Mark B., "Terrorism and the Inherent Right of Self-Defence (A Call to Amend 51 of the United Nations Charter", 10 *Houston Journal of International Law* 25, 1987.

Bâli, Asli, "Stretching the Limits of International Law: The Challenge of Terrorism", 8 *ILSA Journal of International and Comparative Law* 403, 2001-2002.

Barnes, Richard, "Of Vanishing Points and Paradoxes: Terrorism and International Humanitarian Law", in Richard Burchill, Nigel D. White and Justin Morris (eds.), *International Conflict and Security Law: Essays in Memory of Hilaire McCoubrey* (Cambridge University Press, 2005).

Barnidge, Robert P., "Terrorism: Arriving at an Understanding of a Term", in Michael J. Glennon and Serge Sur (eds.), *Terrorism et droit international (Terrorism and International Law)* (M. Nijhoff, 2008).

_____, "State's Due Diligence Obligations with regard to International Non-State Terrorist Organisations Post-11 September 2001: The Heavy Burden States Must Bear", 16 *Irish Studies in International Affairs* 103, 2005.

Bartels, Rogier, "Timelines, Borderlines and Conflicts: The Historical Evolution of the Legal Divide between International and Non-International Armed Conflicts", 91 *International Review of the Red Cross* 35, 2009.

Bassiouni, M. Cherif, "Legal Control of International Terrorism: a Policy-Oriented Assessment", 43 Harvard *International Law Journal* 83, 2002.

Battaglini, Giovanni, "War against Terrorism *EXTRA MOENIA*, Self-Defnece and Responsibility: A Pure Juridical Approach", in Maurizio Ragazzi (ed.), *International Responsibility Today: Essays in Memory of Oscar Schachter* (M. Nijhoff, 2005).

Beard, Jack M., "America's New War on Terror: The Case for Self-Defense under

International Law", 25 *Harvard Journal of Law and Public Policy* 559, 2001-2002.

Beck, Robert J. and Arend, Anthony Clark, ""Don't Tread on Us": International Law and Forcible State Responses to Terrorism", 12 *Wisconsin International Law Journal* 153, 1993-1994.

Beres, Louis René, "The Meaning of Terrorism: Jurisprudential and Definitional Clarifications", 28 *Vanderbilt Journal of Transnational Law* 239, 1995.

Berman, Nathaniel, "Privileging Combat? Contemporary Conflict and the Legal Construction of War", 43 *Columbia Journal of Transnational Law* 1, 2004-2005.

Biggio, Frank A., "Neutralizing the Threat: Reconsidering Existing Doctrines in the Emerging War on Terrorism", 34 *Case Western Reserve Journal of International Law* 1, 2002.

Bonafede, Michael C., "Here, There and Everywhere: Assessing the Proportionality Doctrine and the US Uses of Force in Response to Terrorism after the September 11 Attacks", 88 *Cornell Law Review* 155, 2002.

Borelli, Silvia, "The Treatment of Terrorist Suspects Captured Abroad: Human Rights and Humanitarian Law", in Andrea Bianchi (ed.), *Enforcing International Law Norms against Terrorism* (Hart Publishing, 2004).

Bowett, Derek W., "Reprisals Involving Recourse to Armed Force", 66 *American Journal of International Law* 1, 1972.

Boyle, Francis A., "Military Responses to Terrorism: Remarks of Francis A. Boyle", 81 *American Society of International Law Proceedings* 288, 1987.

_____, "Preserving the Rule of Law in the War against International Terrorism", 8 *Whittier Law Review* 735, 1986-1987.

Broms, Bengt, "Subjects: Entitlement in the International Legal System", in Ronald St. John Macdonald and Douglas M. Johnston (eds.), *The Structure and Process of International Law: Essays in Legal Philosophy Doctrine and Theory* (M. Nijhoff, 1983).

Brooks, Rosa Ehrenreich, "War Everywhere: Rights, National Security Law, and the Law of Armed Conflict in the Age of Terror", 153 *University of Pennsylvania Law* Review 675, 2004.

Brown, Davis, "Use of Force against Terrorism after September 11th: State

Responsibility, Self-Defense and Other Responses", 11 *Cardozo Journal of International and Comparative Law* 1, 2003.

Brunnée, Jutta, "International Legal Accountability through the Lens of the Law of State Responsibility", 36 *Netherlands Yearbook of International Law* 21, 2005.

Burris, Christopher C., "Re-examining the Prisoner of War Status of PLO Fedayeen", 22 *North Carolina Journal of International Law and Commercial Regulation* 943, 1997.

Byers, Michael, "Terrorism, the Use of Force and International Law after 11 September", 51 *International and Comparative Law Quarterly* 401, 2002.

Byron, Christine, "Armed Conflicts: International or Non-International?", 6 *Journal of Conflict and Security Law* 63, 2001.

Campbell, Leah M., "Defending against Terrorism: a Legal Analysis of the Decision to Strike Sudan and Afghanistan", 74 *Tulane Law Review* 1067, 2000.

Caplen, Robert A., "Mending the "Fence": How Treatment of the Israeli-Palestinian Conflict by the International Court of Justice at the Hague has Redefined the Doctrine of Self-Defense", 57 *Florida Law Review* 717, 2005.

Caron, David D., "The ILC Articles on State Responsibility: The Paradoxical Relationship Between Form and Authority", 96 *American Journal of International Law* 857, 2002.

Cassese, Antonio, "Terrorism is Also Disrupting Some Crucial Legal Categories of International Law", 12(5) *European Journal of International Law* 993, 2001.

_____, "The International Community's "Legal" Response to Terrorism", 38 *International and Comparative Law Quarterly* 589, 1989.

Chiapetta, Hanz, "Rome 11/15/98: Extradition or Political Asylum for the Kurdish Workers Party's Leader Abdullah Ocalan?", 13 *Pace International Law Review* 117, 2001.

Chinkin, Christine, "A Critique of the Public/Private Dimension", 10 *European Journal of International Law* 387, 1999.

Christenson, Gordan A., "Attributing Acts of Omission to the State", 12 *Michigan Journal of International Law* 312, 1990-1991.

_____, "The Doctrine of Attribution in State Responsibility", in Richard B. Lillich (ed.), *International Law of State Responsibility for Injuries to Aliens* (University Press of Virginia, 1983).

Cohan, John Alan, "Formulation of a State's Response to Terrorism and State-Sponsored Terrorism", 14 *Pace International Law Review* 77, 2002.

Coll, Albero R., "The Legal and Moral Adequacy of Military Responses to Terrorism", 81 *American Society of International Law Proceedings* 297, 1987.

Combacau, Jean and Alland, Denis, ""Primary" and "Secondary" Rules in the Law of State Responsibility: Categorizing International Obligations", 26 *Netherlands Yearbook of International Law* 81, 1985.

Condorelli, Luigi, "The Imputability to States of Acts of International Terrorism", 19 *Israel Yearbook on Human Rights* 233, 1989.

_____ and Naqvi, Yasmin, "The War against Terrorism and *Jus in Bello*: Are the Geneva Conventions Out of Date?", in Andrea Bianchi (ed.), *Enforcing International Law Norms against Terrorism* (Hart Publishing, 2004).

Conte, Alex, "The War on Terror: Self-Defense or Aggression?", in Dolgopol, Ustinia and Gardam, Judith (eds.), *The Challenge of Conflict: International Law Responds* (M. Nijhoff, 2006).

Corn, Geoffrey S., "*Hamdan*, Lebanon, and the Regulation of Hostilities: The Need to Recognize a Hybrid Category of Armed Conflict", 40 *Vanderbilt Journal of Transnational Law* 295, 2007.

Crawford, James, "The ILC's Articles on Responsibility for Internationally Wrongful Acts: A Retrospect", 96 *American Journal of International Law* 874, 2002.

_____, "Revising the Draft Articles on State Responsibility", 10 European Journal of International Law 435, 1999.

_____, and Olleson, Simon, "The Continuing Debate on State Responsibility", 54 *International and Comparative Law Quarterly* 959, 2005.

Cutler, A. Claire, "Critical Reflections on the Westphalian Assumptions of International Law and Organization: A Crisis of Legitimacy", 27 *Review of International Studies* 133, 2001.

Dehn, John C., "Permissible Perfidy?: Analysing the Colombian Hostage Rescue, the Capture of Rebel Leaders and the World's Reaction", 6 *Journal of International Criminal Justice* 627, 2008.

Delbrück, Jost, "The Fight against Global Terrorism: Self-Defense or Collective Security as International Police Action? Some Comments on the International Legal Implications of the 'War against Terrorism'", 44 *German Yearbook of*

International Law 9, 2001.

Dinstein, Yoram, "Comments on the Presentations by Nico Krisch and Carsten Stahn", in Christian Walter (ed.), *Terrorism as Challenge for National and International Law: Security versus Liberty?* (Springer, 2004).

_____, "Unlawful Combatancy", 32 *Israel Yearbook on Human Rights* 247, 2003.

_____, *"Jus ad Bellum* Aspects of the 'War on Terrorism'", in Whybo p.Heere, *Terrorism and the Military: International Legal Implications* (T.M.C. Asser, 2003).

Dörmann, Knut, "The Legal Situation of 'Unlawful/Unprivileged Combatants", 85 *International Review of the Red Cross* 45, 2003.

Dugard, John, "The Problem of the Definition of Terrorism in International Law", in Paul Eden and Thérèse O'Donnell (eds.), *September 11, 2001: A Turning Point in International and Domestic Law?* (M. Nijhoff, 2004).

Dupuy, Pierre-Marie, "State Sponsors of Terrorism: Issues of International Responsibility", in Andrea Bianchi (ed.), *Enforcing International Law Norms against Terrorism* (Hart Publishing, 2004).

_____, "Reviewing the Difficulties of Codification: On Ago's Classification of Obligations of Means and Obligations of Result in Relation to State Responsibility", 10 *European Journal of International Law* 371, 1999.

_____, "The International Law of State Responsibility: Revolution or Evolution?", 11 *Michigan Journal of International Law* 105, 1989.

Dworkin, Anthony, "Military Necessity and Due Process: The Place of Human Rights in the War on Terror", in David Wippman and Matthew Evangelista (eds.), *New Wars, New Laws?: Applying the Laws of War in 21st Century Conflicts* (Transnational Publishers, 2005).

Eric Rosand, "Resolution 1373 and the CTC: The Security Council's Capacity-building", in Giuseppe Nesi (eds.), *International Cooperation in Counter-Terrorism* (Ashgate, 2006).

Falk, Richard A., "Rediscovering International Law after September 11th", 16 *Temple International and Comparative Law Journal* 359, 2002.

Farer, Tom J., "Beyond the Charter Frame: Unilateralism or Condominium?", 96 *American Journal of International Law* 359, 2002.

Feinstein, Barry A., "A Paradigm for the Analysis of the Legality of the Use of

Armed Force against Terrorism and States that Aid and Abet Them", 17 *Transnational Lawyer* 51, 2004.

_____, "The Legality of the Use of Armed Force by Israel in Lebanon-June 1982", 20 *Israel Law Review* 362, 1985.

Feldman, Noah, "Choices of Law, Choices of War", 25 *Harvard Journal of Law and Public Policy* 457, 2002.

Fitzpatrick, Joan, "Sovereignty, Territoriality, and the Rule of Law", 25 *Hastings International & Comparative Law Review* 303, 2001-2002.

Franck, Thomas M., "Terrorism and the Right of Self-Defense", 95 *American Journal of International Law* 839, 2001.

_____, and Niedermeyer, Deborah, "Accommodating Terrorism: An Offence against the Law of Nations", 19 *Israel Yearbook on Human Rights* 75, 1989.

Frowein, Francis A., "The Present State of Research Carried Out by the English-Speaking Section of the Centre for Studies and Research", in Hague Academy of International Law, *The Legal Aspects of International Terrorism* (1988).

Gaja, Giorgio, "Combating Terrorism: Issues of Jus ad Bellum and *Jus in Bello*-The Case of Afghanistan", in Wolfgang Benedek and Alice Yotopoulos-Marangopoulos (eds.), *Anti-terrorist Measures and Human Rights* (M. Nijhoff, 2004).

Gasser, Hans-Peter, "Internationalized Non-International Armed Conflicts: Case Studies of Afghanistan, Kampuchea and Lebanon", 33 *American University Law Review* 147, 1983.

Gill, Terry D., "The Eleventh of September and the Right of Self-Defense" in Whybo p.Heere (ed.), *Terrorism and the Military: International Legal Implications* (T.M.C. Asser, 2003).

_____, "The Law of Armed Attack in the Context of the Nicaragua Case", 1 *Hague Yearbook of International Law* 30, 1988.

Glennon, Michael J., "The Fog of Law: Self-Defence, Inherence, and Incoherence in Article 51 of the United Nations Charter", 25 *Harvard Journal of Law and Public Policy* 539, 2001-2002.

Goodhart, Arthur L., "The North Atlantic Treaty of 1949", 79 *Hague Recueil* 187, 1951.

Graham, David. E., "The 1974 Diplomatic Conference on the Law of War: A Victory for Political Causes and a Return to the 'Just War' Concept of the Eleventh Century", 32 *Washington and Lee Law Review* 25, 1975.

Gray, Christine, "A New War for a New Century?: The Use of Force against Terrorism after September 11, 2001", in Paul Eden and Thérèse O'Donnell (eds.), September 11, 2001: *A Turning Point in International and Domestic Law?* (M. Nijhoff, 2004).

Green, Leslie C., "The Relations between Human Rights Law and International Humanitarian Law: A Historical Overview", in Susan C. Breau and Agnieszka Jachec-Neale (eds.), *Testing the Boundaries of International Humanitarian law* (British Institute of International and Comparative Law, 2006).

Greenwood, Christopher, "War, Terrorism and International Law", in *Essays on War in International Law* (Cameron May, 2006).

_____, "International Law and the Pre-emptive Use of Force: Afghanistan, Al-Qaida and Iraq", in *Essays on War in International Law* (Cameron May, 2006).

_____, "The Relationship between *Jus Ad Bellum and Jus In Bello*", in *Essays on War in International Law* (Cameron May, 2006).

Grote, Rainer, "Between Crime Prevention and the Laws of War: Are the Traditional Categories of International Law Adequate for Assessing the Use of Force against International Terrorism?", in Christian Walter (ed.), *Terrorism as Challenge for National and International Law: Security versus Liberty?* (Springer, 2004).

Guillame, Gilbert, "Terrorism and International Law", 53 *International and Comparative Law Quarterly* 537, 2004.

Halberstam, Malvina, "The Evolution of the United Nations Position on Terrorism: From Exempting National Liberation Movements to Criminalizing Terrorism Wherever and by Whomever Committed", 41 *Columbia Journal of Transnational Law* 573, 2003.

Harding, Christopher, "The Role of Non-State Actors in International Conflict: Legal Identity, Delinquency and Political Representation", in Ustinia Dolgopol and Judith Gardam (eds.), *The Challenge of Conflict: International Law*

Responds (M. Nijhoff, 2006).

_____, "The Concept of Terrorism and Responses to Global Terrorism: Coming to Terms with the Empty Sky", in Paul Eden and Thérèse O'Donnell (eds.), *September 11, 2001: A Turning Point in International and Domestic Law?* (M. Nijhoff, 2004).

Hargrove, John Lawrence, "The Nicaragua Judgment and the Future of the Law of Force and Self-Defense", 81 *American Journal of International Law* 135, 1987.

Heintze, Hans-Joachim, "On the Relationship between Human Rights Law Protection and International Humanitarian Law", 856 *International Review of the Red Cross* 789, 2004.

Hessbruegge, Jan Arno, "The Historical Development of the Doctrines of Attribution and Due Diligence in International Law", 36 *New York University Journal of International Law and Politics* 265, 2003-2004.

Higgins, Rosalyn, "The Legal Limits to the Use of Force by Sovereign States: United Nations Practice", 37 *British Year Book of International Law* 269, 1961.

Ihrai, Saïd, "The Arab and Islamic Conventions of the Fight against Terrorism", in Pablo Antonio Fernández-Sánchez (ed.), *International Legal Dimension of Terrorism* (M. Nijhoff, 2009).

Intoccia, Gregory F. "American Bombing of Libya: An International Legal Analysis", 19 *Case Western Reserve Journal of International Law* 177, 1987.

Jennings, Robert Y., "*The Caroline and McLeod Cases*", 32 *American Journal of International Law* 82, 1938.

Jinks, Derek, "State Responsibility for the Acts of Private Armed Groups", 4 *Chicago Journal of International Law* 83, 2003.

_____, "September 11 and the Laws of War", 28 *Yale Journal of International Law* 1, 2003.

Kammerhofer, Jörg, "*The Armed Activities* Case and Non-State Actors in Self-Defence Law", 20 *Leiden Journal of International Law* 89, 2007.

_____, "Uncertainties of the Law on Self-Defence in the United Nations Charter", 35 *Netherlands Yearbook of International Law* 143, 2004.

Kanu, Allieu Ibrahim, "The African Union", in Giuseppe Nesi (eds.), International Cooperation in Counter-Terrorism (Ashgate, 2006).

Kelly, Michael J., "Understanding September 11th-An International Legal Perspective on the War in Afghanistan", 35 *Creighton Law Review* 283, 2001-2002.

Kelsen, Hans, "Collective Security and Collective Self-Defense under the Charter of the United Nations", 42 *American Journal of International Law* 783, 1948.

King, Matthew Scott, "Legality of the United States War on Terror: Is Article 51 a Legitimate Vehicle for the War in Afghanistan or Just a Blanket to Cover-up International War Crimes", 9 *ILSA Journal of International and Comparative Law* 457, 2002-2003.

Klabbers, Jan, "Rebel with a Cause? Terrorists and Humanitarian Law", 14(2) *European Journal of International Law* 299, 2003.

Knauft, Sage R., "Proposed Guidelines for Measuring the Propriety of Armed State Responses to Terrorist Attacks", 19 *Hastings International and Comparative Law Review* 763, 1995-1996.

Koh, Harold Hongju, "The Spirit of Laws", 43 *Harvard International Law Journal* 23, 2002.

Kohen, Marcelo G., "The Use of Force by the United States after the End of the Cold War, and its Impact on International Law", in Michael Byers and Georg Nolte (eds.), *United States Hegemony and the Foundations of International Law* (Cambridge University Press, 2003).

Krisch, Nico, "The Rise and Fall of Collective Security: Terrorism, US Hegemony, and the Plight of the Security Council", in Christian Walter (ed.), *Terrorism as Challenge for National and International Law: Security versus Liberty?* (Springer, 2004).

Kunz, Josef L., "Individual and Collective Self-Defense in Article 51 of the Charter of the United Nations", 41 *American Journal of International Law* 872, 1947.

Lagos, Enrique, "The Organisation of American States and the Fight against Terrorism", in Pablo Antonio Fernández-Sánchez (ed.), *International Legal Dimension* (M. Nijhoff, 2009).

Langille, Benjamin, "It's Instant Custom: How the Bush Doctrine became Law after the Terrorist Attacks of September 11, 2001", 26 *Boston College International and Comparative Law Review* 145, 2003.

Larschan, Bradley, "Legal Aspects to the Control of Transnational Terrorism: An Overview", 13 *Ohio Northern University Law Review* 117, 1986.

Laursen, Andreas, "The Use of Force and (the State of) Necessity", 37 *Vanderbilt Journal of Transnational Law* 485, 2004.

Lauterpacht, Hersch, "Revolutionary Activities by Private Persons against Foreign States", in Elihu Lauterpacht (ed.), *The Collected Papers on Hersch Lauterpacht*, Vol. 3 (Cambridge University Press, 1970).

Lietzau, William K., "Combating Terrorism: Law Enforcement or War?", in Michael N. Schmitt and Gian Luca Beruto (eds.), *Terrorism and International Law: Challenges and Responses* (International Institute of Humanitarian Law, 2003).

Lillich, Richard B., "The Current Status of the Law of State Responsibility for Injuries to Aliens", in Richard B. Lillich, (ed.), *International Law of State Responsibility for Injuries to Aliens* (University Press of Virginia, 1983).

_____ and Paxman, John, "State Responsibility for Injuries to Aliens Occasioned by Terrorist Activities", 26 *American University Law Review* 217, 1976.

Lippman, Matthew, "The New Terrorism and International Law", 10 *Tulsa Journal of Comparative and International Law* 297, 2002-2003.

Livingstone, Neil C., "Proactive Reponse to Terrorism: Reprisals, Preemption and Retribution", in Charles W. Kegley (ed.), *International Terrorism* (St. Martin's, 1990).

Lobel, Jules, "The Use of Force to Respond to Terrorist Attacks: The Bombing of Sudan and Afghanistan", 24 *Yale Journal of International Law* 537, 1999.

Lowe, Vaughan, "Security Concerns and National Sovereignty in the Age of World-Wide Terrorism", in Ronald St. John Macdonald and Douglas M. Johnston (eds.), *Towards World Constitutionalism* (M. Nijhoff, 2005).

Lubell, Noam, "Challenges in Applying Human Rights Law to Armed Conflict", 860 *International Review of the Red Cross* 737, 2005.

Malanczuk, Peter, "Countermeasures and Self-Defence as Circumstances Precluding Wrongfulness in the International Law Commission's Draft Articles on State Responsibility", in Marina Spinedi and Bruno Simma (eds.), *United Nations Codification of State Responsibility* (Oceana, 1987).

Malzahn, Scott M., "State Sponsorship and Support of International Terrorism: Customary Norms of State Responsibility", 26 *Hasting International and Comparative Law Review* 83, 2002.

Marcinko, Marcin, "Terrorists in Armed Conflicts: The Question of Combatancy", in

Michael J. Glennon and Serge Sur (eds.), *Terrorism et droit international (Terrorism and International Law)* (M. Nijhoff, 2008).

Marschik, Alexander, "The Security Council's Role: Problems and Prospects in the Fight against Terrorism", in Giuseppe Nesi (eds.), *International Cooperation in Counter-Terrorism* (Ashgate, 2006).

Mathews, Jessica T., "Power Shift", 76 *Foreign Affairs* 50, 1997.

McDonald, Avril, "Terrorism, Counter-Terrorism and the Jus in Bello", in Michael N. Schmitt and Gian Luca Beruto (eds.), *Terrorism and International Law: Challenges and Responses* (International Institute of Humanitarian Law, 2003).

Meessen, Karl M., "Current Pressures on International Humanitarian Law: Unilateral Recourse to Military Force against Terrorist Attacks", 28 *Yale Journal of International Law* 341, 2003.

Milanovic, Marko, "Lessons for Human Rights and Humanitarian Law in the War on Terror: Comparing Hamdan and the Israeli Targeted Killings Case", 866 *International Review of the Red Cross* 373, 2007.

Mofidi, Manooher and Eckert, Amy E., "Unlawful Combatants or Prisoners of War: The Law and Politics of Labels", 36 *Cornell International Law Journal* 59, 2003-2004.

Mrazek, Josef, "Prohibition of the Use and Threat of Force: Self-Defence and Self-Help in International Law", 27 *Canadian Yearbook of International Law* 81, 1989.

Müller, Anna Caroline, "Legal Issues Arising from the Armed Conflict in Afghanistan", 4 *Non-State Actors and International Law* 239, 2004.

Müller, Christoph, "The Right of Self-Defense in the Global Fight against Terrorism", in Thomas McK. Sparks and Glenn M. Sulmasy (eds), *International Law Challenges: Homeland Security and Combating Terrorism* (Naval War College, 2006).

Müllerson, Rein, "*Jus ad Bellum* and International Terrorism", 32 *Israel Yearbook on Human Rights* 1, 2003.

Murphy, John F., "International Law and the War on Terrorism: The Road Ahead", 32 *Israel Yearbook on Human Rights* 117, 2002.

_____, "Defining International Terrorism: A Way out of the Quagmire", 19 *Israel Yearbook on Human Rights* 13, 1989.

Murphy, Sean D., "Self-Defense and the Israeli *Wall* Advisory Opinion: An *Ipse Dixit* from the ICJ", 99 *American Journal of International Law* 62, 2005.

_____, "Terrorism and the Concept of 'Armed Attack' in Article 51 of the UN Charter", 43 *Harvard International Law Journal* 41, 2002.

_____, "Contemporary Practice of the United States relating to International Law", 96 *American Journal of International Law* 237, 2002.

Myjer, Eric P.J. and White, Nigel D., "The Twin Towers Attack: An Unlimited Right to Self-Defence?", 7 *Journal of Conflict and Security Law* 5, 2002.

Neuman, Gerald L., "Humanitarian Law and Counterterrorist Force", 14(2) *European Journal of International Law* 283, 2003.

Noortmann, Math, "Non-state Actors in International Law", in Bas Arts, Math Noortmann and Bob Reinalda (eds.), *Non-State Actors in International Relations* (Ashgate, 2001).

O'Brien, William V., "Reprisals, Deterrence and Self-Defense in Counterterror Operations", 30 *Virginia Journal of International Law* 421, 1990.

O'Connell, Mary-Ellen, "Lawful and Unlawful Wars against Terrorism", in Nanda, Ved p.(ed.), Law in the War on *International Terrorism* (Transnational Publishers, 2005).

_____, "Enhancing the Status of Non-state Actors through a Global War on Terror?", 43 *Columbia Journal of Transnational Law* 435, 2004-2005.

O'Donnell, Daniel, "International Treaties against Terrorism and the Use of Terrorism during Armed Conflict and by Armed Forces", 864 *International Review of the Red Cross* 853, 2006.

Orakhelashvili, Alexander, "The Impact of Peremptory Norms on the Interpretation and Application of United Nations Security Council Resolutions", 16(1) *European Journal of International Law* 59, 2005.

Parks, W. Hays, "Special Forces' Wear of Non-Standard Uniforms", 4 *Chicago Journal of International Law* 493, 2003.

Paust, Jordan, J., "Use of Armed Force against Terrorists in Afghanistan, Iraq and Beyond", 35 *Cornell International Law Journal* 533, 2001-2002.

Pisillo-Mazzeschi, Riccardo, "The Due Diligence Rule and the Nature of the International Responsibility of States", 35 *German Yearbook of International Law* 9, 1992.

PoKempner, Dinah, "The "New" Non-State Actors in International Humanitarian Law", 38 *George Washington International Law Review* 551, 2006.

Posner, Eric A., "Terrorism and the Laws of War", 5 *Chicago Journal of International Law* 423, 2004-2005.

Proulx, Vincent-Joël, "Babysitting Terrorists: Should States Be Strictly Liable for Failing to Prevent Transborder Attacks", 23 *Berkeley Journal of International Law* 615, 2005.

Quigley, John, "The Afghanistan War and Self-Defense", 37 *Valparaiso University Law Review* 541, 2002-2003.

Raby, Jean, "The State of Necessity and the Use of Force to Protect Nationals", 26 *Canadian Yearbook of International Law* 253, 1988.

Ramcharan, Bertrand G., "Terrorism and Non-State Organizations", in Ronald St. John Macdonald and Douglas M. Johnston (eds.), *Towards World Constitutionalism* (M. Nijhoff, 2005).

Randelzhofer, Albrecht, "Article. 51 of UN Charter", in Bruno Simma, (ed.), *The Charter of the United Nations: A Commentary*, Vol. 1 (Oxford University Press, 2002).

Ratner, Steven R., "Revising the Geneva Conventions to Regulate Force by and against Terrorists: Four Fallacies", 1 *Israel Defense Forces Law Review* 7, 2003.

_____, "*Jus ad Bellum* and *Jus in Bello* after September 11", 96 *American Journal of International Law* 905, 2002.

Reisman, Michael, "International Legal Responses to Terrorism", 22 *Houston Journal of International Law* 3, 1999.

Roberts, Adam, "The Laws of War in the War on Terror", 32 *Israel Yearbook on Human Rights* 193, 2003.

Roberts, Guy B., "Self-Help in Combatting State Sponsored Terrorism: Self-Defence and Peacetime Reprisals", 19 *Case Western Reserve Journal of International Law* 243, 1987.

Rona, Gabor, "Interesting Times for International Humanitarian Law: Challenges from the "War on Terror"", 27(2) *Fletcher Forum of World Affairs* 55, 2003.

Rosand, Eric, "Resolution 1373 and the CTC: The Security Council's Capacity-Building", in Giuseppe Nesi (eds.), *International Cooperation in Counter-*

Terrorism (Ashgate, 2006).

Rostow, Nicholas, "Before and After: The Changed UN Response to Terrorism since September 11th", 35 *Cornell International Law Journal* 475, 2001-2002.

Rowles, James P., "The Legal and Moral Adequacy of Military Responses to Terrorism: Substantive and Procedural Constraints in International Law", 81 *American Society of International Law* 307, 1987.

Ruys, Tom and Verhoeven, Sten, "Attacks by Private Actors and the Right of Self-Defence", 10 *Journal of Conflict and Security Law* 289, 2005.

Sassòli, Marco, "Use and Abuse of the Laws of War in the "War on Terrorism"", 22 *Law and Inequality* 195, 2004.

_____ and Olson, Laura M., "The Relationship between International Humanitarian and Human Rights Law Where it Matters: Admissible Killing and Internment of Fighters in Non-International Armed Conflicts", 90 *International Review of the Red Cross* 599, 2008.

Schachter, Oscar, "The Decline of the Nation-State and its Implications for International Law", 36 *Columbia Journal of Transnational Law* 7, 1998.

_____, "The Lawful Use of Force by a State against Terrorists in Another Country", in Henry H. Han (ed.), *Terrorism and Political Violence: Limits and Possibilities of Legal Control* (Oceana Publications, 1993).

_____, "The Extra-territorial Use of Force against Terrorist Bases", 11 *Houston Journal of International Law* 309, 1988-1989.

_____, "The Right of States to Use Armed Force", 82 *Michigan Law Review* 1620, 1984.

_____, "International Law in Theory and Practice", 178 *Recueil des Cours de L'Academie de Droit International de la Haye* 9, 1982.

Scheideman, Sara N., "Standard of Proof in Forcible Responses to Terrorism", 50 *Syracuse Law Review* 249, 2000.

Schmitt, Michael N., "*Bellum Americanum* Revisted: US Security Strategy and the *Jus Ad Bellum*", 176 *Military Law Review* 364, 2003.

_____, "Counter-Terrorism and the Use of Force in International Law", 32 *Israel Yearbook on Human Rights* 53, 2003.

_____, "Deconstructing October 7th: A Case Study in the Lawfulness of Counterterrorist Military Operations", in Michael N. Schmitt and Gian

Luca Beruto (eds.), *Terrorism and International Law: Challenges and Responses* (International Institute of Humanitarian Law, 2003).

Schöndorf, Roy S., "Extra-State Armed Conflicts: Is There a Need for a New Legal Regime", 37 *New York University Journal of International Law and Politics* 1, 2004-2005.

Schrijver, Nico, "Responding to International Terrorism: Moving the Frontiers of International Law for 'Enduring Freedom'?", 48 *Netherlands International Law Review* 271, 2001.

Schwarzenberger, Georg, "The Fundamental Principles of International Law", 87 *Hague Recueil* 195, 1955.

Slaughter, Anne-Marie and Burke-White, William, "An International Constitutional Moment", 43 *Harvard International Law Journal* 1, 2002.

Sofaer, Abraham D., "The Sixth Annual Waldemar A. Solf Lecture in International Law: Terrorism, the Law, and the National Defense", 126 *Military Law Review* 89, 1989.

_____, "Terrorism and the Law", 64 *Foreign Affairs* 901, 1986.

Solf, Waldmar A., "Problems with the Application of Norms Governing Interstate Armed Conflict to Non-International Armed Conflict", 13 *Georgia Journal of International and Comparative Law* 291, 1983.

Stahn, Carsten, ""Nicaragua is Dead, Long Live Nicaragua"-the Right to Self-Defence under Art. 51 UN Charter and International Terrorism", in Christian Walter (ed.), *Terrorism as Challenge for National and International Law: Security versus Liberty?* (Springer, 2004).

_____, "Terrorist Acts as "Armed Attacks": The Right to Self-Defense, Articel 51 (1/2) of the UN Charter, and International Terrorism", 27 *Fletcher Forum of World Affairs* 35, 2003.

_____, "Collective Security and Self-Defence after the September 11 Attacks", 10 *Tilburg Foreign Law Review* 10, 2002.

_____, "International Law at a Crossroads: The impact of September 11", 62 *Zeitschrift für ausländisches öffentliches Recht und Völkerrecht* 183, 2002.

Stewart, James G., "Towards a Single Definition of Armed Conflict in International Humanitarian Law: A Critique of Internationalized Armed Conflict", 85 *International Review of Red Cross* 313, 2003.

Subedi, Surya P., "The War on Terror and U.N. Attempts to Adopt a Comprehensive Convention on International Terrorism", in Paul Eden and Thérèse O'Donnell (eds.), *September 11, 2001: A Turning Point in International and Domestic Law?* (M. Nijhoff, 2004).

Sucharitkul, Sompong, "Terrorism as an International Crime: Questions of Responsibility and Complicity", 19 *Israel Yearbook on Human Rights* 247, 1989.

Taft, William H., "Keynote Address: The Geneva Conventions and the Rules of War in the Post-9/11 and Iraq World", 21 *American University International Law Review* 149, 2005.

_____, "Self-Defense and the *Oil Platforms* Decision", 29 *Yale Journal of International Law* 295, 2004.

Tams, Christian J., "Light Treatment of a Complex Problem: The Law of Self-Defence in the Wall Case", 16 *European Journal of International Law* 963, 2005.

Thürer, Daniel, "The "Failed State" and International Law", 81 *International Review of the Red Cross* 731, 1999.

Toman, Jiri, "The Status of Al Qaeda/Taliban Detainees under the Geneva Conventions", 32 *Israel Yearbook on Human Rights* 271, 2003.

Travalio, Greg, "Terrorism, International Law, and the Use of Military Force", 18 *Wisconsin International Law Journal* 145, 2000.

_____ and Altenburg, John, "Terrorism, State Responsibility, and the Use of Military Force", 4 *Chicago Journal of International Law* 97, 2003.

Villacis, Renan, "The Organization of American States", in Giuseppe Nesi (eds.), *International Cooperation in Counter-Terrorism* (Ashgate, 2006).

Vinuesa, Raúl Emilio, "Interface, Correspondence and Convergence of Human Rights and International Humanitarian Law", 1 *Yearbook of International Humanitarian Law* 69, 1998.

Vité, Sylvain, "Typology of Armed Conflicts in International Humanitarian Law: Legal Concepts and Actual Situations", 91 *International Review of the Red Cross* 69, 2009.

Vöneky, Silja, "The Fight against Terrorism and the Rules of the Law of Warfare", in Christian Walter (ed.), *Terrorism as Challenge for National and International Law: Security versus Liberty?* (Springer, 2004).

Waldock, Humphrey. "The Regulation of the Use of Force by Individual States in International Law", 81 *Hague Recueil* 455, 1952.

Walker, George K., "The Lawfulness of Operation Enduring Freedom's Self-Defense Responses", 37 *Valparaiso University Law Review* 489, 2002-2003.

Ward, Curtis A., "Building Capacity to Combat International Terrorism: The Role of the United Nations Security Council", 8 *Journal of Conflict and Security Law* 289, 2003.

Watkin, Kenneth, "Humanitarian Law and 21st-Century Conflict: Three Block Wars, Terrorism, and Complex Security Situations", in Susan C. Breau and Agnieszka Jachec-Neale (eds.), *Testing the Boundaries of International Humanitarian law* (British Institute of International and Comparative Law, 2006).

_____, "Controlling the Use of Force: A Role for Human Rights Norms in Contemporary Armed Conflict", 98 *American Journal of International Law* 2, 2004.

_____, "Combatants, Unprivileged Belligerents and Conflict in the 21st Century", 1 *Israel Defense Forces Law Review* 69, 2003.

Wedgwood, Ruth, "The ICJ Advisory Opinion on the Israeli Security Fence and the Limits of Self-Defense", 99 American Journal of International Law 52, 2005.

_____, "Responding to Terrorism: The Strikes against bin Laden", 24 *Yale Journal of International Law* 559, 1999.

Wigneswaran, Nirmalaguhan, "Responsive Responsibility: Counter-Terrorism Obligations and Responsibilities of States under International Law", in Michael J. Glennon and Serge Sur (eds.), *Terrorism et droit international (Terrorism and International Law)* (M. Nijhoff, 2008).

Wippman, David, "Do New Wars Call for New Laws?", in David Wippman and Matthew Evangelista (eds.), New Wars, New Laws?: *Applying the Laws of War in 21st Century Conflicts* (Transnational Publishers, 2005).

Wolfrum, Rüdiger, "The Attack of September 11, 2001, The Wars against the Taliban and Iraq: Is There a Need to Reconsider International Law on the Recourse to Force and the Rules in Armed Conflict?", 7 *Max Planck Yearbook of United Nations Law* 1, 2003.

_____ and Philipp, Christiane E., "The Status of the Taliban: Their Obligations and Rights under International Law", 6 *Max Planck Yearbook of United Nations Law* 559, 2002.

Wouters, Jan and Naert, Frederik, "Shockwaves through International Law after 11 September: Finding the Right Responses to the Challenges of International Terrorism", in Cyrille Fijnaut, Jan Wouters and Frederik Naert (eds.), *Legal Instruments in the Fight against International Terrorism: A Transatlantic Dialogue* (M. Nijhoff, 2004).

Zanardi, Pierluigi Lamberti, "Indirect Military Aggression", in Antonio Cassese (ed.), *The Current Regulation of the Use of Force* (M. Nijhoff, 1986).

Ⅲ. 관련 판례

1. 국제 법원 판례

Questions relating to the Obligation to Prosecute or Extradite (Belgium v. Senegal), Application Instituting Proceedings, ICJ Reports 2009.

Case Concerning Armed Activities on the Territory of the Congo (Democratic Republic of the Congo v. Uganda), ICJ Reports 2005.

Legal Consequences of the Construction of a Wall in the Occupied Palestinian Territory (Advisory Opinion), ICJ Reports 2004.

Case Concerning Oil Platforms (Iran v. US), ICJ Reports 2003.

Prosecutor v. Duško Tadić, Case IT-94-1-A, ICTY, 1999.

Prosecutor v. Delalic et al., Case IT-96-21, ICTY, 1998.

Gabčíkovo-Nagymaros Project Case (Hungary v. Slovakia), ICJ Reports 1997.

Legality of the Threat or Use of Nuclear Weapons (Advisory Opinion), ICJ Reports 1996.

Velásquez Rodríguez Case, Series C, Case No. 4, Inter-American Court of Human Rights, 1988.

Military and Paramilitary Activities in and against Nicaragua (Nicaragua v. US), ICJ Reports 1986.

United States Diplomatic and Consular Staff in Tehran (US v. Iran), ICJ Reports 1980.

Reparation for Injuries Suffered in the Services of the United Nations (Advisory Opinion), ICJ Reports 1949.

Corfu Channel Case (United Kingdom v. Albania), ICJ Reports 1949.

2. 중재판정

Noble Ventures, Inc. v. Romania, ICSID Case No. ARB/01/11, 2005.

Asian Agricultural Products Ltd. v. Sri Lanka, ICSID Case No. ARB/87/3, 30 I.L.M. 577, 1991.

Finnish Shipowners Case (Finland v. Great Britain), 3 *Reports of International Arbitral Awards* 1480, 1934.

Denham Case (United States v. Panama), 6 *Reports of International Arbitral Awards* 312, 1933.

Noyes Case (United States v. Panama), 6 *Reports of International Arbitral Awards* 308, 1933.

Kidd Case (Great Britain v. United Mexican States), 5 *Reports of International Arbitral Awards* 142, 1931.

Kennedy Case (United States v. United Mexican States), 4 *Reports of International Arbitral Awards* 194, 1927.

Venable Case (United States v. United Mexican States), 4 *Reports of International Arbitral Awards* 219, 1927.

Janes Case (United States v. United Mexican States), 4 *Reports of International Arbitral Awards* 82, 1925.

Case of Cotesworth and Powell (Great Britain v. Colombia) (1875), reprinted in John Bassett Moore, *History and Digest of International Arbitrations to which the United States has been a Party*, Vol. 2 (Government Printing Office, 1898), pp.2050-2085.

The Montijo (United States v. Colombia) (1875), reprinted in John Bassett Moore, *History and Digest of International Arbitrations to which the United States has been a Party*, Vol. 2 (Government Printing Office, 1898), pp.1421-1447.

3. 국내 법원 판례

Hamdan v. Rumsfeld, 548 U.S. 557 (2006).

Hamdan v. Rumsfeld, 415 F. 3d 33 (D. C. Cir., 2005).

Hamdan v. Rumsfeld, 344 F. Supp. 2d 152 (D. D. C., 2004).

Hamdi v. Rumsfeld, 542 U.S. 507 (2004).

Rumdfeld v. Padilla, 542 U.S. 426 (2004).

Rasul v. Bush, 542 U.S. 466 (2004).

Ex Parte Quirin et al., 317 U.S. 1 (1942).

Ⅳ. 유엔 문서

1. 안전보장이사회

UN Doc. S/2009/614 (2009).

UN Doc. S/2009/493 (2009).

UN Doc. S/2009/131 (2009).

UN Doc. S/2009/6 (2009).

UN Doc. S/PV.6063 (2009).

UN Doc. S/PV.6061 (2009).

UN Doc. S/2008/816 (2008).

UN Doc. S/2008/379 (2008).

UN Doc. S/RES/1805 (2008).

UN Doc. S/RES/1757 (2007).

UN Doc. S/RES/1735 (2006).

UN Doc. S/RES/1701 (2006).

UN Doc. S/RES/1664 (2006).

UN Doc. S/2006/798 (2006).

UN Doc. S/2006/517 (2006).

UN Doc. S/2006/515 (2006).

UN Doc. S/PV.5564 (2006).

UN Doc. S/PV.5511 (2006).

UN Doc. S/PV.5493 (2006).

UN Doc. S/PV.5489 (2006).

UN Doc. S/PV.5488 (2006).

UN Doc. S/PV.5404 (2006).

UN Doc. S/RES/1624 (2005).

UN Doc. S/RES/1617 (2005).

UN Doc. S/2005/312 (2005).

UN Doc. S/RES/1566 (2004).

UN Doc. S/RES/1540 (2004).

UN Doc. S/RES/1535 (2004).

UN Doc. S/RES/1526 (2004).

UN Doc. S/2004/906 (2004).

UN Doc. S/2004/465 (2004).

UN Doc. S/2004/61 (2004).

UN Doc. S/PV.5077 (2004).

UN Doc. S/PV.5049 (2004).

UN Doc. S/PV.4950 (2004).

UN Doc. S/RES/1456 (2003).

UN Doc. S/RES/1455 (2003).

UN Doc. S/2003/976 (2003).

UN Doc. S/PV.4773 (2003).

UN Doc. S/PV.4757 (2003).

UN Doc. S/RES/1452 (2002).

UN Doc. S/RES/1390 (2002).

UN Doc. S/2002/986 (2002).

UN Doc. S/2002/374 (2002).

UN Doc. S/2002/301 (2002).

UN Doc. S/2002/115 (2002).

UN Doc. S/RES/1377 (2001).

UN Doc. S/RES/1373 (2001).

UN Doc. S/RES/1368 (2001).

UN Doc. S/2001/946 (2001).

UN Doc. S/2001/673 (2001).

UN Doc. S/2001/385 (2001).

UN Doc. S/2001/381 (2001).

UN Doc. S/RES/1333 (2000).

UN Doc. S/2000/127 (2000).

UN Doc. S/RES/1267 (1999).

UN Doc. S/1999/1178 (1999).

UN Doc. S/1999/997 (1999).

UN Doc. S/1999/781 (1999).

UN Doc. S/1999/424 (1999).

UN Doc. S/RES/1214 (1998).

UN Doc. S/RES/1189 (1998).

UN Doc. S/1998/791 (1998).

UN Doc. S/1998/789 (1998).

UN Doc. S/1998/786 (1998).

UN Doc. S/1998/780 (1998).

UN Doc. S/1998/75 (1998).

UN Doc. S/1997/768 (1997).

UN Doc. S/1997/108 (1997).

UN Doc. S/RES/1054 (1996).

UN Doc. S/RES/1044 (1996).

UN Doc. S/1996/602 (1996).

UN Doc. S/1996/561 (1996).

UN Doc. S/1996/479 (1996).

UN Doc. S/1996/280 (1996).

UN Doc. S/PV.3653 (1996).

UN Doc. S/1995/605 (1995).

UN Doc. S/1995/566 (1995).

UN Doc. S/25843 (1993).

UN Doc. S/RES/748 (1992).

UN Doc. S/RES/731 (1992).

UN Doc. S/24032 (1992).

UN Doc. S/23152 (1991).

UN Doc. S/23141 (1991).

UN Doc. S/PV.2783 (1988).

UN Doc. S/RES/602 (1987).

UN Doc. S/PV.2767 (1987).

UN Doc. S/PV.2766 (1987).

UN Doc. S/PV.2764 (1987).

UN Doc. S/PV.2763 (1987).

UN Doc. S/INF/41 (1985)

UN Doc. S/PV.2611 (1985).

UN Doc. S/PV.2568 (1985).

UN Doc. S/RES/547 (1984).

UN Doc. S/RES/546 (1984).

UN Doc. S/16276 (1984).

UN Doc. S/PV.2555 (1984).

UN Doc. S/PV.2554 (1984).

UN Doc. S/PV.2553 (1984).

UN Doc. S/PV.2552 (1984).

UN Doc. S/PV.2509 (1984).

UN Doc. S/RES/545 (1983).

UN Doc. S/RES/520 (1982).

UN Doc. S/RES/508 (1982).

UN Doc. S/PV.2375 (1982).

UN Doc. S/14665 (1981).

UN Doc. S/14658 (1981).

UN Doc. S/14652 (1981).

UN Doc. S/14650 (1981).

UN Doc. S/PV.2300 (1981).

UN Doc. S/PV.2297 (1981).

UN Doc. S/PV.2292 (1981).

UN Doc. S/PV.2146 (1979).

UN Doc. S/PV.1944 (1976).

UN Doc. S/PV.10550 (1972).

UN Doc. S/PV.10546 (1972).

UN Doc. S/PV.1644 (1972).

UN Doc. S/PV.1643 (1972).

UN Doc. S/9795 (1970).

UN Doc. S/PV.1551 (1970).

UN Doc. S/PV.1542 (1970).

UN Doc. S/PV.1541 (1970).

UN Doc. S/PV.1540 (1970).

UN Doc. S/PV.1539 (1970).

UN Doc. S/PV.1538 (1970).

UN Doc. S/PV.1537 (1970).

UN Doc. S/9574 (1969).

UN Doc. S/9542/Rev.1 (1969).

UN Doc. S/9360 (1969).

UN Doc. S/PV.1501 (1969).

UN Doc. S/RES/262 (1968).

UN Doc. S/PV.1462 (1968).

UN Doc. S/PV.1461 (1968).

UN Doc. S/PV.1460 (1968).

UN Doc. S/PV.749 (1956).

2. 총회

UN Doc. A/RES/62/61 (2008).

UN Doc. A/63/10 (2008).

UN Doc. A/C.6/62/SR.12 (2007).

UN Doc. A/RES/60/43 (2005).

UN Doc. A/C.6/60/C.6 (2005).

UN Doc. A/RES/59/46 (2004).

UN Doc. A/59/565 (2004).

UN Doc. A/RES/58/81 (2003).

UN Doc. A/57/37 (2002).

UN Doc. A/ES-10/PV.21 (2001).

UN Doc. A/C.6/56/L.9 (2001).

UN Doc. A/RES/55/158 (2000).

UN Doc. A/RES/53/108 (1998).

UN Doc. A/RES/52/165 (1997).

UN Doc. A/RES/51/210 (1996).

UN Doc. A/RES/50/22C (1996).

UN Doc. A/RES/50/53 (1995).

UN Doc. A/RES/49/60 (1994).

UN Doc. A/RES/48/122 (1994).

UN Doc. A/RES/42/22 (1987).

UN Doc. A/RES/39/159 (1984).

UN Doc. A/RES/36/172 (1981).

UN Doc. A/RES/29/3314 (1974).

UN Doc. A/8791 (1972).

UN Doc. A/RES/27/3034 (1972).

UN Doc. A/RES/2625 (1970).

UN Doc. A/8086 (1970).

UN Doc. A/8028 (1970).

UN Doc. A/7620 (1969).

UN Doc. A/RES/390 (1956).

3. 기타

United Nations, *Documents of the United Nations Conference on International Organization* (1945).

_____, *Yearbook of the International Law Commission* (2001).

_____, *Yearbook of the International Law Commission* (1980).

_____, *Yearbook of the International Law Commission* (1956).

_____, *Yearbook of the United Nations* (1985).

_____, *Yearbook of the United Nations* (1984).

_____, *Yearbook of the United Nations* (1981).

_____, *Yearbook of the United Nations* (1970).

_____, *Yearbook of the United Nations* (1969).

V. 기타 자료

ICRC, Interpretive Guidance on the Notion of Direct Participation in Hostilities (30 June 2009).

_____, International Humanitarian Law and the Challenges of Contemporary Armed Conflicts, 30th International Conference of the Red Cross and Red Crescent (Geneva, November 2007).

_____, International Humanitarian Law and the Challenges of Contemporary Armed Conflicts, 28th International Conference of the Red Cross and Red Crescent (Geneva, December 2003).

International Commission to Enquire into Reported Violations of International Law by Israel during its Invasion of the Lebanon, *Israel in Lebanon, The Report of the International Commission to Enquire into Reported Violations of International Law by Israel during its Invasion of the Lebanon* (Ithaca Press, 1983).

League of Nations, *League of Nations Official Journal*, Vol. 5 (1924).

_____, *League of Nations Official Journal*, Vol. 4 (1923).

The 9/11 Commission, *Final Report of the National Commission on Terrorist Attacks upon the United States, Official Government Edition* (2004).

United States Department of State, *Country Reports on Terrorism 2008* (April 2009).

_____, *Country Reports on Terrorism 2007* (April 2008).

_____, *Country Reports on Terrorism 2004* (April 2005).

_____, *Patterns of Global Terrorism 1998* (April 1999).

찾아보기

ㄱ

강행규범　177, 237
개입권　9, 170, 171, 178
계속적 전투 기능　246
공모 이론　56, 57, 59, 81, 97, 98
공통 제3조　202, 205, 221, 224, 233, 234, 237, 245
공해에 관한 제네바 협약　139, 167
관습 국제인도법　222, 236, 238, 239
관타나모　9, 214, 218, 221
구 유고슬라비아 국제형사재판소　63, 220, 235, 241
구별의 원칙　206, 209, 236, 244, 246, 247
9.11 테러사건　4, 6, 9, 10, 44, 70, 78, 83, 87, 98, 100, 130, 151, 153, 160, 162, 213, 225, 227
국가책임　54, 60, 67, 74, 79, 84, 85, 90, 92, 93, 95, 101, 102, 104~107, 109, 142, 173
국가책임법　8, 13, 54, 67, 84, 100, 106, 177
국가테러리즘　31
국제테러리즘을 제거하기 위한 조치에 관한 선언　28, 30
국제관습법　30, 31, 85~87, 123, 129, 193, 206, 222, 237, 249
국제기구　20, 21, 156, 162, 166
국제법위원회　61, 65, 87, 92, 105, 173
국제법의 주체　19, 20, 22
국제사법재판소　19, 63, 64, 90, 107, 123, 129, 153, 154, 173, 177, 178, 188, 192, 226, 238, 239

국제위법행위에 대한 국가책임규정 초안　61
국제인권법　167, 229, 239, 240
국제인도법　7, 9, 63, 135, 146, 148, 149, 167, 202~208, 210, 217~221, 224, 227, 229~232, 235, 236, 239, 240, 242~245, 247, 248, 250, 251
국제적 무력충돌　9, 202, 204, 205, 207, 224, 225, 230~232, 247
국제적 무력충돌 희생자의 보호에 관한 의정서　202
국제적 요인에 대한 범죄와 강탈의 형태를 취하는 테러행위의 방지 및 처벌에 관한 협약　39
국제적십자위원회　219, 228, 237, 241, 244, 251
국제투자분쟁해결기구　103
국제형사재판소　241
군사력사용승인결의안　211, 218,
귀속 기준　8, 87, 94, 96, 100, 101, 105, 106, 165, 167, 182
귀속 이론　8, 100, 101
그리스　59
기니　76
긴급피난　9, 172, 174~176, 178

ㄴ

나미비아　76, 137, 138
남아시아지역협력연합　40
남아프리카　76, 137~139, 157
내전　224, 237

누적적 비례성 197

대량살상무기(WMD) 33, 34, 95, 214
대량살상무기확산방지구상(PSI) 33
동맹민주군 158

레바논 36, 74, 75, 77, 101, 110, 130~133,
  135, 237
레바논 특별재판소 36
르완다 국제형사재판소 235, 241
리비아 35, 44
receptus 56

만민법(*jus gentium*) 55
멕시코 58
무력공격 8, 13, 85, 97, 105, 122, 123, 127,
  129, 130, 134, 141, 143, 144, 148, 149, 152,
  154~157, 159~163, 165, 167~169, 172,
  174, 179, 186~189, 191~195, 198, 227
무력대응 접근방식 6, 13, 14, 44, 46, 226
무력대응조치 6, 14, 132, 134, 140, 141, 147,
  149, 150, 153, 166~168, 171, 172, 177, 178,
  181, 182, 193~195, 197, 231, 242
무력사용금지 107, 158, 168, 176
무력충돌 7, 9, 14, 46, 49, 136, 182, 203~208,
  213, 217, 221~223, 225,~230, 232~234,
  236, 237, 240, 241, 244, 246~248, 252
묵인 82, 96, 97, 100, 101, 106, 108, 149, 164,
  164, 166, 172, 179, 181
미국 3, 6, 10, 14, 36, 44~46, 58, 71, 72, 77,
  85, 88, 89, 92, 128, 141, 143, 150, 161, 166,
  211, 215, 216, 218, 221~223, 225, 226, 231
미주기구 39, 40, 71, 72, 144
민간 항공의 안전에 대한 불법적 행위의 억
  제를 위한 협약 37
민간인 48, 146, 148, 197, 206~208, 215, 219,
  220, 232, 233, 236, 244, 245, 247, 250
민족해방단체 20, 23, 29, 148, 150, 151, 179
민족해방운동 27
민족해방전쟁 204, 228

반란단체 20, 23, 66
반테러리즘 위원회 111, 113
배신행위의 금지 249, 252
법인격 19, 22, 24, 25
별개의 위법행위 이론 58, 67, 80
보복적 비례성 197
보호의 원칙 209
복구 125, 126, 131, 194, 195
부시 독트린 86, 95
북대서양이사회 144
북대서양조약기구 71, 144
불법적 전투원 214, 217, 218, 221
불필요한 고통 및 과도한 상해를 일으키는
  무기사용금지 원칙 208
비국가행위자 4, 7, 8, 10, 13, 19, 22, 23,
  31~33, 79, 84, 92, 127, 138, 139, 149,
  153~157, 159~163, 165, 168, 170, 178,
  179, 224, 225, 228, 229, 232, 235, 242, 244,
  245, 252
비국제적 무력충돌 9, 204, 205, 207, 224,
  233~235, 243~245, 247~249, 252
비국제적 무력충돌 회생자의 보호에 관한 의
  정서 203
비례성 76, 123, 132, 134, 136, 149, 157, 182,
  192, 193, 195, 197, 198

비례성의 원칙   208
비정부기구(NGO)   21, 23, 251

상당한 주의 원칙   67, 68, 109, 112
서남아프리카인민기구   76, 137~139, 150
세계무역기구   102
세계화   20
세네갈   76
수단   78, 143, 150
수용국   6, 8, 11, 70, 77, 87, 96, 97, 99, 149,
   164, 165, 167~172, 179~182, 193~195,
   198, 231, 233, 236
시리아   135
실효적 통제   63, 88, 89, 96

아랍국가연맹   40, 143
아파르트헤이트   27
아프가니스탄   6, 8, 9, 45, 70, 72, 78, 85, 88,
   91, 93, 143, 150, 213, 217, 218, 222, 225,
   231, 237
아프리카연합   41
아프리카통일기구   41
안전보장이사회   6, 7, 26, 36, 39, 45, 71,
   73~77, 79, 93, 108, 109, 114, 122, 123,
   130~136, 138, 139, 142, 143, 145~147,
   149, 151, 152, 155, 160, 162, 166, 180, 181,
   188
알바니아   59
알카에다   3, 6, 8, 9, 45, 70, 78, 85, 88, 89,
   91, 93, 143, 166, 213, 217, 221~223, 226,
   231
앙골라   76, 77, 137~139
억지적 비례성   197

엄격 책임 이론   97, 99
역외적 법집행   169
영국   10, 45, 128
예멘   221, 226
오사마 빈 라덴   45, 143, 221
오슬로 협정   27
외교관 등 국제적 보호인물에 대한 범죄의
   예방 및 처벌에 관한 협약   37
우간다   158
워싱턴 조약   144
웨스트팔리아 체제   22, 242
위법성조각사유   173, 177
위협 또는 무력행사의 금지에 관한 원칙의
   효력강화를 위한 선언   177
유럽연합   71
유럽인권재판소   102
유럽평의회   40, 72
유엔해양법협약   139, 167
육전에 있어서 군대 부상자 및 병자의 상태
   개선에 관한 협약   202
이라크   140~142
이란   93, 135, 141, 142
이스라엘   10, 46, 73~75, 77, 78, 110, 130~
   133, 135, 136, 145, 146, 153, 155, 156
이슬람회의기구   29, 40, 41, 71
이집트   73
이탈리아   59
인도 또는 소추   35, 43
인질억류방지에 관한 국제협약   37, 44
입증책임 전환론   99

자동적 책임론   99
자위권   6, 8, 13, 45, 73, 74, 76~78, 84, 93,
   105, 122, 123, 125~127, 129, 131~134,
   136, 137, 141~143, 145~147, 149~157,

159, 161~163, 165, 166, 168~171, 173, 174, 176, 178, 179, 181, 182, 186, 189, 190, 192~195, 197, 198
자유의 투사　27, 28, 30
잠비아　76
재판불능　237
적대행위에의 직접적 참여 개념에 대한 해석 지침　243
전반적 통제　64, 88, 89, 96, 166
전시에 있어서 민간인 보호에 관한 협약 202
전쟁의 위계　251
전투 방법 및 수단의 제한 원칙　208
전투원　48, 206~208, 220, 224, 225, 233, 247
전투원 면제의 원칙　207, 210
절대적 책임 이론　80, 82
정당한 전쟁 이론　150
제1차 규범　61, 67, 68
제2차 규범　61, 67, 85, 102, 104
조약　43, 123, 179, 179
조약법에 관한 비엔나 협약　179
jus ad bellum　7, 14, 150, 230, 238
jus in bello　7, 14, 230, 238
즉각성　194, 195
지원　82, 95, 96, 100, 106~108, 149, 159, 164, 165, 172, 179, 181
집단적 책임 이론　55, 56

총회　26, 27, 30, 31, 73, 77, 125, 135, 143, 150, 154, 177, 187
추적권　139
침략　135, 137, 139, 161, 175
침략의 정의(Definition of Aggression)에 관한 결 의　187

캄보디아　237
캐나다　128
케냐　10, 36, 78, 143, 161
콜롬비아무장혁명군　250, 252
콩고　158, 159
쿠르드노동당　140, 141
쿠르드족　140, 141, 173

탄자니아　10, 36, 78, 143, 161
탈레반　6, 8, 45, 85, 88, 89, 91, 93, 166, 213~216, 231
터키　140, 173
테러리즘　4, 26, 30, 95, 104, 109, 146, 147, 151
테러리즘 대응에 관한 이슬람회의기구협약 41
테러리즘 방지 및 대응에 관한 협약　41
테러리즘 방지 및 처벌을 위한 협약　26
테러리즘 억제를 위한 아랍협약　41
테러리즘 억제에 관한 남아시아지역협력연합 지역협약　40
테러리즘 억제에 관한 유럽협약　40
테러리즘에 대한 미주협약　40
테러리즘의 자금조달 억제를 위한 국제협약 38
테러와의 전쟁　14, 45, 211~213
테러행위　4, 5, 7, 13, 26~28, 30~32, 35, 145, 151, 156, 161, 162, 164, 165, 167, 170, 178, 179, 189, 191, 192, 195, 197, 198, 242
튀니지　77

팔레스타인해방기구　75, 77, 78, 110, 130,

131, 133, 150

페다인   73

patientia   56

포로   207, 209, 210, 214~217, 219, 220, 224,
    225, 247

포로의 대우에 관한 협약   202

포르투갈   76

폭탄테러의 억제를 위한 국제협약   37

필요성   76, 123, 132, 157, 192~196

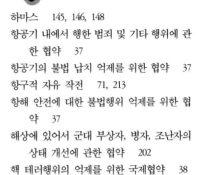

하마스   145, 146, 148

항공기 내에서 행한 범죄 및 기타 행위에 관
    한 협약   37

항공기의 불법 납치 억제를 위한 협약   37

항구적 자유 작전   71, 213

항해 안전에 대한 불법행위 억제를 위한 협
    약   37

해상에 있어서 군대 부상자, 병자, 조난자의
    상태 개선에 관한 협약   202

핵 테러행위의 억제를 위한 국제협약   38

헤즈볼라   101, 130, 133, 135, 136

도경옥

서울대학교 사회과학대학 인류학과 졸업
서울대학교 법과대학 법학부 졸업
서울대학교 대학원 법학과 졸업(법학석사 및 법학박사)
University of Michigan Law School 졸업(LL.M.)
University of Michigan Law School, Research Scholar
명지대학교, 서울대학교, 숭실대학교, 중앙대학교 강사 역임
현 국회도서관 조사관

비국가행위자의 테러행위에 대한 무력대응

초판 인쇄 | 2011년 2월 10일
초판 발행 | 2011년 2월 15일

저　　자 | 도경옥
발 행 인 | 한정희
발 행 처 | 경인문화사
등록번호 | 제10-18호(1973년 11월 8일)
편　　집 | 신학태 김지선 문영주 정연규 안상준 김송이
영　　업 | 이화표 최지현
관　　리 | 하재일 양현주
주　　소 | 서울특별시 마포구 마포동 324-3
전　　화 | 718-4831~2
팩　　스 | 703-9711
홈페이지 | www.kyunginp.co.kr
이 메 일 | kyunginp@chol.com

ISBN　978-89-499-0757-4　94360
값　22,000원